A Suprema Realização Através da Ioga

Geoffrey Hodson

A Suprema Realização Através da Ioga

A Senda Antiga e Moderna que Leva ao Discipulado e à Iniciação

Tradução
Raul Branco

EDITORA TEOSÓFICA
Brasília-DF

Título do original em inglês
The Yogic Ascent to Spiritual Heights

Direitos reservados à
EDITORA TEOSÓFICA, Sociedade Civil
SGAS – Quadra 603 – Conj. E, s/n°,
CEP 70.200-630 – Brasília-DF.
Tel.: (61) 322-7843
Fax: (61) 226-3703

H692	Geoffrey Hodson
	A Suprema Realização Através da Ioga
	Brasília, janeiro de 2001 ISBN 85-85961-66-X
	CDD 180

Capa:
Marcelos Ramos
Diagramação:
Reginaldo Alves Araújo
Revisão:
Zeneida Cereja da Silva

Sumário

1. **"Homem, Conhece-te a Ti Mesmo"**
   Introdução 9
   A Pré-história Oculta 17
   Uma Escola Oculta Válida – Seus Objetivos e Aplicação à Vida 19
   As Circunstâncias e a Vida Oculta 21
   Autocontrole e as Causas da Experiência Humana 24
   Ioga – O Segredo Supremo 27

2. **Objetivos e Caminhos da Ioga**
   A Verdade Eterna, a Meta da Ioga 29
   Os Nove Objetivos da Prática da Ioga 31
   Razões Consideradas para a Prática da Ioga 32
   Requisitos para a Prática Bem-Sucedida da Ioga 33
   Os Oito Passos na Ioga 35
   As Sete Iogas (Caminhos para a Auto-Iluminação) 38
   Mantra Ioga
   A *Mantra-Ioga* e a Compreensão da Identidade Espiritual 44
   Efeitos dos Mantras 45
   Os Mantras e o Poder das Correspondências 46
   Compartilhando Alguns Pensamentos sobre o *Mantra Gayatri* 49
   Mantras como Pontes 51
   Bhakti-Ioga
   O Centro do Coração 53
   O Coração e a Rosa Mística 53
   Meditação no Coração 53
   Atma-Ioga   55
   Do Primeiro e do Sétimo Raios ....
   Atma-Ioga – A Fonte de Poder 56
   O Elixir da Vida 57
   Atma 57
   Atma e as Correspondências 58

3. **_Kundalini_ e o Desenvolvimento de Poderes Ocultos**
   - _Kundalini_ – O Fogo Serpentino 61
   - _Kundalini_ – o Poder Criativo no Homem 62
   - Os Três _Nadis_ Centrais 64
   - Os _Chakras_ 68
   - Efeitos da _Kundalini_ 71
   - O Segredo do Sucesso 72
   - O Desenvolvimento de Poderes Ocultos 73
   - Comunicação entre o Mestre Adepto e o Discípulo 76
   - Clarividência 77
   - Advertências 79
   - Alguns Perigos do Despertar das Forças Ocultas da Natureza no Corpo 79
   - O Desenvolvimento dos Poderes Supersensoriais do Homem 80
   - Mediunidade 81

4. **Vivendo a Vida da Ioga**
   - _Atma-Ioga_ e a Realização do Nirvana 83
   - A Ioga na Vida Diária 84
   - Perseverança na Ioga 86
   - A Transformação da Personalidade 87
   - Relaxamento, Continuidade e Equilíbrio 89
   - Paz de Coração e Mente 93
   - Calma e Desapego 94
   - A Importância da Ordem para o Aspirante 95
   - Uma Lei da Vida Espiritual 95
   - Compaixão 96
   - Graça Espiritual 96
   - A Vida na Ioga 97
   - A Prática da Ioga como Ajuda no Progresso Evolutivo 97
   - A Mente na Meditação 98
   - O Uso da Imaginação Criativa 99
   - "A Mente é a Grande Assassina do Real" 100
   - A Aplicação da Ioga à Vida Diária 102

A Rotina Diária para o Iogue Aspirante 105
Considerações Gerais 108

5. Realização na Ioga
Resultados da Vida Meditativa 109
O Desenvolvimento da Consciência Superior 112
Consciência Egóica 113
Consciência do Centro 114
O Estado de Consciência de Buda 115
A Paz na Ioga 116
Nirvana 117
Consciência Solar e o Logos Solar 118
O Oceano da Vida Universal 119
O Vôo da Alma 119

6. Correspondências
Equilíbrio no Cosmo e no Homem 121
Continência Mental e Física 123
A Compreensão da Ioga 124
Mantras e a Árvore da Vida Áurica 125
A Ativação dos Poderes Correspondentes na Iniciação 128
Os Portais da Alma 131
Os Portais para a Libertação 133
A Natureza Cósmica do Homem – o Coração dos Mistérios 136
Dhyani-Buddha 138

7. A Vida Oculta
O Serviço e a Vida Oculta 141
A Senda: Algumas Qualificações 142
O Discipulado e a Preservação do Silêncio 144
Ajuda dos Mestres 146
Perigos da Entrada Prematura na Senda e Suas Etapas Superiores ... 150
Imperfeições Humanas 154

Dificuldades da Ioga	156
Sucesso e Fracasso no Ocultismo	157
O Maltrato dos Aspirantes	157
A Senda Oculta	159
Carma	160
Vontade e Equilíbrio	162
A Luz Interna	164
As Grandes Iniciações (O Desenvolvimento Paralelo da Vida e da Consciência)	165
A Segunda Iniciação (Desenvolvimento e Expansão dos Poderes)	166
Perigos Encontrados entre a Segunda e a Terceira Iniciações	167
Preparação para o Grau de *Arhat*	168
Teosofia, os Mestres e a Iluminação da Humanidade	169
A Sociedade Teosófica e o Elo do Aspirante com os Mestres	172
Recrutando Discípulos	173
De Homem a Super-homem	174
Glossário	177
Bibliografia	201

Ilustrações

I	Os *Chakras* Vivificados pela *Kundalini* (reproduzido de *The Science of Seership*, Geoffrey Hodson)	65
II	Os Órgãos do Cérebro (adaptado do livro *Os Chakras*, C.W. Leadbeater)	66

Nota: Neste livro as palavras "homem", "ele" e "seu" são usadas no seu sentido genérico de ser humano e, portanto, se referem tanto a homens como a mulheres.

Capítulo 1

"Homem, Conhece-te a Ti Mesmo"[1]

Introdução

A humanidade está trilhando rapidamente o caminho evolutivo apesar de muitos sinais de alarme, cuja pressão está levando ao progresso, especialmente entre as pessoas mais despertas no sentido espiritual e intelectual. Se observarmos, podemos ver a divisão da humanidade em dois grupos: as massas que estão se debatendo com pouco sentido de propósito além de adquirir as necessidades imediatas da vida, e as classes intelectuais que estão fazendo um rápido progresso nos planos das mentes inferior e superior, mas que, por isto, estão se tornando separadas das massas.

A importância global da ioga certamente é muito grande, especialmente nestes dias em que a tecnologia moderna levou as nações do mundo ao alcance de suas armas de destruição, sem terem aprendido a se amar mutuamente. A Ioga, em seu significado global, poderia ser descrita como aprender a amar uns aos outros. No entanto, os grandes líderes do mundo e a vasta maioria de seus povos permanecem insensíveis ao chamado da união e do amor fraternal; e é aqui que se encontra o perigo.

Porém, existe uma desilusão oriunda do claro reconhecimento da natureza geralmente insatisfatória e do estado devastador e cruel da vida humana na Terra. Esta é a primeira experiência essencial. Por conseguinte, existe um clamor por luz, uma busca de uma maneira melhor e um reconhecimento da necessidade crucial de praticar o ensinamento da Unidade.

---

[1] Frase inscrita no Oráculo de Delfos.

O desapontamento no nível físico e a determinação para encontrar e trilhar a Senda[2] no nível Egóico, juntos criam um fermento na Alma, significando o coração, a mente e a natureza astro-mental. Este, como a levedura, nunca pára, uma vez que tenha iniciado a atuar, mesmo quando o seu reconhecimento e um modo de vida de acordo demorem a ocorrer.

Este fermento não é só individual, mas também universal, já que o propósito da encarnação do Espírito e das Mônadas na matéria e nos corpos é a germinação interior e o crescimento dentro da Natureza (e assim dentro de todos os indivíduos), daquilo que deverá ser o próximo passo e o próximo poder no caminho evolutivo. Toda a Natureza está por trás daquele que aspira à suprema realização em todos os empreendimentos.

Os problemas da humanidade, trágicos e agonizantes, são, no entanto, também um estágio do desenvolvimento humano e, assim, passarão. O homem superará o egoísmo excessivamente acentuado (que é a causa de tanto sofrimento), passando a um estado mais elevado de consciência em que a unidade será percebida cada vez mais e conhecida interiormente, desta forma mudando a natureza de seus motivos e das civilizações que ele vai construir.

A aceleração desta passagem pelo egoísmo constitui uma grande parte do trabalho da Fraternidade,[3] e também da Sociedade Teosófica, o que sugere uma dupla solução:

1. Uma compreensão do significado e propósito da vida humana na Terra.

2. A contemplação regular do Divino, ou a prática bem-sucedida da Ioga, o nosso assunto.

Como pode ser definida a Ioga? A palavra sânscrita *yoga* é traduzida como identificação ou identidade obtida com o Divino – não união, pois nunca houve nenhuma separação, somente a realização do fato da eterna identidade com o Divino. Ioga é uma prática e um método para capacitar a pessoa a ser consciente deste relacionamento. Por isto, encontramos nos *Vedas* afirmações tais como: a ioga é a guardiã da lei eterna; e a ioga é a guardiã do conhecimento.

No estudo da ciência e da filosofia da ioga, é necessário conhecer e compreender alguns dos princípios básicos, pois eles determinam o sucesso na ioga.

Em primeiro lugar, nos ensinam que o Eu Espiritual de cada ser humano é a verdadeira identidade. O corpo físico não é a pessoa real – é um veículo para a individualidade real, a identidade imortal divina que o está usando.

---

[2] A Senda ou Caminho do Desenvolvimento Acelerado. Veja Glossário – Senda.
[3] A Grande Fraternidade Branca de Adeptos.

A seguir aprendemos que este Eu Espiritual dentro de cada um de nós é da mesma Essência divina que o Espírito do universo, sendo que a Essência espiritual mais íntima e o poder de todos os seres humanos é uno com a Essência-Espírito do universo. **Isto é o que a ioga quer dizer: UNIDADE**, e suas práticas são orientadas para nos ajudar a compreender esta profunda verdade. A Essência espiritual que é a realidade de cada um e de todos nós é idêntica com a Essência espiritual do universo como um todo, e o propósito da ioga é conhecer e experimentar este fato transcendente. A ioga leva ao sentimento de união, à unidade e à identidade.

Num sentido, a meta da humanidade é conhecer esta verdade como uma experiência viva e, claramente, quanto mais cedo o homem compreender e aceitar que este é o verdadeiro objetivo e propósito de sua existência, melhor será para a vida aqui na Terra. Assim, em vez de concentrar todas as suas energias, faculdades e gênio naquilo que inevitavelmente é passageiro, os seres humanos deveriam voltar sua atenção e poder de investigação para dentro, para além dos sempre mutantes objetos materiais e coisas, cada vez mais profundamente em direção ao Eu verdadeiro.

Num sentido, nós, seres humanos, estamos todos sofrendo de esquecimento, ou amnésia espiritual como poderia ser chamada, pois nos esquecemos quem somos. Andamos por aí, chamando a nós mesmos por este ou aquele nome, e vivemos nossas vidas do nascimento até a morte completamente errados, esquecendo que somos seres divinos e espirituais usando um corpo que muito apropriadamente tem um nome.

É muito difícil para nossas mentes superar este sentido de individualidades separadas. Vemos ao nosso redor um mundo povoado por seres vivos, que parecem, para a nossa consciência, como singulares e como entidades inteiramente separadas. Este hábito errôneo de nos identificarmos com o corpo, em vez de com nossa verdadeira identidade, deve ser superado, e a ioga, especialmente a *Raja-Ioga*, é um meio de quebrar este estado de amnésia, porque a sua prática força a destruição da falsa aparência da diferença ou da separação.

Como iogues, procuramos ser conscientemente unos com a Vida em seu ponto mais intenso e em seu aspecto mais dinâmico, e a transmutar a compreensão intelectual destas palavras – ainda que sejam dinâmicas – num fato vivo interior, experimentado por cada um de nós. Este é o objetivo da ioga. É somente por este meio que podemos escapar da ilusão da separatividade e, assim, aplicar o nosso conhecimento tanto à realização da felicidade para nós, como para nos tornarmos servidores efetivos de nossos semelhantes. Na verdade, a ioga é felicidade, pois a consecução da realização espiritual proporciona não só uma bem-aventurança indescritível e imensurável, mas também aumenta a eficiência do ser humano em suas relações com os outros.

Aprendemos também que, oportunamente, após muito sofrimento advindo da ignorância – *Avidya* – a evolução proporcionará esta realização a todos os seres humanos. O progresso evolutivo por fim unirá o pessoal, o espiritual e o universal numa única consciência, e todos estamos nos dirigindo para isto. Se formos sábios, vamos colaborar de boa vontade com o plano da Natureza no qual se insere o propósito cósmico de nossa existência. O valor da prática da ioga, especialmente quando bem-sucedida, é que ela acelera a evolução humana. Apressa os procedimentos evolucionários e desta forma reduz o tempo para a verdadeira iluminação, que é o conhecimento da unidade.

Estas, em resumo, são as idéias subjacentes no coração da ioga como ciência, filosofia e prática.

À medida que a vidaióguica é vivida e que a meditação torna-se fácil e regular, uma nova faculdade aflora. Uma faculdade latente torna-se um poder, a Divindade interior até então escondida começa a ser descoberta, e o que tem sido chamado de "Eu sufocado" é revelado. O Deus oculto em nós tornou-se tão completamente encoberto a ponto de ser invisível e incapaz de respirar, mas quando a ioga é praticada, este Eu Divino é revelado, libertado de todas as insignificâncias das coisas menores. Ele se torna a maravilha que é ele mesmo e atinge o objetivo pelo qual agüentou tantos sofrimentos e aflições ao longo de inumeráveis eras.

Os instrutores nos ensinam que, quando este verdadeiro Eu dentro de nós é libertado da repressão, tornando-se assim livre, o homem experimenta a Verdade – "Eu Sou Aquilo, Aquilo sou Eu", significando com isto o Ser Supremo, a Vida Una. Depois disto, a matéria não tem mais poder de iludir ou de esconder a Verdade. O pequeno eu – a personalidade – é transformado, e o Eu maior é libertado. Assim é consumada a verdadeira aspiração.

Fica claro que a prática da ioga implica numa aceleração forçada da evolução e no despertar dos poderes adormecidos. Porém existem alguns perigos reais neste processo, por isso um Instrutor Adepto é necessário; portanto, a idéia do Mestre e do discípulo é sempre incluída nos ensinamentos mais elevados da ioga. Existe um ditado: "Quando o discípulo está pronto, o Mestre aparece"; pois todas as aspirações dos praticantes esforçados e determinados da ioga são observadas. Não estamos sós, mas estamos sendo observados, cada um de nós, especialmente quando começamos a despertar espiritualmente e a afastar nossos pensamentos de *Maya* ou da ilusão da forma, em direção à realidade da Vida Una. Isso o Mestre vê.

Que tipo de pessoa poderia tornar-se um discípulo? Um discípulo é descrito como alguém que compreendeu perfeitamente que só poderá alcançar o sucesso espiritual a que aspira se observar completa e fielmente as regras. Se uma tal pessoa é solicitada a obedecer sem reservas, o que estaria sendo exigido? O discípulo sabe que a disciplina ética e espiritual deve ser implementada, pois todo o futuro depende disto. Ele sabe que o Guru vem de uma linhagem contínua de instrutores do passado longínquo, e, como regra, ninguém pode assumir o *status* de Guru sem as devidas qualificações.

Quando este relacionamento sagrado é estabelecido, a intuição do discípulo é desperta, sua natureza espiritual é acelerada e, de forma gradual e segura, ele aprende a retirar os véus que obscurecem a Verdade. Por fim, quando está suficientemente preparado, o discípulo passa por uma série de Iniciações, como são chamadas: novos começos, novos nascimentos, verdadeiras natividades. Estas ajudam-no a alcançar aquele estado de iluminação em que a chama sagrada despida da Egoidade[4] queima com toda a sua pureza divina. O Mestre ajuda neste propósito, e o discípulo alcança a percepção de Deus; finalmente ele conhece o Eu, e neste caso atinge a realização espiritual. Este relacionamento é extremamente sagrado e talvez o mais maravilhoso e mais íntimo de todos os relacionamentos, o de discípulo e Guru e, assim, **o caminho para ele está aberto hoje, como sempre esteve;** não somente na Palestina no tempo do Cristo e nos períodos históricos bem anteriores, no Oriente e no Ocidente, mas agora também e no futuro.

"O Mestre", como o Senhor Cristo disse, "está na porta do coração humano e bate", e ali Ele espera. Ele espera, até que finalmente a batida seja ouvida e a porta seja aberta, para que o caminho possa ser trilhado. Este acontecimento não precisa ocorrer necessariamente no plano físico, pois o discípulo e o Instrutor podem estar separados e bem distantes, mas eles estão intimamente sintonizados e comungam. O Mestre pode alcançar o discípulo a qualquer momento e inspirar, guiar, fortalecer e usá-lo como um posto avançado de Sua consciência e como um canal para a Sua bênção e Sua graça curadora. Na verdade, quando o relacionamento realmente for iniciado, o Mestre estará sempre perto – não em termos de distância física, porém em termos de sintonia intelectual e espiritual.

Por que o Caminho do Discipulado é tão difícil? Porque existem obstáculos no caminho devido à nossa natureza, nossas vidas, aos nossos hábitos, à educação e à condição evolutiva, e tudo isto tem que ser enfrentado e superado. Às vezes ocorre uma doença no corpo, que pode ser tão séria a ponto de não podermos meditar. Também pode ocorrer um certo tipo de preguiça ou fadiga da mente: a pessoa simplesmente não consegue fazer o esforço. Se a pessoa estiver neste estado, simplesmente entoando corretamente a Palavra Sagrada, com a reta intenção interior ou compreensão, poderá

---

[4] *Selfhood*, no original em inglês. (N.ed. bras.)

abrir os canais parcialmente obstruídos e acelerar a atividade mental. Por isto a *Mantra-Ioga* também foi incluída, pois é valiosa de muitas maneiras.

Outro obstáculo terrível é a dúvida; começamos a imaginar se existe alguma verdade em toda esta história. Muitas pessoas são afligidas por isto e desistem de tentar, por muitos anos, ou mesmo por toda aquela vida. No entanto elas foram tocadas e, numa vida futura, o toque será renovado e a oportunidade virá mais uma vez e então continuarão; a evolução levando-as um pouco mais alto na escala de desenvolvimento. É lógico, porém, que esta possibilidade de uma oportunidade renovada não deve ser usada como desculpa. Podemos estar cansados ou doentes, ou mesmo podemos duvidar – porém devemos perseverar em nossos esforços.

Nas Ordens da Cavalaria e entre os Cavaleiros da Távola Redonda, cada cavaleiro aprendia a ter um Santo Graal em sua vida, na busca do qual poderia se entregar. É uma coisa maravilhosa termos na vida uma meta orientando nossos esforços, a qual estamos determinados a alcançar antes que a morte paralise o corpo. Não importa o que aconteça no caminho, a meta deve ser alcançada. Seja levado pela meta até que nada mais importe; o corpo pode estar cansado – não importa, tome conta dele e continue com o trabalho. Desta forma somos impelidos pelo Eu Interior, quando ele é suficientemente forte.

O que mais pode nos deter? O descuido ou a preguiça tanto do corpo como da mente, o apego aos objetos dos sentidos e as percepções errôneas, de forma que somos enganados pela aparência das coisas. É lógico que outro obstáculo muito sério é o fracasso em alcançar qualquer sucesso perceptível – muitos de nós sofremos com isto. Mais uma vez os Instrutores dizem: continuem. Não pode haver nenhum fracasso real, e mesmo se os frutos não são registrados no cérebro em consciência de vigília, existe sempre um resultado. Existe sempre progresso, cada vez que uma pessoa medita sinceramente e vive sinceramente de acordo com um ideal. Isto certamente acontece, é inevitável, quer a pessoa saiba em seu corpo ou não. Portanto, recebemos a instrução de não permitir que o fracasso torne-se um obstáculo real que venha a nos desviar da nossa meta. Devemos continuar a nos esforçar.

Certamente, este é um dos maiores frutos da meditação e dos ideais da vida espiritual: quer haja resultado visível ou não, a pessoa continua. Interiormente ela alcançou uma condição em que nada pode desviá-la. Podem ocorrer quedas temporárias, podem haver ilusões dos sentidos, as tentações de *Mara* ou da sensualidade, e de tantas outras atrações – mesmo do sucesso material, financeiro e social, como são chamados. Estes podem, por um determinado momento, fechar os seus olhos espirituais, deixando-a perdida numa espécie de nevoeiro a perambular no erro por algo que parece ser maravilhoso, mas que na realidade está levando-a para longe do Caminho verdadeiro.

Existem outras dificuldades muito naturais que todos temos que enfrentar: tristeza, por exemplo. A tristeza é comum a toda a humanidade, e podemos nos afundar tão profundamente na angústia, na aflição e na privação, que o coração partido causa prostração da mente e do corpo, arruinando toda a esperança e mesmo a vida. Isto, também, faz parte da condição humana, como podemos ver ao estudarmos os ensinamentos do Senhor Buda e de outros. Quando o carma em seus aspectos mais materiais e pessoalmente adversos se precipita sobre uma pessoa, o desespero, o sofrimento e a perda podem, às vezes, ser tão grandes que diminuem o seu progresso na prática da vida espiritual. A tristeza e o sofrimento são muito difíceis de agüentar, mas – e este é um conselho para a perfeição – estes são os momentos mais apropriados para que voltemos interiormente nossos pensamentos para o bem eterno, desta forma acumulando energia para agüentar a dor e o sofrimento com nova coragem e continuar com a vida interior.

Estes são então alguns dos obstáculos e, obviamente, a prática regular da meditação é a maneira mais certa e melhor para superá-los. O autor acredita que os métodos de *Raja-Ioga* e *Mantra-Ioga* combinados não só são meios maravilhosos para a auto-iluminação, mas que trarão luz para o caminho da pessoa quando este estiver algo obscurecido. E escuro o caminho deverá se tornar, até que a perfeição tenha sido atingida. Mesmo se falharmos em alguma vida, ou vacilarmos, ou duvidarmos e não continuarmos, ainda assim as portas do Santuário permanecerão sempre abertas e, mais tarde, nesta vida ou na próxima, o caminho irá abrir-se outra vez, e o Instrutor estará lá, aguardando, de braços abertos. Realmente não estamos sós e, às vezes, parece que o Mestre está até mesmo mais perto de nós em nossa escuridão e em nosso fracasso. O Senhor Shri Krishna bem disse, quando falou com seus discípulos:

" ..... Porém, se neste caso
o teu coração tíbio fracassar, traga os teus fracassos a Mim!"[5]

Esta é uma afirmação tão maravilhosamente elevadora que somos estimulados a tentar repetidamente, apesar de todos os obstáculos e fracassos aparentes.

É provável que muitos daqueles que estão prontos para se dar ao trabalho de pensar sobre estes assuntos, mesmo em meio à vida do mundo, com seus deveres, demandas e outros interesses, não estão fazendo isto pela

---

[5] *The Song Celestial*, Capítulo XII, traduzido por Edwin Arnold.

primeira vez. O estudante realmente sério da Sabedoria Eterna, o praticante realmente sério da contemplação do Divino, e o servidor realmente sério em relação aos seus semelhantes, geralmente tem por trás de si muitas vidas de um esforço similar e está meramente retomando outra vez a Senda, onde a deixou numa vida anterior; pois a informação sobre estas verdades sempre esteve disponível.

Um estudo da história de civilizações anteriores revela que em quase todas elas foram estabelecidas as instituições extremamente beneficentes chamadas de Mistérios, ou melhor, os Antigos Mistérios como os chamamos agora. Estes sempre foram de duas ordens – os Menores e os Maiores – quer tenham sido no Egito, onde houve uma Escola ou Templo na maior parte das grandes cidades, ou na Grécia em Elêusis, ou Delfos, ou em outros lugares.[6]

Nos Mistérios Menores os ensinamentos eram mais camuflados, sendo geralmente velados em alegoria ou símbolo para que os neófitos não ficassem chocados com uma confrontação demasiadamente repentina com a luz da Verdade e o poder do Divino. Eles avançavam gradualmente ao longo dos "graus", como eram chamados (no Egito havia dez nos Mistérios Menores), e aqueles que eram bem-sucedidos passavam adiante para os Maiores. Neles, a alegoria e o mistério eram deixados de lado, a realidade começava a ser percebida, e a participação no Grande Trabalho da manifestação do Divino começava a ocorrer.

Ninguém jamais revelou exatamente o que era ensinado, mas São Clemente[7] de Alexandria, um dos primeiros Padres da Igreja, disse, ao passar para os Mistérios Maiores: "Aqui termina todo o ensinamento. A pessoa agora vê a Natureza e todas as coisas frente a frente."

Esta forma de instrução vem ocorrendo há dezenas de milhares de anos em nosso planeta. Ela passou a ser ocultada com a morte de Hipátia[8] no Quarto Século, mas sempre existiu. Ninguém foi esquecido, e assim pode ser que alguns de nós não sejamos estudantes novos de ioga, ou novos aspirantes à vida espiritual mais elevada. E neste caso, o caminho parece natural e fácil, e é seguido com crescente sucesso, vida após vida.

---

[6] Veja no Glossário – Mistérios.
[7] São Clemente: Um Padre grego da Igreja, provavelmente nascido em Alexandria, aproximadamente 160 d.C. Ele foi o primeiro a utilizar a cultura e a filosofia grega para a exposição da fé cristã.
[8] Hipátia: A Hipátia histórica era a filha do matemático Alexandrino, Theon. Era uma filósofa Neoplantônica, a única da antiguidade. Ela incitou a inimizade dos cristãos fanáticos, que criaram um movimento contra ela, sendo levada à morte em 415 d.C.

Para aqueles que acham a assim chamada Senda da Vida algo novo, podem precisar de mais tempo para responder. Porém não devemos nos sentir desencorajados se isto acontecer, ou se para nós a meta da espiritualidade parecer excessivamente elevada e demasiadamente difícil de alcançar, especialmente no início. Devemos continuar a praticar a nossa ioga, dia a dia, não importa como nos sentimos, seguindo o ensinamento prescrito e procurando genuinamente viver de acordo com os ideais da vida espiritual no mundo, em qualquer situação que nos encontremos. E então, se perseverarmos, certamente vamos descobrir que a realização interior do Deus Interno será alcançada.

No entanto, antes que possamos nos tornar inspirados pela visão de um Santo Graal, na busca do qual possamos perder o pequeno eu pessoal, com todos os seus objetivos e desejos mesquinhos, primeiramente deve ocorrer um novo despertar na consciência: o nascimento do ideal de realização. Porém, só isto não é suficiente; o despertar deve ser acompanhado por uma crescente determinação de que o propósito desta vida é desenvolver uma compreensão espiritual e iluminação cada vez mais amplas, para obter uma eficiência crescente na ajuda aos nossos semelhantes. Quando este nascimento interior tiver ocorrido, e o ideal do Graal tiver começado a queimar como uma chama na consciência, então nenhum obstáculo poderá impedir aquele indivíduo em seu progresso rumo à meta.

Esta total unidade de propósito foi demonstrada por Tenzing Norkey, o carregador montanhês que, com Edmund Hillary da Nova Zelândia, foram os primeiros a alcançar o topo do Monte Evereste. Quando terminou a descida, Tenzing contou que, ao despertar na última manhã no acampamento montado perto do topo, ele disse para si mesmo, "Hoje ou eu alcanço o topo do Evereste ou morro." Ele alcançou!

Evidentemente, é algo parecido que ocorre dentro da alma do aspirante, que o capacita a superar todas as dificuldades e, finalmente, realizar o seu ideal.

A pré-história oculta

A história registra o aparecimento cíclico de Seres super-humanos com a aparência de homens. A função deles pode ser descrita como sendo:

1. Acentuar com Sua Presença e Seu ensinamento público um grupo de idéias escolhidas interiormente, que compreendem a *Brahma Vidya* ou Teosofia.

2. Estabelecer assim uma tendência religiosa que expresse os ensinamentos especiais e, por meio destes, afetar as intenções, os pensamentos e as ações do povo de uma nação.
3. Parar e, se possível, erradicar a tendência humana para a negligência e o contentamento com as situações como ocorrem sem considerar nem suas causas nem os meios para melhorá-las.
4. Estabelecer um grupo de idéias centralizadoras e estáveis dentro do ambiente mental da nação e daquele período.
5. Acelerar a evolução espiritual, intelectual e cultural da nação por meio do efeito catalítico de Sua Presença, do efeito de Seus ensinamentos, e Seu apelo ao que existe de mais elevado na natureza humana.
6. Estabelecer os Mistérios e selecionar, treinar e avançar discípulos, tanto para o proveito próprio destes, como, por meio deles, para que a influência do Instrutor possa ser disseminada o mais amplamente possível e continuada após Sua partida.
7. (Relativamente secundário, porém de grande importância para os indivíduos afetados). Curar os doentes, ressuscitar os aparentemente mortos e numerosas outras ajudas pessoais.

A Tradição Oculta afirma que este procedimento foi seguido por Membros da Fraternidade dos Adeptos ao longo da maior parte dos períodos da pré-história. Isto inclui o estabelecimento das primeiras e mais antigas Escolas de treinamento que mais tarde se desenvolveram nas formas iniciais dos Mistérios Menores e Maiores e dos Rituais do Templo. Estes também foram planejados para ser o coração das religiões populares.

Assim, sem interrupção ao longo de milhares de séculos, neste campo espiritual e oculto, ministérios profundos e de longo alcance à humanidade foram realizados pelos Adeptos. Religião, política, ciência (tanto teórica como prática), tecnologia, cultura, horticultura e agricultura foram também desenvolvidas além das capacidades normais dos povos destes períodos, em virtude da liderança e instrução dos grandes Adeptos. De acordo com este procedimento, os Próprios Adeptos se encarnaram fisicamente e assumiram a chefia de estados, gerando desta forma o respeito e a lealdade tradicionalmente prestados aos governantes, baseados originalmente na idéia do "direito divino dos reis".

Os Adeptos são grandes cientistas ocultos. Por meio da expansão da consciência e das capacidades sensoriais, Eles penetraram nos campos dos fenômenos superfísicos e das forças e Inteligências responsáveis por eles. As leis fundamentais e os procedimentos por meio dos quais o pensamento arquetípico do Logos é cada vez mais expresso através da Natureza foram descobertos, compreendidos e ensinados por Eles.

Além disto, os inter-relacionamentos e as interações entre as forças e Inteligências associadas com os outros planetas do Sistema Solar, o Sol, o espaço interplanetário e outros universos estão ao alcance do conhecimento dos Adeptos. Na verdade, uma de Suas funções é de servir como intermediários em todos estes procedimentos, especialmente quando eles afetam a vida humana e seu desenvolvimento. Quando considerado como benéfico, parte do conhecimento adquirido pelos Adeptos é compartilhado com a humanidade, seja por meio de cientistas individuais ou de grupos destes, cujas idéias e pesquisas são dirigidas e ajudadas pela Fraternidade dos Adeptos.

Ademais, a grande Fraternidade se ocupa com a evolução da vida e da forma em geral, bem como das nações e de toda a Raça humana. Por exemplo, Ela observa, guarda e ajuda por todos os meios ao seu alcance na melhoria e no aperfeiçoamento da humanidade. O paralelo entre jardineiros e jardinagem, ou fazendeiros e cultivo, pode ser aplicado com justiça a esta forma de instrução dos Adeptos em benefício de **todo** o desabrochar da vida na Terra.

Os Adeptos também estão envolvidos como guardiões da humanidade, protegendo-a de si mesma, dos males em seu âmago, e dos seres maus e das trevas que existem em cada civilização. Desta forma, os Adeptos estão tão perto da humanidade – espiritual, mental e fisicamente – como um pastor está do seu rebanho, ainda que este rebanho nem sempre possa estar ciente de sua presença, compreender em absoluto as idéias de longo alcance por trás deste relacionamento de pastoreio.

Aos indivíduos não é negado o privilégio de participarem cada vez mais nestas atividades. O autodisciplinado e altruísta amante e servidor de seus semelhantes torna-se automaticamente agente Deles e, no seu devido tempo, **conscientemente** um discípulo e colaborador Deles. O relacionamento sagrado e privilegiado de discípulo e Instrutor espiritual pode ser iniciado somente por aqueles que superaram os instintos possessivos e agressivos, e que são totalmente sinceros, prontos para entregar até as suas vidas ao serviço de seus semelhantes como uma expressão natural do amor universal.

Uma escola oculta válida
Seus objetivos e aplicação à vida

1. Os méritos de uma Escola oculta são de:

(a) Ajudar a pessoa a fazer aquilo que só pode ser feito por ela mesma.

(b) Dar direção aos esforços da pessoa.

(c) Oferecer conhecimento do propósito da vida oculta e descrever os objetivos.

(d) Explicar à personalidade por que o Ego deseja alcançar o objetivo.

(e) Ajudar a manter diante da mente pessoal a decisão interior de acelerar a evolução, servindo como um lembrete constante.

(f) Facilitar a observância de certas regras, encorajando, por exemplo, o ideal de estrita obediência.

(g) Fortalecer e manter todos os incentivos na busca da Senda.

(h) Oferecer o conhecimento do Mestre, e assim dar orientação para a devoção e dedicação.

(i) Trazer o membro sob a influência direta do Mestre, abrindo a possibilidade de encontrá-lo à noite, além da canalização, inspiração e percepções intuitivas em geral; pois o Guru empresta o Seu poder, sabedoria, inteligência e impulso ao Ego do estudante ou discípulo, compartilhando-os com ele.

(j) Desta forma dá a permissão para usar o ideal e o fato da existência do Mestre e permite o desenvolvimento da capacidade para "testar."[9]

(k) Torna a vida diária do membro auto-resguardada e até mesmo sagrada num sentido especial e, ao conceder uma certa qualidade de "inocência", torna a pessoa mais facilmente acessível ao Mestre ou a outro Ser espiritual, ao sensibilizar o cérebro e o corpo.

2. Tudo o que foi dito acima só tem valor se a pessoa for sincera. São importantes:

(a) O motivo original na solicitação de ser membro.

(b) O significado dos compromissos ao membro.

(c) A profundidade da aspiração de alcançar o Discipulado e a Iniciação para servir seu Mestre.

(d) O grau de sinceridade espiritual e pessoal e de amor à verdade genuína.

(e) Realismo na intenção interior, no pensamento e na meditação, e a compreensão da existência e da realidade do Mestre, da Senda, do objetivo, e de tudo que diga respeito a estes.

(f) Atenção e auto-resguardo.

---

[9] Testar: Um privilégio valioso do discípulo Aceito de ser capaz de colocar seu pensamento sobre qualquer assunto junto do de seu Mestre, comparando-os, e desta forma mantendo seus pensamentos em direções nobres. Veja *Os Mestres e a Senda,* Capítulo V, de C.W. Leadbeater, Ed. Pensamento, SP.

3. O carma da pessoa tem seu papel, por exemplo:
a) Na liberdade para viver a vida oculta sem dificuldade, embaraço ou resistência.
b) Na vontade e na capacidade para fazer um esforço total para alcançar o topo da montanha, mantendo-o sempre em mente como o ideal e o propósito da vida atual.
c) Na proteção e orientação paternal do Mestre.[10]
4. A meditação regular é da maior ajuda possível para alcançar estas metas, especialmente a afirmação contínua, "Eu sou Aquilo, Aquilo sou Eu", com **tudo** o que isto significa:
(a) A renúncia do instinto de auto-separatividade da personalidade.
(b) O esforço para partir as cadeias e, conscientemente, ir além das barreiras, uma a uma, do eu atual.
(c) Neutralizar, camada após camada, o autodesejo que existe profundamente implantado, até então valioso.[11]
(d) Em parte, esta é a vida oculta na qual todos irão, um dia, embarcar, estas são as oportunidades, e estes são nossos privilégios, entre os quais se encontra o de canalização para os nossos irmãos.

As circunstâncias e a vida oculta

As pessoas com capacidade latente para o progresso no oculto, geralmente começam sendo atraídas para o contato com a vida oculta do planeta por outros e, provavelmente com mais freqüência do que imaginam, por um Adepto. Sem realmente compreenderem em seu cérebro por que eles estão recebendo convites para entrar numa Escola oculta válida, e juntar-se a um grupo de neófitos sob um Mestre ou a um Rito de Templo, eles seguem mais ou menos passivamente e com um sentido de serem privilegiados. Isto é feito a eles para que as potencialidades ocultas do Ego possam germinar e, no seu devido tempo, tornarem-se poderes ativos. Um grande número daqueles que atualmente são convidados para tais grupos, Escolas e Ritos, realmente não são motivados por uma forte aspiração ou mesmo interesse. Conseqüentemente, eles tendem a se deixar levar passivamente pela experi-

---

[10] Veja pp. 146-7, 164-5.
[11] O valor do autodesejo, *ahamkara:* veja também pp. 162-3.

ência e não conseguem perceber seu verdadeiro significado, porém estão começando, ainda que tentativamente.

Do outro lado da escala estão aqueles que foram igualmente convidados a juntar-se aos Mistérios e à Grande Fraternidade muitas, muitas vidas atrás. Estes são verdadeiros buscadores e tornam-se participantes ativos, autopropelidos do interior. Eles tiveram seus primórdios ocultos iniciais talvez no Egito[12] e, agora, estão definitivamente dedicados à Senda e a **tudo** o que isto implica.

Estamos começando a entender que, mesmo após aqueles primeiros contatos e estímulos da essência do ocultismo, a Senda pode não ser sempre seguida em cada vida sucessiva. Ao menos por algum tempo, com algumas exceções, podem ocorrer vidas puramente mundanas sem oportunidades ou mesmo o desejo do ocultismo. Outros aspectos do Ego estão sendo desenvolvidos, grupos de pessoas se encontrando outra vez, e o carma sendo equilibrado em suas vidas.

Então ocorre o momento, o momento importantíssimo, quando a Mônada-Ego está suficientemente desenvolvida para inspirar e controlar a personalidade. Quando este estágio evolutivo é alcançado, então ocorrem mudanças distintas em todas as encarnações seguintes. A personalidade não espera por um convite. Ela procura ativamente a luz e a vida ocultas e demanda oportunidades para encontrar e trilhar a Senda. Quando isto ocorre, o caminho é aberto no quanto o carma permite, e em cada vida que se segue àquela vida de nascimento espiritual ou despertar oculto, a Senda será sempre procurada.

Esta fase, por sua vez, está marcada por mudanças. Inicialmente parece que a vida do mundo e a vida oculta estão bem equilibradas nas escolhas de atividades. No entanto, gradualmente a ênfase muda. A partir de então, o Eu Interior desperto e inspirado pela Mônada influencia de tal modo a personalidade que as atrações do mundo perdem o interesse, e a ênfase é cada vez mais pela Senda. Finalmente, todos os outros interesses simplesmente se desfazem da mente-desejo e o ocultismo, o progresso oculto e o contato com os Mestres tornam-se o desejo ardente e os únicos interesses. Estas pessoas nunca mais vacilam a partir daí, vida após vida, mas sempre procuram o Antigo Caminho e o seguem.

É interessante observar um fenômeno um tanto misterioso: estranhamente, as circunstâncias exteriores retratam a condição do Eu Interior. Na verdade, é o carma em ação, ainda que saibamos da Sabedoria Antiga que os Irmãos Mais Velhos realmente manipulam as circunstâncias de tais aspirantes. Realmente, podemos quase avaliar a posição evolutiva dos Egos pela

---

[12] Veja p. 16.

natureza de suas circunstâncias externas e especialmente pelo grau de interesse **real** e pela determinação com que ingressam na vida interior.

Finalmente, quer seja capaz de viver em retiro ou não, a pessoa, mesmo que ainda no mundo exterior, torna-se um "habitante da floresta", um iogue em retiro. Ser livre indica que o carma adverso passado está se tornando equilibrado. O iogue e o Adepto encontram-se em extrema felicidade porque, além do *Samadhi*, eles têm a sensação e o conhecimento instintivo que estão se tornando livres de carma. Isto torna possível a indiferença a respeito de si mesmos e seu total desapego.

No entanto, quando o Ego escolhe alcançar o último estágio prescrito rapidamente num determinado nascimento, as adversidades são severas. Débitos pesados têm que ser pagos e muitos obstáculos removidos para as vidas futuras; mas aquele que persevera em meio a tudo isto, encontrará a vida interior, a religião sabedoria e os Mestres. A partir de então, a vida da Senda o demanda com exclusividade crescente, e a vida do mundo não terá quase nenhum atrativo para ele.

À medida que este processo gradual é cumprido, as circunstâncias externas vão refletir e corresponder à posição interior na evolução. Em medida sempre crescente ele vai receber a maior de todas as dádivas dos Deuses, que é a liberdade, especialmente a liberdade sem interferências para seguir a vida espiritual. Por isto devemos ser pacientes e filosóficos quando os obstáculos parecem ser lentos a desaparecer e a liberdade muito difícil de obter. O melhor conselho é de pagar com prazer nossos débitos incorridos nesta vida e em outras, e ao mesmo tempo fortalecer nossa determinação interior de alcançar a suprema realização.

Não se espera de nenhum aspirante, enquanto estiver passando pelos estágios humanos, que ele seja livre de erros. Na verdade, nenhum pode ser, por duas razões: uma é que ele ainda é humano e passível de falhar, e a outra é que a vida do mundo pode às vezes parecer como uma venda sobre os olhos.

Vamos imaginar que nós observamos uma visão dos Senhores do Carma encarregados da humanidade terrena, principalmente dos Egos da humanidade. A melhor imagem que podemos fazer Deles é de pastores. Em nossa visão podemos ver que Eles classificam os Egos em grandes "rebanhos", ou mesmo grupos, de acordo com o Raio, grau evolutivo e carma. Provavelmente, outras classes e distinções entre os Eus espirituais dos homens também existem e são reconhecidas.

A visão muda agora, e os Senhores do Carma são como grandes músicos tocando diante dos Egos da humanidade, procurando sempre produzir uma música mais gloriosa, metaforicamente, é lógico, ainda que não sem alguma verdade. É uma visão imensa para ser expressa adequadamente, mas percebe-se que existe um grupo especial composto daqueles que estão despertos de forma oculta e espiritual e nos quais o Raio Monádico é uma força ativa. Eles irradiam uma maravilhosa luz branca, e os grandes Senhores estão dando a eles toda a ajuda possível e planejando suas vidas com o propósito de efetuarem o progresso mais rápido possível até o Adeptado.

É como se estivéssemos sendo atraídos para este mundo de Egos da humanidade, milhões deles são vistos até onde os olhos podem alcançar em todas as direções, e o Senhor do Carma responsável está falando para os membros do grupo que são os Adeptos potenciais. Logicamente, existe em todos os sentidos a mais perfeita imparcialidade, no entanto, parece-me que quando os Egos estão "em botão", no sentido da horticultura, eles recebem tipos especiais de tratamento para ajudá-los a cumprir com suas aspirações ardentes e florescer o mais rápido possível. É por isto que estes Egos, vida após vida, descobrem tanto a Teosofia como os Mestres.

Nenhum dos Egos, como membros da grande orquestra, são estáticos; eles estão todos vibrando e ressonando com seus acordes e dançando com seus grupos. Assim, concebemos um imenso órgão vivo, com inúmeras notas e controles, todos vivos movendo-se, enviando seus temas particulares e acordes numa vasta sinfonia, sendo sempre livres para o fazerem.

Os *Lipikas* são também grandes mestres do órgão que, metaforicamente, podem retirar certos impedimentos e desta forma capacitarem os Egos tanto nos mundos *arupa* como *rupa* a se expressarem mais facilmente por certas linhas. No caso das pessoas despertas, isto significaria retirar os impedimentos à vida oculta e poderia significar que os discípulos, Iniciados e Adeptos seriam recebidos, em seus corpos físicos, e a sabedoria concedida em grau de acordo com seus carmas e suas necessidades. Posso ver também nesta visão que, acima de todos, existe O Grande Músico neste sentido particular, Que é o Logos Solar do interior de Quem toda a música se eleva e do Qual todo Ego é uma expressão e um poder.

Autocontrole e as causas da experiência humana

A Ciência Esotérica da ioga pode ser aplicada à harmonização de todas as partes do homem que estão ativas. Em termos teosóficos, estes são os princípios já despertos e as diferentes forças, tendências, anseios e idéias vindas do interior, estimuladas do exterior e ligando o homem integral com o seu ambiente. Este procedimento é uma forma de psicologia esotérica na prática.

Esta harmonização não pode ser jamais alcançada sem um conhecimento do verdadeiro Eu, a Tríade Espiritual do homem, e ao menos uma incipiente experiência direta de sua existência, alcançada quando em consciência de vigília. O homem deve conhecer a si mesmo, e até que o faça, ele é um ser sem âncora, uma casa sem fundação, uma alma sem Espírito.

O verdadeiro Eu é a fonte e a causa de toda experiência, desejo e ação. Tudo o mais – ou seja, a psique ou mente, as emoções e o corpo – constituem somente efeitos. A limitação da psicologia moderna é que, com raras exceções, seus professores lidam com efeitos, permanecendo ignorantes das causas. Segue aqui uma lista das causas da experiência, do desejo e da ação humanas:

1. Pressão cósmica exercida do interior a partir do nível *Adi,* ou *Logóico,* sobre tudo o que existe, para desabrochar, evoluir e desenvolver; a reprodução desta pressão dentro da Mônada da qual ela é transmitida através de todos os veículos. Esta é a fonte da inquietação que, até que seja controlada, pode ser a maldição do homem quando leva a atividades indesejáveis, mas quando controlada, à sua salvação.

2. Todas as experiências evolutivas são frutos de existências anteriores desde o momento da Emanação do Raio Monádico. Isto inclui a descida através dos três reinos elementais e o impulso para baixo em direção à materialidade:

(a) O horrível e prolongado enclausuramento no reino mineral com a terrível "luta" para escapar dali.

(b) A vida Monádica no reino vegetal da Natureza, com o início da experiência reprodutiva da qual o impulso sexual realmente aparece e começa como um instinto.

(c) A experiência, o desejo e a ação conscientes muito mais completos no reino animal durante o qual a animalidade, com tudo o que isto implica, desperta dentro dos corpos físico e emocional. Todas as sedes, os desejos, os anseios, as crueldades e as paixões do homem, juntamente com o sentido de responsabilidade tribal, autodisciplina, resposta inconsciente ao ritmo da Natureza e do corpo físico, e a habilidade para ser treinado, todas estas tiveram seus primórdios durante a vida no reino animal.

(d) Todas as experiências, as aspirações, os desejos e as ações durante a passagem pelo reino humano. Isto inclui a experiência focalizada, cada vez mais direcionada e deliberada da Mônada-Ego durante a vida pré-natal, a vida terrena física e psíquica, e a vida após a morte no arco do retorno, com seus resultados astral e *devacânico* desta vida.

3. A experiência acumulada, os poderes, a sabedoria, o conhecimento e as faculdades possuídas pela Tríade Superior – o Ego reencarnante – no Corpo Causal.

4. Todos os impactos, estímulos, inter-relacionamentos – cósmico, solar, planetário, angélico, humano e animal – que estão constantemente afetando as pessoas, levando até mesmo à violência, ainda que com mais freqüência somente ao fortalecimento das tendências inerentes. Boa parte desta influência normalmente não provoca resposta no estágio atual da evolução humana. No entanto, este é um tremendo poder afetando o homem, um grupo de forças atuando constantemente sobre ele em todos os níveis, assim como os raios cósmicos atuam fisicamente sobre este plano e seus habitantes e reinos da Natureza.

Entre todas estas influências de dentro e de fora, o homem se encontra relativamente sem poder até que ele descobre a si mesmo, percebe pela experiência direta que, ao menos, ele pode ser distinguido do corpo, como é a chama do pavio, ou a luz da vela. A grande diferença é que ele é imortal e desta forma indestrutível.

Ainda que seja verdade que o conhecimento organizado de algumas das influências acima afetando a mente, a emoção e o corpo, possam ajudar enormemente a atingir e manter a harmonia, no entanto, mesmo um sucesso moderado na ioga requer ao menos crença e fé no Eu como imortal e desta forma como uma entidade mais do que mortal. Esta é a mensagem da ioga esotérica que pode ser fisicamente curativa e levar à iluminação intuitiva e à percepção implícita. Este é o fio de Ariadne, o *sutratma* vivo pelo qual o herói (o homem) pode matar o Minotauro (representando sua natureza animal e humana bruta) e descobrir seu caminho de volta para Ariadne (a Mônada-Ego com seus poderes intuitivos) e se unir a ela[13]

Dissipar uma nuvem de vapor – formadora de labirintos – é muito menos útil do que dissipar as nuvens dentro de nossa natureza mental-emocional e transformar as forças das quais eram uma expressão indesejável num poder construtivo com propósito.

Mover objetos sólidos pelo exercício do poder da vontade é de menos valor do que redirecionar e sublimar a energia criativa para que o impulso sexual torne-se transmutado em gênio intelectual e cultural.

---

[13] Ariadne: Veja *Mythology,* pp. 151-2, de Edith Hamilton.

Controlar a sorte dos dados é de menos valor do que transformar em ações nobres e amorosas as adversidades e limitações geradas pelas ações discordantes do passado, não pela sorte mas de acordo com a lei.

Hipnotizar ou persuadir fortemente outra pessoa a obedecer nossos desejos é de menos valor do que dirigir para canais construtivos os impulsos, as forças e os movimentos que em grande parte compõem o homem mortal e pessoal. O autocontrole é infinitamente mais valioso do que alcançar o poder de controlar outra pessoa.

A aquisição de poderes psíquicos de clarividência e premonição, de audição e de leitura da mente é bem menos valiosa do que as percepções intuitivas que revelam a verdade a respeito das leis da vida, das pessoas e de todas as coisas e dirigem a iluminação da mente humana para ideais mais elevados.

Estes são os verdadeiros valores e precisam urgentemente ser declarados entre a profusão de falsos valores, buscas maldirecionadas, teorias e jargões da psicologia ocidental moderna fora dos Santuários.[14]

Ioga – o segredo supremo

O *AUM* deve ser considerado pelo homem da Quinta Raça como o Nome do Logos Solar, Que é a "Jóia no Lótus" do universo. Ele é, na verdade, uma mistura igual de Essência espiritual de todas as jóias e, portanto, de todos os Raios em cada uma de suas expressões em todos os reinos da Natureza e, além disso, Ele é a energia de luz branca indiferenciada de que tudo consiste.

A Mônada do homem é exatamente a mesma, ainda que bem menos desenvolvida, muito mais atenta ao universo de sua natureza. É como se o Ego do homem tivesse alcançado e passado pelas fases humanas de Individualização, primitiva, semicivilizada e avançada e, ao mesmo tempo, cada célula de seu corpo estivesse passando pelo mesmo processo num estágio muito, mas muito anterior. A Essência interior é a mesma, o protoplasma do corpo é o mesmo, a diferença está somente no grau de desenvolvimento e em nada mais.

Deus e o homem são um, idênticos em Espírito, em vida, em substância e em serem sujeitos às duas leis: (1) de desenvolvimento eterno e progressivo e (2) de perpétua harmonização ou carma. Esta verdade reconheci-

---

[14] Santuários: Os Mistérios Menores e Maiores e seus sobreviventes modernos.

da dá ao homem assim iluminado sua âncora espiritual. É a sua vida espiritual, e sua expressão em ação é a espiritualidade. Aplicada aos relacionamentos humanos, é a chave para a harmonia mundial e a concórdia entre as nações, cidades, instituições e lares.

Se a Essência-Espírito em cada homem é una com a Essência-Espírito do universo, como realmente é, então a Essência-Espírito de todos os homens é uma. A divisão é uma ilusão. A separatividade isolada é uma negação da verdade e do fato. Esta é a verdade, e é a entrega ao mundo desta verdade, entre muitas outras chamadas Teosofia, que é a missão da Sociedade Teosófica: daí o Primeiro Objetivo[15].

---

[15] O autor está se referindo ao primeiro objetivo da Sociedade Teosófica: *criar um núcleo da fraternidade universal sem distinção de raça, credo, sexo, casta ou cor.* (N. ed. bras.)

Capítulo 2

Objetivos e Caminhos da Ioga

A verdade eterna, a meta da ioga

Todo ser humano plenamente desperto é, em sua natureza e atividade mais elevada, um buscador da verdade. A meta mais elevada do homem poderia ser descrita como a descoberta da Verdade última. Isto implica aquilo que por si só é individual e indivisível, como um átomo final ou *anu* e que pode ser assemelhado à luz branca, imaculada e imaculável, ou à jóia plenamente transparente, o diamante.

A idéia usual de Verdade do homem está longe desta veracidade eterna, última – deífica e luminosa. Cada indivíduo pode definir o que é Verdade por si mesmo e dar a ela nomes tais como "unidade", "união", "lei", "beleza", "o derradeiro fato singular", ou mesmo "fogo", "ordem", "vontade". A Verdade irradia todos estes conceitos, os quais lhe pertencem, mas uma combinação imaculada da essência de todos estes descreve mais aproximadamente a Verdade última.

Isto **não é** a verdade acerca de algo na manifestação, mas aquela misteriosa Existência ou Princípio eterno, cuja descoberta é a meta. Para alcançá-la, o iogue deve transcender inteiramente sua natureza humana e entrar na consciência de seu Eu imortal, penetrar pela ioga até além da mente abstrata – que no homem é condicionada – chegando à intuição, e ali habitar em silêncio místico em sua Busca pela Verdade última. Somente quando ele pode tocar a Existência *Átmica* ou *Nirvânica* é que ele começa a se aproximar do que foi chamado de "a Escura Verdade Una". Ela é escura somente para a mente humana, mas luz inefável para o Espírito humano.

Ali, exaltado, ele está em companhia dos Adeptos, que também buscam a Verdade eterna, por cuja luz Eles já se tornaram iluminados, omniscientes e com todo o saber, no que concerne aos princípios e a toda sabedoria com relação às expressões manifestadas destes princípios. O Nirvana pode então ser parcialmente descrito como a absorção no Princípio eterno, ou a identificação com a Verdade eterna. Podemos ver que isto é infinitamente acima e além de quaisquer conhecimento, compreensão e mesmo intuição a respeito da Verdade manifestada.

O iogue talvez possa dizer que a meta é a Auto-identificação com a própria Verdade, para sempre e mais além. Isto é *Maha-Paranirvana* ou ser dissolvido na Existência eterna. O *Jivanmukta* que entra neste estado perde-se e realmente desaparece da existência manifestada pelo restante do *Manvantara* Solar.

Aqueles que são conhecidos como Adeptos renunciam este desaparecimento na forma última para tornarem-se a Hierarquia Oculta deste planeta, desde o Senhor do Mundo, passando pelos *Mahatmas* de todos os Graus, até os *Asekhas*. Eles fazem esta grande Renúncia em prol de todas as outras Mônadas-Egos em evolução e de outros seres. Isto capacita a Hierarquia em Sua preocupação compassiva a envolvê-los e a "preservá-los" através da "noite escura", o *Gethsemane* do Esquema Planetário que começou nesta Quarta Ronda.

Ninguém abaixo do nível destes Seres pode estimar a natureza do sacrifício ou a amplitude e a extensão do serviço Deles. Ainda que estes grandes e gloriosos Seres tenham, por assim dizer, atrasado a Auto-identificação com a Verdade última, no entanto, Eles são iluminados por sua Luz e assim capazes de percepção perfeita e vislumbre infalível em todos os princípios e processos da Natureza, desde o físico até os níveis espirituais mais altos.

Admitimos, porém, que este conceito é altamente abstrato, além do alcance e mesmo do interesse da maioria das pessoas. Porém, deveria ser mantido na consciência do discípulo devotado como sua meta durante o desempenho da ioga ao longo de toda a sua vida. A consideração desta meta pode ser elevadora. Portanto, enquanto conduzindo a consciência elevada para a percepção da unidade de toda a vida interior como a meta, e sua aplicação a **todas** as ações e todos os relacionamentos como o ideal, deveria-se lembrar da meta última, que é a Verdade eterna e sem fim.

Em circunstâncias normais, a idéia de cada pessoa sobre sua meta espiritual é, em grande parte, o resultado do seu Raio.[16] Os homens são obrigados pelas restrições da automanifestação a expressar seus Raios, daí os sete ideais principais dos sete temperamentos humanos: poder, sabedoria, compreensão, beleza, conhecimento e a capacidade para saber, devoção ou

---

[16] Os Sete Raios ou temperamentos humanos: Veja o Glossário – Raios.

consciência de causa e ordem. É correto que cada pessoa em sua aspiração humana e auto-expressão deverá ser levada em direção ao Raio, mas além de todos os Raios está a Unidade ou existência unitária em que todos os objetivos são sintetizados e transcendidos. É esta Existência Una ou Verdade celestial que será finalmente procurada e encontrada.

Ao meditar, a pessoa é aconselhada a seguir sua inclinação natural e procurar um resultado natural, em particular a realização da unidade, lembrando-se porém que uma realização ainda maior aguarda, chama e pode ser alcançada na meditação. Ainda que isto possa estar além da conceituação e da expressão no momento, não será sempre assim. Para ajudar na formulação desta idéia, a pessoa pode proveitosamente pensar sobre a existência da Verdade como estando por trás e além de todas as verdades: o Princípio abstrato sem forma que não pode ter nome e, no entanto, é a síntese de todas as idéias verdadeiras em todos os tempos.

Os nove objetivos da prática da ioga

Os verdadeiros objetivos da prática da ioga podem ser descritos e resumidos como se segue:

1. Acelerar a evolução do iogue, incluindo a dos átomos e assim das células do seu cérebro.
2. Aumentar a capacidade para o pensamento concentrado e prolongado das células do cérebro, tornando-as mais flexíveis e, portanto, mais responsivas ao Ego.
3. Despertar e elevar a *Kundalini* ao cérebro, sempre de forma sábia e sob a orientação de um instrutor confiável.[17] Quando isto ocorre, torna ainda mais sensíveis os órgãos que o compõe bem como suas células.
4. Estimular os *chakras* do coração, da garganta e frontal a uma maior atividade, oferecendo desta forma canais adicionais pelos quais o Ego pode alcançar o cérebro. Conseqüentemente:
5. Permitir a entrada, no cérebro e na coluna dorsal, de forças dos níveis mental inferior, mental superior, *Búdico* e *Átmico*. Estas influências, juntas com o *prana*, recebidas diretamente e por meio dos *chakras*, aceleram ainda mais a evolução das células do cérebro, tornando-as ainda mais responsivas ao Ego.

---

[17] Veja Advertências, pp. 79-80.

6. Acelerar a atividade de certas partes do cérebro. Estas incluem a base do cérebro e o tálamo, o cerebelo, as glândulas pineal e pituitária e outras áreas de sensibilidade.
7. Ativar o *Brahmarandra* ou *Chakra* coronário que, plenamente realizado, deifica o iogue e abre o caminho para as Iniciações pós-Adeptado.
8. Transmutar em criatividade intelectual a força e o impulso sexual, controlando-os deste modo.
9. Realizar a identidade do Eu *Átmico* com todos os outros Eus *Átmicos* e com o Logos do Sistema Solar. Este grande Ser é uma síntese de todos os *Atmas*, cada Mônada sendo como uma "célula" em Seu corpo ou um fóton de Sua luz e energia solar. O coroamento desta última realização é ajudado e ocorre como resultado de todas as outras práticas ióguicas. O retiro é necessário nos estágios avançados porque o desenvolvimento alcançou níveis consideráveis e a sensibilidade foi aumentada enormemente. Para isto temos o *ashram*, a caverna e a cela.

Razões consideradas para a prática da ioga

Sugiro pelo menos cinco razões pelas quais devemos praticar ioga:

1. Para responder a um apelo interior ou "chamado" que finalmente se torna tão irresistível que "não existe mais nenhum outro caminho a seguir".
2. Para ajudar a alcançar a realização da unidade com o Divino.
3. Para ser cada vez mais efetivo na ajuda aos outros no sentido de que atinjam esta mesma realização. Isto ocorre naturalmente, pois quando um indivíduo torna-se iluminado, os que estão a seu lado também se iluminam. (Malcolm Muggeridge, referindo-se à Madre Teresa de Calcutá, disse: "Nunca conheci nenhuma outra pessoa mais memorável. O mero fato de encontrá-la de passagem por um momento causa uma impressão inesquecível. Presenciei pessoas caindo em prantos quando ela passava.")
4. Para elevar-se além da autodegradação em qualquer forma.
5. Para ser continuamente inspirado a acelerar a própria evolução por causa dos outros, com os quais cada passo é inevitavelmente compartilhado; o motivo de suma importância: "para benefício de todos."

Por que isto é tão difícil? O obstáculo físico é a não responsividade das células do cérebro ao pensamento impessoal e universal. Durante o atual Esquema Planetário, o pensamento e o sentido de separatividade torna difícil atingir a plena consciência espiritual de unidade com o todo. Isto irá tornar-se normal no desenvolvimento futuro do homem, porém, neste ínterim, a prece, a meditação, a contemplação ou a ioga bem-sucedidas aceleram este progresso evolucionário. Conseqüentemente, as células do cérebro, quando usadas para a contemplação de ideais supramentais e espirituais, tornam-se cada vez mais responsivas ao pensamento abstrato e intuitivo.

Requisitos para a prática bem-sucedida da ioga

A Ioga é um sistema de purificação do coração e da mente bem como uma disciplina de vida e um método de meditação. As necessidades para atingir a iluminação espiritual incluem:

1. Motivação absolutamente altruísta.
2. Mudança de ênfase da meta material para a espiritual. Isto deve ser feito com *viveka* – sábio discernimento. A conduta de vida deveria ser cada vez mais moldada, conformada e direcionada para harmonizar e ajudar a consecução do fim desejado. Todos os excessos devem terminar. O auto-treinamento deve ser seriamente empreendido, ainda que sempre com discernimento. Como ao dirigirmos um carro, "os olhos devem ser mantidos sempre na estrada."
3. Circunstâncias pessoais apropriadas. O cumprimento das responsabilidades existentes deve vir em primeiro lugar.
4. Privacidade ou companhia mutuamente aceitável. Os prédios de apartamentos e as casas dos outros, com todas as influências diversas e conflitantes que deles irradiam, não são geralmente os locais mais apropriados seja para a prática da ioga ou para o desenvolvimento da clarividência controlada conscientemente. As condições físicas perfeitas para a meditação incluem privacidade – sem interrupção de ruídos ou repentinas visitas de qualquer pessoa, sendo a casa idealmente isolada com jardins, bosques, ou numa rua tranqüila. No Oriente, os iogues que têm esta liberdade retiram-se do contato normal com o mundo e vivem em isolamento num *ashram*. Os arredores de uma pessoa podem ser seu *ashram,* e suas circunstâncias seu Guru. Quando suficientemente à disposição, estes requisitos físicos ajudam na elevação da consciência até a universalidade, iluminação e bem-aventurança que estão entre os mais elevados frutos da contemplação.

5. A prática regular da prece no sentido mais elevado, da meditação e da contemplação. Estas também deveriam ser mantidas regularmente, mesmo quando sob pressão física, ainda que por pouco tempo.

O tédio, a falta de resultados aparentes imediatos, diminuição temporária de interesse e a atração do prazer físico, não devem mudar a ênfase em direção ao Caminho do Desenvolvimento Acelerado. Esta é uma das grandes dificuldades para o neófito, que deve "continuar" e ser firme para que possa alcançar a meta. A pessoa deve persistir no ideal.

6. Determinação e sinceridade. Os principais atributos para o sucesso em todas as formas de ioga deve ser sempre lembrado, são a dedicação pessoal e uma profunda sinceridade, pois nesta era de evolução solar e planetária na qual a matéria e a mente são acentuadas, a pessoa deve ser intensamente firme, colocando o máximo possível de determinação e de "vontade férrea" na maior de todas as Buscas.

Dentro da consciência interior deve-se desenvolver uma resolução imortal de atingir o Adeptado o mais breve possível. Com este esforço, a resolução torna-se cada vez mais natural, sendo o produto do desenvolvimento Egóico ou despertar espiritual. Por si mesma esta decisão pode ser a fonte de exaltação, pois ela é uma expressão do poder *Átmico* ao tocar e estimular o cérebro-mente. Daí aforismos como: "Resolvo alcançar o Topo ou morrer."

7. Aceitação dos ensinamentos. Cada aspirante é aconselhado a agradecer, aceitar e aplicar os ensinamentos dos *Rishis*, ou seja, Daqueles que se realizaram espiritualmente; pois estes grandes Seres revelam os princípios fundamentais e as leis que governam o processo de auto-aceleração. Tentativas de ignorar esses ensinamentos, evitar sua aplicação e buscar atalhos, somente levam à desilusão, se não ao fracasso, ainda que temporário. A matéria e especialmente os átomos do cérebro constituem o obstáculo neste período; pois não existem atalhos durante esta convergência de quatro períodos nestes quatro ciclos principais – Cadeia, Ronda, Globo e Raça.

Somente o esforço consistente e constante pode superar este obstáculo. Aqueles que já atingiram a realização espiritual em vidas anteriores terão mais facilidade nesta, com o impulso interior aumentando e a resolução tornando-se mais forte. Portanto, uma necessidade fundamental é **"querer, até mesmo almejar intensamente a realização"**. A existência desta aspiração é uma garantia de que a realização é possível nesta vida atual. Assim sendo, que o aspirante comece a trabalhar na obediência das regras.

Os oito passos na ioga

Aprendemos que o caminho para a Auto-realização consiste de oito passos progressivos, cada um dos quais é conhecido por um termo técnico sânscrito:

1. O primeiro passo é chamado *Yama,* que significa "inofensividade". O verdadeiro iogue é uma pessoa de mente inofensiva, sentimento inofensivo, voz inofensiva, coração inofensivo e mãos inofensivas – ele nunca fere ninguém. Isto, para nós, é algo muito difícil de alcançar por causa da maneira como somos criados. Ainda que *Yama* signifique inofensividade, também denota purificação interna por meio do treinamento moral que é, num sentido, um estágio preparatório para a ioga. O verdadeiro iogue é realmente muito rígido a respeito de *Yama,* que inclui a prática do vegetarianismo, por causa de todas as crueldades que são inseparáveis do comércio de carne. Para que a ioga seja praticada com sucesso, a ofensividade e portanto a crueldade devem ser reduzidas ao mínimo e desaparecerem. Os iogues que o autor teve o privilégio de conhecer não comiam nem mesmo ovos. Ao discutir isto com eles, indicando que nenhuma dor é infringida num ovo, eles responderam: "Realmente, mas a semente da vida está ali." Eles dão muita atenção a não-matar, não-ferir e não-causar-dano, que são todos aspectos de *Yama.*

2. A seguir temos *Niyama,* que significa limpeza, contentamento, estudo e devoção a Deus. O contentamento é realmente uma grande virtude, pois implica o desenvolvimento de uma verdadeira compreensão filosófica para ser realmente contente com as coisas como elas são. O Senhor Buda expressou-se desta forma:

> " . . . a vida de cada homem
> É o resultado de sua vida anterior;
> As coisas erradas do passado trazem dor e tristeza,
> As coisas certas do passado trazem felicidade.
>
> Aquilo que você semeia você deve colher.
> Veja que campos maravilhosos!
> O sésamo foi sésamo,
> O milho foi milho.
> O Silêncio e a Escuridão sabiam!
> Desta forma nasce o destino do homem."[18]

---

[18] *A Luz da Ásia,* Edwin Arnold, Ed. Pensamento, São Paulo.

Todos nós criamos as condições em que nos encontramos pela nossa própria conduta. Por isto, aceitamos os resultados de forma inteligente e filosófica – isto quer dizer contentamento. Isto não significa, de forma alguma, "ficarmos prostrados", mas que uma certa calma deve prevalecer.

3. *Asana* ou postura. *Asana* não é limitada à meditação; deve ser efetuada durante a vida diária.

4. *Pranayama*, o controle e a direcionalidade da respiração e do *prana*. *Prana* é a energia do Sol, manifestando-se no indivíduo como correntes de vida ou forças vitais e estas, juntamente com a respiração, devem ser controladas.

5. O quinto passo é chamado *Pratyahara*, ou introspecção. Os órgãos dos sentidos estão sempre dirigidos para fora, procurando contatar objetos exteriores. *Pratyahara* significa a retirada controlada da consciência do mundo exterior, trazendo-a, literalmente, para si mesmo; desta forma o homem torna-se introspectivo.

6. *Dharana* – concentração, e

7. *Dhyana*, ou contemplação abstrata, quando a mente permanece fixa, voltada para um só objeto. A mente fugidia é um dos grandes problemas:

"Pois a mente é realmente inquieta...
Creio que ela é tão difícil de controlar como o vento."[19]

Todo aquele que aspira a ser bem-sucedido na ioga tem que enfrentar esta dificuldade. A mente vai vagar, e *Dharana* implica no controle da mente até que ocorra completa concentração sobre qualquer tópico ou objeto do pensamento que seja escolhido. Por exemplo, se este fosse uma flor, a mente deveria primeiramente fixar-se na forma da flor, observando as pétalas, o seu botão ainda fechado, o caule, as sementes que estão começando a ser visíveis, e assim por diante, sem vacilar, sem se mover, levando isto a um extremo até que a Auto-identificação com o objeto da meditação é alcançada. Desta maneira, pela concentração da mente, a pessoa se torna gradualmente identificada com a vida divina na flor, ou numa jóia, ou seja lá no que a pessoa estiver meditando. A pessoa desaparece em absoluta identificação com o objeto de meditação.

---

[19] *O Bhagavad Gita*, Sexto Discurso.

A seguinte história ilustrará este ponto:

Num vilarejo da Índia um casal teve um menino, que desde tenra idade mostrava uma inteligência fora do comum. Ele aprendeu os mantras da família muito cedo e cumpria fielmente seus deveres como membro da família. Realmente era uma excelente criança.

Os pais, pensando que ele deveria ser um Ego avançado que havia nascido através deles, que talvez devesse seguir a vida espiritual, decidiram enviá-lo ao iogue local. Na Índia, um iogue geralmente pode ser encontrado não muito distante de qualquer vilarejo, vivendo uma vida extremamente simples, geralmente numa pequena choupana. Os camponeses foram a ele procurando orientação e ajuda.

Assim sendo, uma noite, quando o iogue estava sentado em sua choupana, a porta se abriu, e este menino bem jovem apareceu. O iogue disse:

"Muito bem, meu filho, em que posso lhe ajudar?"

O menino respondeu, "Mestre, meus pais me enviaram ao senhor para pedir que o senhor me aceite como seu discípulo."

"Você não é muito jovem para ser um discípulo?"

"Realmente sou jovem, Mestre, mas quero ser seu discípulo."

"Bem, o que você pode fazer que o tornaria um discípulo?"

"Mestre, conheço os mantras e sei meditar."

"O que você faz durante o dia?"

"Oh," disse o menino, "faço as tarefas domésticas e ao entardecer levo os búfalos para a lagoa."

Esta é uma cena bem comum na Índia – um pequeno menino ou menina montados num enorme búfalo, com um rebanho adiante ou atrás, indo em direção de um lago ou riacho, porque estes animais absorvem umidade não só bebendo, mas também através da pele – eles devem nadar ou chafurdar. Ao ouvir a resposta do jovem, o iogue disse:

"Então, muito bem, você vai voltar para casa e continuar com as suas obrigações, mas vai reservar algum momento para meditar sobre o búfalo. Você está disposto a fazer isto?"

"Sim, Mestre."

"Você deve fazer isto todos os dias e quando chegar a noite, venha aqui nesta minha pequena janela dizer-me o que aconteceu."

Então começou esta rotina e cada noite a voz infantil chamava:
"Boa noite, Mestre, estou aqui."
"Boa noite, meu filho. O que você fez hoje?"
"Meditei sobre o búfalo, Mestre."
"Muito bem; entre," e o menino entrava, e como fazem geralmente, varria a choupana e servia o Instrutor. Porém, uma noite, a voz infantil chamou de fora da janela:
"Boa noite, Mestre, aqui estou de novo."
"Boa noite, meu filho. O que você fez hoje?"
"Ó, eu meditei por muito tempo sobre o búfalo, Mestre."
"Muito bem, entre então, como sempre."
Passou algum tempo, mas nada do menino. Então se ouviu um ruído de arranhar e raspar, mas ainda nada do menino. Nesse momento o Mestre chamou:
"Entre, meu filho."
"Mestre, não consigo entrar."
"Por quê?"
Ele respondeu, "Meus chifres são muito grandes."
"Entre então pela porta da frente, meu discípulo," disse o Mestre.

8. Estes são então os sete passos da *Raja-Ioga*, o oitavo sendo o *Samadhi*, que é superconsciência, ou consciência cósmica. No *Samadhi* ocorre uma completa absorção de toda a consciência na unidade da Vida Divina, ou Essência Monádica.

As sete iogas
(Caminhos para a auto-iluminação)

1. A *Hatha-Ioga* tem como objetivo a compreensão da união com Deus por meio do controle do corpo, da respiração e da vitalidade. Refere-se principalmente à neutralização do processo da respiração através das narinas direita e esquerda, oferecendo uma completa harmonização das energias físicas e liberação do estresse psicológico. O relaxamento é ensinado como uma arte, a respiração como uma ciência e o controle mental do corpo como o meio de atingir a verdadeira harmonia do corpo e da mente. A partir deste ponto, cérebro, mente e intuição, conseqüentemente harmonizados, podem dotar a consciência pessoal com a compreensão da divindade da própria pessoa e de sua identidade com o Supremo.

2. A *Carma-Ioga* tem como objetivo a habilidade na ação e a perfeição no serviço, especialmente no nível físico. A seguinte história ilustra a atuação da *Carma-Ioga:*

O irmão de uma jovem menina preparou uma armadilha para apanhar passarinhos. Ela achou que isto era errado e cruel. A princípio ela chorou, mas depois sua mãe notou que ela ficou feliz outra vez.

A mãe perguntou, "Por quê?"
"Rezei para que meu irmão se tornasse melhor."
"E o que mais?" perguntou a mãe.
"Rezei para que a armadilha não apanhasse nenhum passarinho!"
"E o que mais?"
"Bem, então fui lá fora e destruí a armadilha a pontapés!"

3. A *Laya-Ioga* procura o domínio da vontade, o desenvolvimento e a expansão da mente, para tornar-se absorvido, "dissolvido" (*laya*) no Ser Uno, como água na água, luz na luz e espaço no espaço.

A *Laya-Ioga* também inclui a subida da *Kundalini*. O iogue *laya* pode se posicionar em sua imaginação no coração do fogo cósmico, a *Kundalini-Shakti*. A completa realização e o despertar no corpo do poder criativo de Deus, sempre sob controle, é o objetivo desta ioga perigosa do Fogo Serpentino. Quando isto é alcançado gradualmente e de forma segura, então uma força adicional acelerada e sensibilizada passa a atuar nas células do cérebro, despertando-as para o poder, a vida e consciência do Eu reencarnante e da Essência-Vida-Espírito do universo, a Deidade Suprema.

4. A *Jnana-Ioga*. O iogue *jnana* procura pelo conhecimento e pelo domínio do intelecto atingir a unidade consciente com o Supremo.

O grande poeta inglês, Robert Browning, escreveu:

"Pois vi em lugares solitários e em momentos ainda mais solitários
Minha visão da face aureolada do arco-íris.
Daquela a quem os homens chamam de Beleza; orgulhosa, austera;
Vaga visão do rosto perfeito, sem mácula,
Divinamente fugitivo, que assombra o mundo
E eleva os pensamentos dos homens em espiral a sonhos mais bonitos."

Dante: "O sorriso do universo."

Einstein: "O intelecto tem pouca coisa a fazer na estrada das descobertas. Ocorre um salto na consciência, chame-o de intuição ou como preferir, e a solução vem a você sem que saiba como ou porquê. Todas as grandes descobertas ocorrem desta forma."

Jnana-Ioga Autêntica.

O objetivo desta ioga do conhecimento é educar a mente para perceber e conhecer o Eu Divino uno em todas as coisas, e todas as coisas dentro do Eu Divino.

A *Jnana-Ioga* inclui compreensão e percepção penetrante com entendimento interior crescente, quer seja em relances ou em reflexões prolongadas. Leva ao *siddhi* de percepção desvelada do Adepto, ou como o Mestre Kuthumi[20] escreveu, "vislumbre implícito."

Esta faculdade *jnana* de percepção implícita não tem praticamente nada a ver com o que é popularmente – e como um iogue poderia dizer, "erroneamente" – chamado de conhecimento livresco. A falta de instrução realmente limita um tanto a auto-expressão mental-verbal, mas não impede em absoluto este desenvolvimento específico, para o *jnani*, da mais pura *jnana* ou faculdade de percepção espiritual, Causal e oculta.

O valor e a importância deste poder de percepção penetrante do caminho da *jnana* pode ser facilmente compreendido. Além disso, sem ele, a clarividência e a clariaudiência são de utilidade limitada, e podem ser um impedimento no caminho da perfeição e causa de erros em virtude dos julgamentos errôneos e das incompreensões do que é visto – o erro em que muitos caem. Deveríamos dar valor, portanto, às percepções repentinas quando estamos despertos, pois estes são verdadeiros "tesouros do céu."

O estudante aprende das palavras do Mestre Kuthumi para o Sr. A.P. Sinnett que nem todos os Adeptos são dotados de uma faculdade de clarividência **física**, ainda que eles possam "ver" em seus corpos mentais sempre que desejarem; pois o Mestre Kuthumi não estava ciente de forma clarividente do fato, por exemplo, de que o Mestre Djwal Khul havia batido a cabeça na viga.[21]

---

[20] Mestre Kuthumi: Um dos grandes Mestres de Sabedoria.
[21] Veja *Cartas dos Mahatmas Para A.P. Sinnett*, transcritas e compiladas por A.T. Barker, Carta nº 85B, Ed. Teosófica, 2001, Brasília.

5. A *Bhakti-Ioga* procura expressar e desenvolver a devoção e o divino amor em "asas" nas quais se eleva ao Supremo, permanecendo em comunhão e união mística com Ele. O *bhakta* está menos interessado em método, prática e exercícios, do que em se elevar nas asas do amor e da devoção aos "pés" do Amado. Ele alcança e expressa o poder do amor, tanto humano como divino. " ... não a minha vontade, mas a sua, seja feita."[22]

Um quadro na parede do pequeno escritório de Madre Teresa fala de sua Congregação, Missionárias da Caridade: "Nossa missão particular é trabalhar para a salvação e a santificação dos mais pobres entre os pobres." O quadro indica que isto pode ser feito por meio de: "Cuidar dos doentes e dos moribundos indigentes. Apanhar as crianças da rua e ensiná-las. Visitar e cuidar dos mendigos e de suas crianças. Dar abrigo aos abandonados. Cuidar dos rejeitados, dos que não são amados e dos solitários." O quadro acrescenta: "Ao fazer isto provamos nosso amor a Jesus."[23]

O oferecimento ou a consagração da energia física, emocional, mental e todas as outras, no altar divino, pode ser descrito como *Bhakti-Ioga*. Este ideal foi maravilhosamente expresso como segue:

"Se posso impedir que um só Coração se parta
Não viverei em Vão.
Se posso diminuir o Sofrimento de uma Vida
Ou minorar uma Dor,
Ou ajudar um Pássaro desfalecendo
De volta a seu Ninho outra vez
Não viverei em Vão."

E. Dickinson.

Ó Homem Irmão! Abrace o seu irmão com o coração;
Onde mora a piedade, a paz de Deus está ali;
Adorar corretamente é amar um ao outro,
Cada sorriso um hino, cada boa ação uma prece."

Adoração, J.G. Whittier.

"A compaixão é a chave que abre a fechadura de todos corações."

---

[22] Lucas 22:42.
[23] *The Auckland Star,* 18 de outubro de 1979.

Nossa influência depende não tanto do que sabemos, ou mesmo do que fazemos, mas do que somos.

6. A *Mantra-Ioga* usa o som e a fala como instrumentos de poder e auxílios para a Auto-realização. A palavra sânscrita, *mantram*, significa "fala sagrada como instrumento de poder do pensamento." Um mantra é uma série de sílabas que, quando entoadas corretamente, desencadeiam forças poderosas. A *Mantra-Ioga* é de interesse especial ao estudante de Ciência Oculta devido à sua associação íntima com o princípio básico da Natureza chamado Lei das Correspondências. Em posições determinadas nos centros nervosos humanos, existe um "depósito representativo" de uma das forças primárias do universo. Cada sílaba soada corretamente de um mantra desperta este poder cósmico "correspondente" em atividade – por exemplo, *Aum*. Ao cantá-lo, uma pulsação é estabelecida dentro do corpo, que leva à união com a pulsação cósmica correspondente.

A Lei das Correspondências encontra expressão não só nos níveis de existência e consciência, e em cada um dos veículos do homem, mas também e mesmo mais importante, nas forças atuando por toda a Natureza. Estas forças são na verdade uma só, seja atuando geralmente por toda a Natureza, ou dentro e por toda a constituição do homem como microcosmo. Uma profunda verdade fundamental com relação ao homem é que em sua natureza espiritual, intelectual, psíquica e física ele é uma réplica em miniatura de toda a ordem de seres e coisas criadas. O homem é um modelo da totalidade da Natureza. Ele contém em si mesmo o agregado coletivo de tudo que já existiu, que existe a qualquer momento, e que algum dia possa vir a existir por toda a eternidade das eternidades.[24]

É verdade que, quando bem praticada, cada uma das sete iogas faz chegar esta verdade de alguma forma ao alcance do cérebro, da mente e da consciência interior do iogue. No entanto, na *Mantra-Ioga*, palavras sânscritas cientificamente formuladas e corretamente entoadas aceleram este processo.

7. Seis métodos de ioga foram considerados até aqui, e agora chegamos ao sétimo: A *Raja-Ioga*, a Ciência Real. Ao estudá-la, descobrimos que sobre este tema os sábios exercitaram seus plenos poderes de compreensão e explicação. A *Raja-Ioga* é um tipo de resumo nobre de todo o restante. Ela usa os melhores elementos de todas as outras, formando um conjunto. Na prática, é um modo de vida perfeitamente proporcional. Não existem

---

[24] De H.P. Blavatsky. Para maiores referências sobre as Correspondências, veja o Capítulo 6.

exageros nela, e é tão harmoniosamente planejada que deve ter sido um Ser muito Sábio, um grande Buda de Compaixão Quem, a partir de Seu total conhecimento da lei de toda a vida, tomou todas as iogas separadas e retirou o melhor de cada uma para formar a *Raja-Ioga* ou Ioga Real. Um tal Ser, se Ele existiu, criou a mais maravilhosa de todas elas, a ponto de satisfazer todos que buscam a vida mais plena, como todo verdadeiro iogue procura.

Verificamos que a *Raja-Ioga* é o mais confiável indicador para a eternidade e para a realização da Verdade, uma Verdade que ela nunca pretende delinear, definir ou limitar, ainda que cada passo na ioga seja direcionado para a realização da Verdade da Unidade. Quando bem praticada, diz-se que a *Raja-Ioga* confere o domínio sobre todos os outros métodos de ioga e dos poderes de discernimento e de dissociação de nossos próprios veículos. Ela conduz à união plenamente consciente com Deus e por meio Dele com tudo o que vive. O *raja* iogue bem-sucedido sabe pela experiência direta e contínua que "o Espírito do Homem e o Espírito de Deus são Um Único Espírito."

A prática da ioga não é meramente uma questão de um quarto de hora de meditação todos os dias, mas é um modo de vida, seguindo os passos que foram estabelecidos pelos sábios em virtude de suas próprias experiências e conhecimento, há muitas eras e que nos foram legados.

A ioga consiste numa série de afirmações, como: "Eu não sou o corpo, as emoções e a mente. Sou o Eu Espiritual." Discorre sobre isto, e vai mais profundo, até o Eu Divino, e então: "O Eu em mim é uno com o Eu em todos." A seguir o silêncio. A personalidade quase não existe mais, e com a prática a pessoa começa a compreender a unidade com a Vida Divina em tudo – a tornar-se dissolvido nela como "água na água, luz na luz, espaço no espaço." Esta é a meta no que concerne à consciência humana.

O método de ioga que for finalmente usado deve ser compatível com o temperamento da pessoa, e um resultado será a consciência de Deus, que foi assim descrita:

> "Além da contemplação, modo da mente,
> além do êxtase, modo dos sentimentos arrebatados;
> até mesmo além do poder da intuição de adentrar-se na Realidade,
> existe a Vida suprema em que o Espírito é levado
> – um "mundo sem muros", sem fronteiras, "a montanha do
> Senhor ... seu lugar sagrado."[25]

---

[25] Salmos 24:3.

Mantra-Ioga

A *Mantra-Ioga* e a compreensão da identidade espiritual

Nos países ocidentais, nem sempre ocorre a devida ênfase no aspecto da consciência da ioga. Portanto, os aspirantes poderiam aprofundar o seu nível superior de consciência mental ao praticar não só o mantra, mas **todas as formas de ioga**. Isto implica a contemplação que conduz a uma realização cada vez mais profunda da identidade eterna da Essência-Vontade divina de *Atma* **dentro** do iogue e do universo como um todo. Todos os outros seres, dos mais inferiores – aqueles evoluindo ao longo do reino mineral – ao mais elevado – o *Dhyan Chohan* regente de nosso Sistema Solar[26] – estão incluídos nesta maior das verdades: **IDENTIDADE ou UNIDADE.**

A consciência deve estar ao menos em dois níveis ao efetuar a *Mantra-Ioga*: o cantar físico correto e contínuo das palavras sânscritas, combinado com a afirmação e a compreensão profundamente interior de "Eu sou Aquilo, Aquilo sou Eu", que deveria ser mentalmente preservado como o objetivo interior; pois este fato de unidade é a Verdade divina sobre a qual todo iogue deveria meditar. Todos os mantras são em parte concebidos para ajudar na compreensão desta Verdade transcendental relativa ao homem, ou seja, **identidade espiritual com tudo o que existe.** O ideal seria que todos os iogues aspirantes refletissem profundamente sobre o significado desta afirmação. Cada um deveria "trabalhar sobre" esta declaração até que ela seja a mais integral e completa possível, até que seu significado seja plenamente compreendido e seu conteúdo e intenção torne-se cada vez mais plenamente apreendido.

Assim sendo, a pessoa quando estiver praticando a *Mantra-Ioga* deveria reduzir a dependência exclusiva ao som, despendendo ao menos um tempo igual entre a contemplação silenciosa e o cântico. A meditação será então enriquecida por uma consciência mais profunda do Divino.

O Aspirante deveria usar ambos estes exercícios, mas não a ponto de tornar-se inteiramente dependente de nenhum deles. É dito que os iogues elevados que vivem na reclusão dos *ashrams* não necessitam destes dois exercícios – cântico ou meditação, pois eles permanecem perpetuamente no estado elevado da ioga. Aqueles entre nós que, necessariamente, devem viver no mundo exterior, contudo, precisam de ambos **na devida proporção** como auxílios para a consecução da meta da ioga.

---

[26] A Deidade Suprema.

Efeitos dos mantras

A *Mantra-Ioga* devidamente executada – quer dizer com o som físico correto na pronúncia e no tom, e com a intenção mantida corretamente – afeta favoravelmente as fibras dos nervos do sistema cérebro-espinhal, incluindo as células com as quais são construídas. O cântico envia uma "excitação" de força-sonora ao longo das fibras nervosas, fazendo com que elas vibrem como uma corda retesada ou frouxa. As forças despertadas pela *Mantra-Ioga*[27] seguem uma configuração ao longo da coluna cervical na medula; pois ali, duas correntes da *Kundalini* se bifurcam como os dois braços da letra "Y", entrando principalmente nas glândulas pituitária e pineal e aumentando os ritmos vibratórios dos órgãos associados. A partir destes corpos os efeitos alcançam o cérebro frontal e o cerebelo. Com a continuação do cântico, a coluna central da *Kundalini* lentamente começa a se elevar entre os dois braços, passando daí para todos os órgãos da cabeça, incluindo o tálamo, o hipotálamo e os ventrículos. A corrente central é maior que as outras duas e pode ser mais lenta para produzir seus efeitos nas células do cérebro.

Uma vantagem do cântico por longos períodos é que todos os efeitos tornam-se mais fortes em geral, e esta corrente vertical central gradualmente alcança a região dos *chakras Sahasrara* e *Brahmarandra*. No entanto, tempo disponível e um cântico prolongado são necessários para que os efeitos plenos sejam atingidos. Durante este procedimento, uma contracorrente é induzida da região da glândula pineal através da pituitária e para fora entre as sobrancelhas, sendo capaz de se tornar operativa numa direção reversa. Nestas condições, a evolução das células do cérebro são aceleradas, e o Ego ou Eu Interior reencarnante torna-se capacitado a usar mais livremente o cérebro e descobrir ali um centro de consciência responsivo ao idealismo mais elevado. Além disto, outro efeito direto é gradualmente estabelecido entre as têmporas onde existem orifícios astro-etéricos.[28]

A menos que esteja engajado em pesquisa oculta, o iogue não precisa prestar atenção nestes resultados sobre o cérebro e seu duplo etérico, já que eles são produzidos automaticamente. Se os devotos estão totalmente inconscientes ou só parcialmente cientes da atuação destas forças ao longo de cursos especializados, então não devem parar com sua meditação; pois efeitos sensibilizadores do cérebro **estão** sendo produzidos, quer sejam notados ou não, e pessoas diferentes respondem de diferentes maneiras.

---

[27] Veja "Advertências", pp. 79-80.
[28] Veja Ilustrações pp. 65-66.

❏ ❏ ❏

Os *chakras* não são os únicos a responder aos mantras e ao exercício da vontade, pois toda a aura é afetada. Os corpos etérico, astral e mental reluzem, brilham e se expandem até duas vezes o seu tamanho normal. Isto purifica e limpa a natureza pessoal e ajuda a eliminar o material não-responsivo resultante da conduta de vidas passadas e períodos anteriores nesta vida. O Eu Interior, conseqüentemente, tem uma oportunidade mais favorável para controlar a personalidade. Isso é importante já que é o Ego reencarnante que está mais diretamente preocupado com todos os esforços espirituais. A personalidade também se beneficia, é lógico, mas só temporariamente e durante a vida atual, em geral. O Eu Imortal retém todos os benefícios, os frutos e a essência sutil das experiências em todos os níveis até o Adeptado ser alcançado.

Pode ser útil lembrarmos que não só os corpos da pessoa em meditação, mas toda a natureza setenária do ser humano[29] engajado nesta longa peregrinação para a perfeição, são assistidos pela meditação bem-sucedida. Deveríamos nos precaver contra a tendência de nos concentrarmos exclusivamente nos corpos sutil e físico, na aura e nos *chakras*. O Eu Interior também deve ser incluído em nossos pensamentos; pois é o Princípio Divino que é o verdadeiro peregrino, o verdadeiro iogue, que é o Adepto em formação. O eu pessoal não deve ser negligenciado, mas o Eu Interior deve ser acrescentado a ele e suas funções devem ser cada vez mais eficientes no corpo causal.

Quando a pesada mão do carma cai sobre uma pessoa, é prudente praticar a ioga em todos seus significados – físico bem como oculto – para compensar a ação infeliz da causa e do efeito e fortalecer os aspectos auspiciosos da pessoa.

Os Mantras e o poder das correspondências

Para ajudar na *Mantra-Ioga*, podemos entoar o *AUM*, deixando a seguir a mente permanecer tranqüila por um tempo razoável. Ao repetir isto, podemos notar as condições psicológicas que idealmente deveriam ser de felicidade, equilíbrio, calma e paz. O aspirante deveria tentar permanecer neste estado, procurando prolongá-lo, quando então ele pode aprofundar-se até a

---

[29] Da vontade, da sabedoria, do intelecto abstrato, da mente formal, da emoção, da etérica e da matéria física densa.

bem-aventurança. Até mesmo a "visão" clarividente objetiva depende desta habilidade para induzir um estado de tranqüilidade numa área da mente-cérebro, o terceiro ventrículo imediatamente acima do palato mole. Esta não deve ser uma calmaria **morta**, mas um estado hipersensível **ativo** em que a pessoa "vê" clarividentemente.

O adentrar na consciência Egóica em vigília não é geralmente um acontecimento repentino de luz extraordinária e de exaltação. Ao contrário, entra desapercebidamente na consciência, trazendo consigo muitas experiências sutis – entre elas a instantânea preocupação pelos outros oriunda da compreensão da unidade. Neste sentido, a vida pode tornar-se Egóica, sendo o sentimento interior de responsabilidade para com os outros um exemplo desta condição. Esta não é uma virtude comum, mas o resultado do desenvolvimento de uma compaixão profunda, marcante e altamente sensitiva.

A experiência física da ioga não é então a única meta perseguida pelo iogue. Um constante desabrochar interior, uma crescente beleza de caráter, uma brava aceitação das muitas adversidades, psicológicas e objetivas, e um cumprimento leal do dever – todas estas metas são realmente de grande importância, e a prática diária da ioga ajuda na consecução de todas elas. É rara a plena consciência Egóica ou espiritual na consciência do cérebro quando totalmente em vigília. Isso inicialmente pode ser um pouco desencorajador, apesar de ter suas vantagens e mesmo benefícios durante o progresso e desenvolvimento oculto.

Os mantras, quando entoados corretamente, saturam os corpos físico e superfísicos do iogue com a idéia e o poder de Deus. Eles gradualmente eliminam todos os outros pensamentos e tornam os veículos pessoais e a consciência subservientes e responsivos à influência do Eu divino interior. Mantras como auxílios na contemplação da Deidade unificam todos os veículos num organismo inter-harmonizado – físico e superfísico – e desta forma reduzem a resistência da personalidade ao Ego e da *guna tamásica*[30] à Mônada. A prática dos mantras parece com a sintonização de uma corda de um instrumento musical até produzir exatamente a nota verdadeira no tom correto.

A garganta, e portanto a voz, que representa o poder oculto de *Atma* associado com *Manas*, possui grande importância, especialmente para o iogue. A garganta física e seu *chakra* constituem o ponto divisor e de conexão entre *Manas* inferior e superior **e todos os mundos além** – o *antahkarana*. O mal uso da mente concreta argumentativa para propósitos orgulhosos, ex-

---

[30] *Guna tamásica:* A qualidade da inércia, especialmente a falta de inclinação para meditar. Veja Glossário – *Guna*.

cessivamente competitivos, aquisitivos ou impiedosamente destrutivos atrasa a evolução desta "ponte". Isso bloqueia a passagem entre os estágios inferior e superior de consciência mental. Sob tais condições, o centro de consciência "fica simbolicamente grudado" na garganta. A *Mantra-Ioga* tem, em parte, o propósito de fazer com que o potencial da voz humana atue sobre este problema.

A entoação de mantras, além dos efeitos de harmonizar e elevar, evoca e desenvolve os poderes sutis interiores da voz humana. Isto gradualmente desmantela o muro divisório ou o assim chamado "véu" do "templo" do corpo, e eleva o centro de consciência para a cabeça.

Na prática da *Mantra-Ioga* o homem agora experimenta um poder mais potente do que o do átomo, ou seja, o do som. *Mantra-Ioga* é a chave da taumaturgia e de outros poderes mágicos do Adepto. Quando o homem descobrir o que poderia ser chamado de potenciais ocultos da garganta e da voz, e aprender a emitir sons de freqüências mais elevadas do que o normal, qualquer que possa ser o valor do seu tom, então ele começará a se tornar mestre do universo ao seu redor. Estes poderes na verdade residem no *Akasha* ou éter sônico, e a *Mantra-Ioga* é o meio de desenvolvê-los.

A humanidade da Sexta Raça-Raiz irá se servir naturalmente destas energias que residem no Duplo Etérico e no éter, com sua fonte no corpo e no plano Causal. Passar de *Manas* inferior para o superior é, conseqüentemente, entrar em contato com os poderes *Akáshicos*. A ciência vem postulando e estudando o éter e já está investigando e demonstrando os poderes mais elevados do som que em suas freqüências mais altas pode acelerar a germinação assim como esterilizar e destruir tecidos.

Na Sexta Raça-Raiz o centro de consciência humana, quando o corpo estiver desperto, irá passar naturalmente do coração pela garganta e para a cabeça. A voz e a garganta representam, desta forma, o *antahkarana*, enquanto a *Mantra-Ioga* bem-sucedida é um meio de percorrê-lo do coração à cabeça para que os dois se combinem num só no que concerne à ação da consciência. Esta transferência ocorrerá naturalmente e será completada para a maioria na Sexta Raça-Raiz. No entanto, ela pode ser efetuada prematuramente pela ação direta do poder do pensamento, com a *Mantra-Ioga* como um auxiliar valioso.

No sentido mais pessoal, "salvação" consiste em combinar a mente inferior e a superior num só instrumento de pensamento, desta forma removendo inteiramente o véu entre elas no quarto subplano do plano mental. A natureza imortal do homem torna-se então conhecida por experiências em consciência, com os planos dos mundos imortais sem forma sendo abertos ao iogue. Ele, portanto, é "salvo" da extinção de sua consciência individual na morte do corpo físico e depois.

O Ego, por sua vez, deve mais tarde repetir o processo plano após plano, combinando em primeiro lugar *Manas* com *Buddhi*, a seguir estes dois com *Atma* e, finalmente, a combinação da Tríade Superior será conscientemente unificada e identificada com a Mônada. Esta experiência confere imortalidade por todo o *Maha-Manvantara*. Os assim chamados Hinos dos Iniciados, tais como os *Cânticos de Salomão*, o *Hino de Jesus* e as *Odes ao Sol*, cantados metaforicamente ao alvorecer, todos eles se referem ao uso da voz – e, é lógico, ao poder do pensamento por trás dela – para elevar a consciência a um novo e mais elevado nível e fase.

O Iniciado usa o corpo Causal livremente como veículo de consciência e quando fora do corpo passa diretamente para ele, operando deste nível, mesmo se os corpos mental e astral também forem usados. O Rito Iniciatório é a *Mantra-Ioga* da potência mais elevada, e isto se reflete nos Mistérios Menores, incluindo a Cerimônia na Maçonaria e a Consagração da Hóstia na Eucaristia Sagrada. A transcendência do tempo é uma das qualificações necessárias para passar ao serviço dos *Lipikas*, que podem ser considerados como os Mestres do Tempo.

Compartilhando alguns pensamentos sobre o *Mantra Gayatri*

Este "Hino" ao Logos Solar, apesar de muito tranqüilo em si mesmo, quando entoado corretamente, atrai a atenção das Ordens de grandes Seres. As mais importantes são aquelas especialmente associadas com o Sol espiritual, superfísico e físico. Entre estas estão as Hierarquias Angélicas e *Sephiras* do planeta Terra e, por meio delas, e mesmo diretamente, grandes anjos relacionados com o próprio Sol e o Logos Solar.

Esta resposta, que não pode ser prontamente descrita em termos humanos, parece uma resposta vibratória: um reconhecimento e uma unificação com os Princípios mais elevados do iogue e deste planeta. Isto se aplica em particular ao *Atma-Buddhi* Monádico no homem e, no caso das *Sephiras* planetárias, também à *Manas* superior. É difícil encontrar palavras com as quais descrever inteiramente estas respostas, apesar de serem reais e reconhecíveis quando observadas, assim como uma pessoa normalmente não pode ver fisicamente nem a transmissão nem a recepção das ondas do rádio.

Estes níveis de consciência são muito elevados e é boa prática, quando em meditação, tentar entrar neles, sempre de forma bem impessoal e sem humanizá-los em absoluto. No entanto, podem-se formar imagens puramente mentais, tais como uma imensa escada de inumeráveis degraus brancos, brilhantes, construídos pelo poder. Estas podem vir dos veículos e das consciências *Manásicas* superiores, *Búdicas* e *Átmicas* dos grandes Arcanjos e anjos, pelos quais, através dos quais, e nos quais o Logos Solar se expressa e se manifesta – na verdade, podemos quase dizer, existe. Apesar destes *devas* solares serem seres em evolução por sua vez, eles também fazem parte do "Próprio" grande Senhor e Rei do universo.

O *Gayatri* é um mantra que pode despertar o Princípio do Sol ou a Presença do Logos Solar na Mônada-Ego-personalidade, e trazer seu poder e radiação em atividade crescente em todos eles, incluindo tanto o corpo como a consciência superior.

O ideal da ioga não é só para o iogue realizar a unidade com o Logos Solar, mas levar Aquilo a um poder sempre crescente para que sua expressão torne-se natural em sua consciência do dia a dia. Assim, toda a ioga é um processo de mão dupla, o adentramento da mente na compreensão da unidade e uma crescente eficiência da função do Princípio da Vida universal dentro do iogue. O iogue volta-se para o seu interior até "Deus", e "Deus" assume um controle crescente sobre sua consciência de mente-cérebro. A meta tríplice é construir uma ponte entre os dois, mantê-la aberta e aprender a usá-la.

O autor sugere a meditação na idéia de desaparecer na radiação inefável no topo da Existência cósmica, que na realidade é **interior** em vez de mais elevada. Como sugestão, a pessoa pode continuar o exercício reconhecidamente mental envolvendo a expressão das manifestações sem forma, como se um grande Arcanjo pairasse imóvel ao lado de cada degrau. Quando o aspirante eleva-se de plano por meio de sua entoação, parece que estes Seres respondem como se num "relance", que logicamente significa uma descida de poder, por mais momentânea que seja no nível deles.

A "escada" ascende, é lógico, muito além dos Arcanjos, em direção à maravilhosa Hierarquia dos *Logoi* Solares, os grandes *Dhyanis* dos Sóis, e sem dúvida continua ascendendo (quer dizer interiormente) para o Logos Cósmico – na verdade, ao infinito. Um cântico angélico continua sendo entoado por todos os grandes *devas* associados com os *Raja-Devas* na escada ascendente. Após o cântico, seria bom para o iogue permanecer em silêncio, ainda que com a mente parada e o mais responsiva possível a estas influências, forças e Seres maravilhosos.

Deve-se ter cuidado para não formalizar excessivamente esta apresentação mental. Apesar de verdadeira em si mesma, ela só deve ser considerada como uma apresentação verbal do que é sem palavras. É bem verdade que os *devas* têm aspectos visíveis, que se parecem com as formas criadas pelas idéias, pelo pensamento divino, naqueles níveis superfísicos. Eles são mais apropriadamente concebidos como concentração de Poder, Luz e Inteligência *Logóicos,* com auras muito extensas nos grupos particulares de cores, das quais cada um é uma expressão e um representante. Todos estes fenômenos estendem-se "para baixo" até os níveis da forma[31] do planeta, onde os *devas* e os espíritos da Natureza por sua vez são impressos com o pensamento divino, apesar de serem por sua vez entidades em evolução – um paradoxo talvez, mas de qualquer forma uma verdade.

Quando o *Gayatri* é entoado corretamente, especialmente na tradição hindu completa e de acordo com as antigas instruções, as respostas são mesmo mais fortes do que as descritas. No entanto, nenhuma pessoa que usa este "chamado do poder sonoro" jamais deixa de despertar alguma resposta interior. Iogues, *Brahmanes* reencarnados e membros das Escolas de Mistério que cantam em grupo **com conhecimento**, evocam uma resposta muito forte ainda que algo diferente. Esta não só inunda suas auras, mas alcança também a vizinhança. Não é preciso dizer que todo cântico produz estes efeitos de certa forma, já que tudo é altamente mântrico e o som produzido é associado com *yug* ou idéia de identidade. Ainda que não possa ser percebido, todos são abençoados e ajudados pela prática da *Mantra-Ioga* quando executada corretamente.

Mantras como pontes

Com raras exceções, o conhecimento que pode ser descoberto sobre a Ciência Oculta é teórico. Nenhum estudante, instrutor ou escritor qualificado sobre o assunto jamais ousou, ou ousaria, tornar disponível em geral as chaves que abrem a porta para o ocultismo prático. O resultado seria excessivamente perigoso. Apesar do conhecimento dado em muitos trabalhos e por muitos instrutores ser acurado, ele não pode ser traduzido em poder sob condições normais ou na vida mundana meramente pelo estudo dos livros. Entre estes dois – ocultismo teórico e prático – existe um grande abismo e uma ponte passando por este abismo somente pode ser suprida por um Guru ou um agente de um Guru.[32]

---

[31] Níveis da forma do pensamento concreto, da emoção e da substância física.
[32] No entanto, veja "Advertências", pp. 79-80, e *Ocultismo Prático,* de H.P. Blavastky, Ed. Pensamento-SP.

As disciplinas espirituais e ocultas podem alargar a consciência, aprofundar a natureza e purificar o caráter. Estes efeitos em si podem trazer poder para a personalidade. A prática regular da *Raja-Ioga* pode levar o devoto ao limiar de tornar-se um ocultista prático. A posse do conhecimento necessário e o verdadeiro poder do ocultista, de fato, é obtido em grande parte por meio de esforços determinados e persistentes.

Os mantras são as verdadeiras pontes e seu cântico correto, junto com outras formas de ioga, **seguidas corretamente**, podem abrir a porta para o domínio do mundo oculto.

Os Mestres de Sabedoria certamente ajudam o estudante sincero que é capaz de responder e cujo caráter seja estável. Isto ocorre geralmente fora do corpo, à noite, e muito raramente permanece como uma memória, apesar do impulso natural em direção à Senda ser sentido.

Não importa quão adversa a situação possa parecer, o esforço persistente e determinado sob orientação certamente triunfará e produzirá resultados tanto físicos como superfísicos. A combinação devida e correta de *Raja* e *Mantra-Ioga* é irresistível.

Quase todo aspirante ocidental que se aproxima dos Mestres e da vida oculta tem obstáculos sérios e adversos sob muitos pontos de vista. No entanto, a própria determinação, o esforço e a prática não só asseguram o sucesso mas na verdade reduzem a adversidade cármica, modificam e mesmo neutralizam quaisquer restrições cármicas emergentes, bem como geram um carma favorável para o futuro. Até mesmo um Guru em Sua Presença física não pode superar pela força as condições adversas descritas. Somente o devoto pode fazer isto, ainda que o Mestre ajude muito, principalmente com a formação de um elo áurico com o aspirante.[33]

A maior garantia de sucesso, a ação mais efetiva de todas para abrir a porta, ainda que gradualmente, é **seguir adiante. Faça** o corpo meditar, **faça-o** entoar (os mantras), sendo esta última prática a forma mais rápida de preparar o corpo prontamente para a ioga, superando sua resistência. Não importa quão cansado possa estar, sente-se e entoe, ainda que só por alguns minutos. O cântico mental é valioso e efetivo, mas muito mais quando combinado também com o som físico. Tudo isto e mais ainda a respeito da Ciência Oculta com relação ao indivíduo está guardado na Palavra Sagrada de três letras, *Aum*, entoada como uma sílaba no meio do cérebro.

---

[33] Veja *Light of the Sanctuary, The Occult Diary of Geoffrey Hodson,* compilado por Sandra Hodson, pp. 200-205.

Bhakti-Ioga
O centro do coração

Nos corpos mental e astral do homem, na região equivalente ao coração, existe uma condição de matéria que faz o órgão brilhar com uma tonalidade dourada.

O centro físico do coração é esférico, com sete a dez centímetros de diâmetro e um brilho dourado e imóvel. Ele não compartilha do movimento do resto da matéria dos corpos astro-mental, mas é comparativamente tranqüilo e pode ser considerado como a manifestação material do aspecto *Buddhi* do Ego.

É aí que, para alguns temperamentos, é possível visualizar a figura sentada do Mestre, mentalmente observando-O em adoração. Este é o caminho da devoção para certos aspirantes e pode levar à percepção consciente da Presença do Mestre e da Deidade dentro de si. A contemplação desta Presença é geralmente aconselhada na forma mais elevada de ioga. A experiência não é tão mental e formal como intuitiva e supramental. O *chakra* é independente desta assim chamada "Caverna do Coração."

O coração e a rosa mística

O *Chakra* do coração é o mais misterioso de todos os centros dos quais ele é, num certo sentido, uma combinação. O mistério da natureza interna do indivíduo esta envolvido e escondido no coração. Os processos do desabrochar evolutivo estão todos representados no *Chakra* do coração e expressos por ele. A união mística entre Mônada-Ego, a unidade *Búdica* com toda a vida, o Mestre e a Fraternidade, estão todos representados dentro do coração. Cada Iniciação abre o *Chakra* do coração um pouco mais. A "rosa mística", como é chamado de forma poética e apropriada, lenta e gradualmente se abre do estado como de um botão antes da Iniciação para oportunamente brilhar como uma rosa totalmente aberta, ao menos quando vista dos níveis inferiores. Na realidade ele é como um grande funil rotativo com doze raios, enriquecido com as tonalidades mais gloriosas, pelos quais, quando ele estiver aberto, a Vontade, o Amor universal e o pensamento Egóico estarão fluindo.

Meditação no coração

O devoto em meditação no centro do coração pode, justificadamente, manter a idéia de que toda a aura se abre com o *Chakra* do coração e ao seu redor, sem limites. As forças da vida e o amor *Búdico* são liberados sem limite num cone que sempre aumenta, indefinidamente. Todo o fronte dos corpos etérico, astral e mental da mesma maneira como os braços de uma pessoa se abrem inteiramente em direção do amado. Assim o devoto estende ao máximo os braços e o coração de toda sua natureza com amor altruísta universal.

A ioga permite que o universo entre dentro do indivíduo e abra o caminho da individualidade para a universalidade. As Presenças ocupadas com as Correspondências são totalmente impessoais e até mesmo desinteressadas até que a ioga e as Iniciações nos Mistérios Menores e Maiores As levem à ação.

No momento oportuno a "infinitude" deve preencher a mente. O Eu interior essencial que foi alcançado move-se de dentro para fora, por assim dizer, e torna-se uma extensão da Egoidade voltada para o exterior, incluindo toda a Criação e passando para o Absoluto. Isto é profundamente abstrato e só pode ser sentido no início, mas deve ser buscado continuamente; pois a habilidade de compreender, bem como mais tarde experimentar, a "infinitude" como um princípio, é a característica do verdadeiro iogue-*Arhat*. É como se a força da vida estivesse vertendo externamente sem nunca cessar nem chegar a nenhum limite de fluxo, não importando a distância que tenha de percorrer. O iogue deve contemplar esta Verdade abstrata mais elevada sobre o Cosmo em seu lado-espírito, ou seja, que ele é "ilimitado", "Seidade" e sem individualidade.

Na meditação, a consciência é elevada além da Terra para o centro do universo no qual o *Atma* individual ou "centelha" branca ou átomo ardente – Vontade-Própria – é unificado com *Paramatma*, a Vontade una de tudo. Neste caso, pela primeira vez, a percepção se estabelece no centro do universo, como se numa interseção de uma cruz de seis braços de fogo branco. A imaginação criativa é usada então ao máximo para tornar-se aquela *Para-Mônada* que só pode ser descrita como Vontade pura.

O pensamento a seguir é centrado no Logos Solar. O iogue-aspirante coloca seu centro de consciência no meio do Sol, que é o coração do Logos Solar, com Quem – como a Glória Radiante – afirma-se a unidade e identidade com o derradeiro e o mais íntimo.

A pessoa é então levada pelo pensamento, pela aspiração e vontade à união com o Logos Cósmico, quando o pensamento praticamente cessa. O próprio Ego continua a meditação em que o cérebro-mente fica praticamente silencioso. A idéia de extensão do Ego do coração do Logos Cósmico para incluir todas as Constelações e estrelas pode ser mantida afirmando sempre: "Eu sou Aquilo, Aquilo sou Eu."

A consciência passa então além do Logos Cósmico, chegando ao limiar Daquilo que é infinito. Naquele limiar encontra-se um Ser, quase incompreensível, o *Adi-Buddha* de toda a Criação. O iogue procura se unificar com

Aquilo. A partir de então, ele se proclama como ilimitado e identificado com o Espírito Ilimitado, declarando, "Eu sou Aquilo, Aquilo sou Eu", que a partir de então é continuamente afirmado.

O devoto é finalmente levado à culminação de todo o exercício da ioga quando todo pensamento de existência separada cessa. O Ego desaparece no Absoluto ou, se uma forma for necessária, a "centelha" torna-se a "chama", "a gota de orvalho escorrega até o oceano brilhante."[34] A manifestação é deixada para trás. A identificação da parte com o todo, do microcosmo com o Macrocosmo é "mantida" na consciência em vez de ser pensada ou afirmada, o Deus no homem é compreendido como Uno com o Deus do todo. É como dizer em sânscrito, *"Aum Mani Padme Hum."*

Atma-Ioga
Do primeiro e do sétimo raios

Outros têm um outro caminho a trilhar, inteiramente complementar ao de *Buddhi*, levando à fusão última em *Atma-Adi*, a Fonte Una, apesar de preocupados muito mais com os quatro planos e princípios da forma. Com relação à Mônada, o nome é *Adi-Atma*, a ioga é a *Raja-Ioga*, o *shakti* é *Ichchha-Shakti* e o *dharma* a perfeita manifestação de *Adi-Atma* em todos os níveis, incluindo conduta perfeita durante cada minuto de cada dia no corpo físico que é o templo de *Adi-Atma*.

As dificuldades deste caminho é que a crescente atuação do mais puro *Atma* tende a produzir rigidez físico-mental e perturbação físico-astral. Isto ocorre porque a pressão da Mônada é constante, causando uma tensão crescente nos veículos pessoais até que finalmente se torna quase insuportável e assim produz perturbações. Um *deva* auxiliar tem instruções especiais para minimizar esta dificuldade o tanto quanto possível, a qual, no entanto, não pode ser totalmente removida, sendo parte do problema do Caminho *Átmico*.

Outro perigo deste caminho particular é o orgulho. Contra este, também, devemos estar prevenidos, pois até mesmo um orgulho "apropriado" pode levar a um grande sofrimento que toma a forma de angústia e auto-humilhação. A cura é eliminar todo excesso de orgulho pessoal, substituindo-o por uma crescente indiferença à opinião dos outros, porém não de nosso próprio Ego e de seus padrões *Átmicos*. A principal salvaguarda neste caminho de desenvolvimento é crescer e viver cada vez mais pela intuição – evocando de nossa natureza a luz de *Buddhi*, a grande atenuadora e o grande antídoto da rigidez, a grande harmonizadora das discórdias. O aspirante

---
[34] *A Luz da Ásia,* Edwin Arnold.

deve meditar sobre a vida *Búdica* até sentir sua influência e poder valer-se dela como a vida da mente, da fala e das ações. Apesar do processo ser lento, paciência é a virtude, *Buddhi* ou *Jnana-Ioga* a prática, e a serenidade a condição de consciência ideal a esta fase de autocura.

Atma-Ioga – A fonte de poder

A fonte de poder que o ocultista e o mago usam é seu próprio *Atma*-Mônada. Eles devem, portanto, encontrar e conhecer esta fonte, sendo esta a razão pela qual a meditação diária e a ioga são tão importantes. Realmente, todo o propósito em termos de teurgia[35] é alcançar e valer-se daquele poder em sua fonte e, a partir de então, aprender a controlá-lo e manipulá-lo de forma efetiva; porque ele é algo bem além e acima de tudo geralmente conhecido pelo homem: um poder ígneo onipotente, o *Fohat* Monádico com o poder e a pressão de *Adi* irresistível por trás e dentro dele.

Cada vez que o aspirante "alcança" em meditação a Mônada, ele se prepara para tocar aquele poder *Adi*. Quando no Topo ele declara: "Eu sou Aquilo, Aquilo sou Eu", ele afirma sua identidade com o Poder *Fohat* de Deus como a força de vontade criativa do universo. Esta é uma força ígnea irresistível, e quando o iogue está dentro dela em consciência ele está de posse da energia Monádica necessária para simbolicamente "mover montanhas."

A palavra "fé" é inadequada para descrever a condição necessária e o método que capacita a pessoa a efetuar tais atos de teurgia. Uma descrição mais verdadeira seria: "poder conscientemente extraído, manipulado e controlado." Então, realmente, a magia pode ser efetuada. Para outros temperamentos o segredo inclui o direcionamento deliberado da força. Algumas pessoas são muito *Foháticas* por natureza e conseguem com mais facilidade extrair e liberar poder do que outras. O direcionamento de energias ocultas pelo pensamento nítido e pela visualização acurada demanda uma prática regular e é importante, especialmente na cura.

A meta última é o poder oculto e espiritual. Para alcançá-lo, os aspirantes devem pensar sobre a dominação *Átmica*, viver na força de vontade branca da Mônada, tornar-se autoconscientes na manipulação desta influência, e assim desenvolver o hábito de se retirar para seu centro de poder, mentalmente repetindo a palavra: "Omnipotência, Omnipotência, Omnipo-

---

[35] Teurgia: Poder da vontade exercido pelo ocultista que conscientemente produz resultados fenomênicos. Energia divina.

tência". A meta de todas as formas de ioga é despertar o *Atma* em si mesmo e assim ser capaz de desembainhar a "espada" da vontade espiritual irresistível: **porém, deve ser sempre lembrado, esta deve ser usada somente no serviço altruísta para o bem dos outros.**

Na verdade, a mente do mundo deve ser parada e influenciada por linhas espirituais, especialmente em direção à compreensão e à aceitação do conceito do Caminho de Desenvolvimento Acelerado.

O elixir da vida

O objetivo do iogue não é só obter a realização espiritual de *Atma* e sua unidade com o *Paramatma*, mas de ser preenchido até a saturação com *Atma* para que todo o ser até o corpo físico seja hipercarregado com o fogo branco e o poder de *Atma*. Este é o significado da frase que descreve o Adepto como um "pilar branco."[36]

Atma é o "alimento" do Adepto tanto no sentido místico como no sentido oculto. Misticamente, Ele reside na pura Seidade, além do pensamento, além da forma e sem mácula. Ocultamente, Ele torna-se carregado com fogo e poder *Átmicos* que o mantêm sempre jovem.

O reluzir vital que se nota no corpo do iogue e do Adepto é uma combinação de *prana* e *Atma,* o último sendo deliberadamente trazido para baixo para preencher cada célula do corpo com sua energia que dá vida e preserva a juventude. Este é o segredo interno da longevidade.

Podemos meditar sobre *Atma* e pensar fortemente sobre todo o corpo, cada órgão e especialmente as partes fracas, como sendo carregadas com *Atma*, o puro Fogo branco de Deus. Isto tornará os minúsculos espíritos construtores da Natureza hiperativos, mantendo e restaurando o corpo. Isto faz parte da *Atma-Ioga* prática.

Atma

1. *Atma* é atemporal, tendo estado e estando sempre lá em seu lugar no âmago do ser do homem.
2. Ele é branco, imaculado, puro, imutável e incolor.
3. Ele é puro poder sempre pronto para ser aplicado quando solicitado.
4. Ele é força de vontade quando aplicado desta forma.

---

[36] *A Voz do Silêncio,* H.P. Blavatsky, Ed. Pensamento, SP.

5. Ele é irresistível em seu estado puro e até onde pode ser levado aos planos inferiores.

6. Em seu próprio nível não tem veículo em si, mas está no âmago de todos os veículos ocupados por uma Mônada.

7. É o próprio homem, o âmago cósmico; no entanto não é um Ser auto-existente separado.

8. *Atma* é na verdade uma corrente ou um raio de poder de uma fonte; no entanto está sempre dentro da fonte, talvez como uma das correntes fluindo dentro e a partir de uma nascente, os orifícios de um gêiser, ou as crateras de um vulcão, todos com uma só fonte.

9. Quando *Atma* é encontrado, pensar a seu respeito é estar em sua presença e dentro do centro da cabeça, no centro do cérebro.

Atma e as correspondências

Atma-Manas é o âmago da existência do homem. *Buddhi* é o produto da interação dos dois. Esta é a Trindade, a *Trimurti* no universo e no homem, a Presença divina dentro de ambos. No iogue é também o elemento que desperta para o idealismo na mente-cérebro e para a *Kundalini-Shakti* no corpo. Seu toque na Serpente de Fogo adormecida é o beijo do Ser Imortal, o Príncipe Encantado da história de fadas que desperta a Bela Adormecida pelo suposto "beijo de amor".

Este é o raio de Júpiter e a flecha de Eros[37] e em todos os outros arqueiros divinos que representam Mônadas, projetando seu poder *Átmico* no Ego e através dele para perfurar as personalidades. A perfuração refere-se à penetração do poder da flecha através da fontanela até o sacro e através da fontanela até o coração. O segredo do sucesso é se identificar com o arqueiro divino e seu poder de flecha, a Mônada-*Atma*, brilhando com pura radiação branca dentro dos recessos de nossa natureza bem como em cada átomo e em todos os outros seres.

Todos os Adeptos são *Atma Iogues*, independente de Seu temperamento, sendo esta a essência do Adeptado – *Atma-Ioga* ou união realizada com o *Atma* da Mônada e do Logos. O estudante iogue deve "alcançar as estrelas", despertando em ação seus atributos especiais dentro de si, unindo-

---

[37] Veja *The Concealed Wisdom in World Mythology,* Capítulo 6, Geoffrey Hodson.

se com seus Regentes, e assim unindo-se com o Cosmo, *Atma* sendo a coroa de toda a manifestação divina. *Atma-Ioga* é portanto a Ioga Real, sendo assim a Ioga da Presença.

Os termos *"Raja-Ioga"*, *"Atma-Ioga"* e *"a Ioga da Presença"* são sinônimos. *Raja-Ioga* é real porque se refere ao Poder real e soberano no homem e no universo. Isto é o *Atma*. A presença, assim chamada, não é uma "presença" pessoal deste ponto de vista. Refere-se ao poder-raiz inerente, interior e presente em toda parte por toda a criação, no sentido dos universos manifestados. *Atma* passa a descansar no fim de um *Manvantara* e emerge novamente no início da Emanação de um universo como a força energizante interior dentro dos átomos, seres e mundos. Todo o ar e o espaço está repleto de *Atma*. No homem como Mônada-Ego-corpo, *Atma* está focalizado, assim como no supremo *Mahat*, pelo qual sua atividade é direcionada.

Uma comparação útil para a Lei das Correspondências, com referência à ioga e à consciência, poderia ser imaginar uma série de sete interruptores, cada um acendendo uma lâmpada elétrica de uma cor diferente ou grupo de cores. Meditando num jogo de correspondências e então levando o conjunto a uma interação, é como acender um interruptor. Quando todo os jogos de correspondências tiverem sido meditados com a entoação da Palavra Sagrada, então todos os interruptores terão, por assim dizer, sido acionados para a posição de "ligar". Todas as lâmpadas estarão brilhando sobre o iogue, que por sua vez estará reluzindo com suas luzes. A analogia é imperfeita, pois cada homem tem as mesmas sete lâmpadas em si e o mesmo *Atma* que as acende. Vontade-pensamento-mantra acionam ambos os conjuntos para produzir a luz setenária ou brilho dentro do iogue cantando e em meditação.

De acordo com a Ciência Oculta das Correspondências, Urano é um planeta misterioso e Aquário é um signo misterioso, já que correspondem ao *Atma* no homem e no universo respectivamente. Portanto, existem dois campos de astronomia, o oculto e o físico. O primeiro é a ciência das forças cósmicas e sua concentração e localização específica como centros de poder criativo: imensos depósitos, na verdade, apesar de nenhum telescópio poder revelar este fato já que o poder é superfísico. O último, a astronomia física, natural e inevitavelmente, está restrita ao estudo dos corpos celestiais como os veículos mais externos dos poderes *Átmicos* inerentes.

O mesmo se aplica exatamente ao homem e à sua anatomia e fisiologia. Seu corpo é simplesmente a casca externa, física e visível – eletro-vital, é verdade – contendo o Espírito cosmo-Monádico interior ou *Atma*. Faz bem pensarmos nisto, meditar a seu respeito, e entronar o Poder Real mais e mais inteiramente dentro de nosso eu interior e exterior.

A *Hatha-Ioga* lida mais especialmente com a casca do ovo, por assim dizer, e quando considerada simplesmente como uma cultura física, com um ovo vazio. A *Raja-Ioga*, por outro lado, inclui o ovo integral desde o ponto germinal e seu núcleo interior ao longo dos sete componentes até a própria casca. O ovo, na verdade, é o perfeito microcosmo, sendo então comparável ao homem.

Capítulo 3

Kundalini e o Desenvolvimento de Poderes Ocultos

A informação neste capítulo – que isto fique claro – não é apresentada em absoluto como um encorajamento para despertar prematuramente a *Kundalini* no corpo. Na verdade, isto nunca deveria ser tentado a menos que sob a direção de um Mestre de Sabedoria ou Seu representante autorizado. Veja "Advertências" mais adiante neste capítulo.

Kundalini – o fogo serpentino

Kundalini é o Princípio Dragão ou Serpente na Natureza e no homem, sendo tanto o fogo da vida como um belo símbolo. Na verdade, é o próprio fogo da Criação. A Grande Mãe Dragão está presente por toda parte e sua prole representa tanto ela como seu poder ígneo como sendo a força criativa no homem.

O símbolo do dragão nos níveis *rupa* é de certa forma vivo, como um diagrama que começa a se mover e mostra *Fohat* como o princípio criativo ativo, apesar de permanecer sem forma nos níveis *arupa*. No presente estágio da evolução, *Fohat* alcançou a manifestação física em todas as formas orgânicas. O homem pode ser séria mas não mortalmente queimado pelo hálito flamejante do dragão, ou pode cavalgar sobre o monstro como um veículo alado, como o faz o Logos Solar figurativamente.

É a *Kundalini* que constrói no reino das plantas o caule reto com suas folhas arrumadas de forma espiralada e com a flor aberta no topo, assim

61

como é a *Kundalini* que transforma a coluna vertebral e o cérebro do homem num caule florescendo ocultamente. Pois o *chakra* aberto na coroa é a flor, e o *Sushumna-nadi* é o caule. Diariamente, o aspirante abre a flor. Os Adeptos, que são os Jardineiros, estão tomando conta.

Kundalini – o poder criativo no homem

As forças masculina e feminina no corpo físico do homem estão em constante estado de interação. A criação está ocorrendo todo o tempo no corpo físico – milhões de células estão se desintegrando a cada minuto, para serem imediatamente substituídas por milhões de novas células construídas do protoplasma novo. O Logos está trabalhando no corpo do homem como a interação criativa positiva e negativa, pai e mãe, masculino e feminino. Se não fosse isto o corpo iria se evaporar, desaparecer, deixar de existir.

Este Pai-Mãe-Deus, enquanto presente em cada célula, tem sua localização central – sua estação geradora, por assim dizer, e suas subestações – no corpo físico. O centro de força do corpo para o Pai-Mãe-Logos criador está no sacro e sua vizinhança, onde existe um *chakra* de quatro pétalas, cujas pétalas são línguas de energia vermelha, ardente, flamejante, criativa. A partir deste *chakra*, por meio de seus próprios canais ou dutos, chamados de *nadis* no ocultismo, a energia criativa tríplice alcança e torna-se ativamente criativa no mar de protoplasma e em cada célula formada a partir dele.

O que é chamado "calor" (ou cio) no animal fêmea, é devido a uma acentuação por uma descarga especial desta força ardente nos órgãos procriativos e sua vizinhança. Sob estas condições ocorrem mudanças fisiológicas que tornam o animal fêmea reprodutivo, enquanto o corpo astral responde produzindo a sensação de desejo criativo. Esta localização é rítmica, aparecendo e desaparecendo. Ela começa, alcança seu ápice e declina num período de poucos dias.

O homem passaria por ciclos semelhantes se não fosse pelo fato de que a Individualização lhe conferiu o poder de autoconsciência ao entrar no processo de procriação. *Manas* entra em cena, lembra-se do prazer, antecipa sua renovação sem levar em conta a estação, resultando que, especialmente no macho, *Manas* interfere com o ritmo regular e focaliza a energia criativa tríplice nos órgãos genitais. Vemos que por trás do assim chamado mistério do sexo está o Aspecto Pai-Mãe do Logos, ativo no microcosmo que é o homem.[38]

---

[38] Veja *Illuminations of the Mystery Tradition*, pp. 44-5, compilado dos escritos de Geoffrey Hodson por Sandra Hodson.

Esta Presença gloriosa além da função de produção de óvulos e espermatozóides, sua colocação e fusão, também cria continuamente cada membro, órgão e célula do corpo. A *Kundalini* tríplice como *Sushumna, Ida* e *Pingala* está continuamente fluindo para cima ao longo de seus canais preestabelecidos para os plexos nervosos e as glândulas e, a partir deles e por meio deles, para todo o sistema nervoso e glandular através de todas as artérias e veias com o sangue. Portanto, esta força tríplice está ativa em todas as partes do corpo bem como está fluindo pelos três principais *nadis* na coluna vertebral.

No entanto, quando se deseja liberar a consciência do corpo e desenvolver poderes ocultos, tais como a clarividência e a intuição, é necessário que as camadas mais profundas que formam a alma da *Kundalini* física sejam despertadas e ativadas. Esta é a *Kundalini* de cada um dos planos e cada um dos corpos, sete ao todo, com o físico como a "camada" mais externa. Para fazer isto o aspirante deve pensar sobre estas forças e ter um conceito claro a seu respeito, COMPREENDENDO E PERCEBENDO INTEIRAMENTE OS EFEITOS E PERIGOS DESASTROSOS DE SEU DESPERTAR PREMATURO, a menos que haja um Sênior da vida oculta sempre presente e supervisionando os processos de seu despertar e elevação dentro do corpo.

Em todas as formas de meditação das Escolas Arianas de Ocultismo Branco existe uma regra dada ao aspirante que nunca deve ser desobedecida, que é **"nada abaixo do coração"**. NUNCA MEDITE OU VISUALIZE QUALQUER FORÇA OU CENTRO ABAIXO DO CORAÇÃO, são tão grandes os perigos para aqueles que o fazem, que a perda da razão e excessos sexuais são somente dois dos muitos que poderiam ser enumerados.

Para a visão clarividente a elevação da *Sushumna* ou força neutra de sua posição no sacro, como uma vara flamejante mas curiosamente rígida – parecendo muito com a corrente luminosa visível num sinal de néon – é um procedimento fascinante e maravilhoso. *Ida* e *Pingala* são vistas como fluindo em curvas entrelaçadas em seus próprios *nadis* ou sulcos que correspondem aos tubos de vidro de sinais de néon.

Quando a *Kundalini* sobe até a cabeça, *Ida* e *Pingala* permanecem nas glândulas pituitária e pineal e somente a *Sushumna* se eleva, dardejando sua força brilhante estrelada através da abertura no *chakra* coronário. Em pensamento, a pessoa deveria se elevar através do "funil" deste *chakra* que se alarga tão logo a abertura seja ultrapassada. Este "funil" alcança os mundos Causal e outros mais elevados.

Na imaginação, o aspirante pode viajar tão alto quanto deseje – até o *Atma*, por exemplo, onde se encontra o centro de tudo – e afirmar a unidade com o Logos Solar, o Grande Senhor Uno da Luz. Ao retornar ao pensamento corporal a pessoa deve querer que toda a personalidade seja um canal para a atividade e vida da Grande Fraternidade dos Adeptos. Desta forma o cérebro-*Manas* pode ser vitalizado, desenvolvido e tornado cada vez mais vivo.

Os três *nadis* centrais

Ida e Pingala ascendem pela medula a partir do *chakra* sacro, uma de cada lado de *Sushumna*, deixando-a cerca de dois centímetros abaixo da linha unindo as duas glândulas no centro do cérebro e curvando-se para fora como a falda inferior de uma flor, *Ida* para a glândula pituitária e *Pingala* para a glândula pineal. Isto resulta numa forma como a silhueta de um lótus de cabeça para baixo com *Sushumna* como o pistilo e as outras duas forças como as pétalas. A *Sushumna* tem a cor de chama, enquanto *Pingala* é púrpura e *Ida* amarela quando numa fêmea, porém num corpo macho as posições são invertidas.

A *Kundalini-Shakti* quando desperta e fluindo para a cabeça e para dentro do terceiro ventrículo, também esguicha da abertura occipital e mais ou menos por todo o cérebro. Na verdade, as correntes tríplices do Fogo Serpentino estão longe de serem as únicas forças elevando-se da terra e do sacro através do corpo do iogue. Correntes subsidiárias ou induzidas seguem os três fluxos principais, envolvendo toda a coluna numa fonte vertendo para cima uma força ardente dourada. Portanto, a *Kundalini* flui como um rio de fogo do *Muladhara* para o *Brahmarandra*, acelerando a atividade de todos os *chakras* e dos dois sistemas nervosos, ou seja, o cérebro-espinhal e o simpático.

Os *Chakras* Vivificados pela *Kundalini*

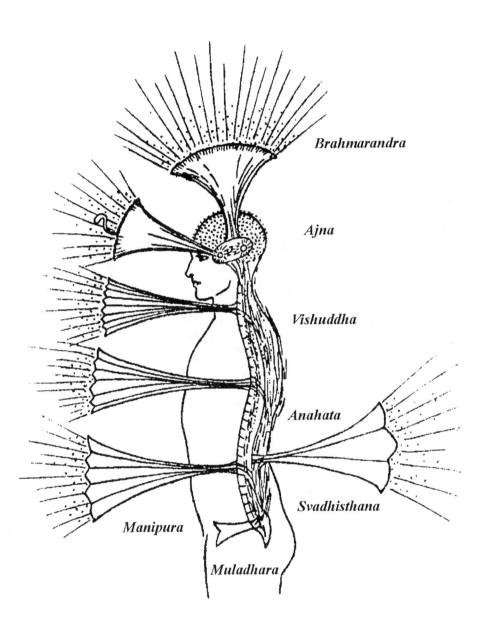

Os Órgãos do Cérebro

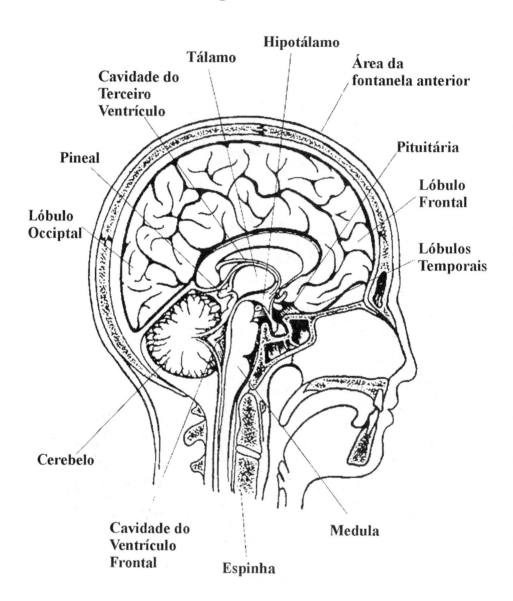

O âmago da corrente ascendente envolvendo o fluxo central tríplice torna-se altamente comprimido no pescoço, e imediatamente ao entrar no crânio pelo orifício é liberado desta compressão e borrifa como uma fonte de fogo líquido dourado por toda a cabeça incluindo as membranas envolventes. Por alguma razão o crânio retém a maior parte deste fogo, ainda que nas pessoas nas quais está especialmente ativo, o fluxo ao redor da cabeça e para cima do coronário é bem perceptível como se fosse um transbordamento borrifando para o ar acima. Em outras pessoas, a glândula pineal e o cerebelo recebem a maior parte desta energia estimuladora e o fogo da *Kundalini* em geral, enquanto em muitas a glândula pituitária e o cérebro frontal tornam-se naturalmente superativados, com o *Chakra Ajna* sendo estimulado de diversas maneiras. O tubo etérico[39] move-se ligeiramente para frente e de novo para trás como uma tartaruga mostrando a cabeça e recolhendo-a, enquanto o *chakra* por sua vez fica permanentemente aumentado e hiperativo. Isto confere não só uma faculdade clarividente disponível mas ocasionalmente visões clarividentes inesperadas.

O *Chakra Sahasrara* parece pender como um sino ou a campânula de uma flor de um centro de presença ou poder Egóico e mesmo Monádico, mais ou menos uns dois centímetros abaixo da abertura do *Chakra* Coronário. Este arco semelhante a um disco de cor púrpura escura tem a aparência de um orifício numa cova escura quando visto de cima. É um disco fino de cerca de uns dois centímetros de diâmetro e 1,5 milímetros de espessura.

Muita coisa ocorre nesta área puramente mental-astral-etérica, que é uma espécie de portão de passagem operando em duas direções de um ponto de vista tridimensional. Além de ser um ponto de passagem: entrada da consciência Egóica vinda de cima, saída para a presença Egóica encarnada e a consciência pessoal do corpo para os planos mais elevados, ela é também:

1. O ponto natural de egresso para certas pessoas quando dormem e sob algumas formas de anestesia, e na morte.

2. Uma cornucópia fisiológica ou "dispensadora da abundância", por causa dos infinitos recursos potenciais da Mônada-Ego tornarem-se disponíveis à personalidade através de sua abertura em forma de sino.

3. A realidade por trás do suposto túnel ou tubo comprido que algumas pessoas sentem estar atravessando quando passam da consciência física para a superfísica e espiritual.

---

[39] Tubo etérico: Tubo etérico para magnificação. Veja *The Science of Seership*, Capítulo X, e frontispício, Geoffrey Hodson.

4. A misteriosa e cavernosa entrada para o Hades dos escritores clássicos, sendo a "senda" para o Ego que deve "descer" e viver no corpo físico, o único Hades verdadeiro que existe.

Sob a investigação clarividente parece que a forma e a função deste órgão oculto não é afetada pelo fluxo adicional da *Kundalini* e do *prana* ocasionados pela meditação bem-sucedida. Ele permanece imóvel, ainda que claramente construído de energia que parece ser granulada.

Os *chakras*

Existe uma classe de *devas* associada a cada *chakra*. Um membro da Ordem, atuando em relação ao *chakra* coronário, opera durante a vida pré-natal e é responsável pelo direcionamento dos processos naturais de construção do mecanismo de consciência em assegurar seu ajuste correto ao centro de consciência e aparelho sensorial no cérebro. Se o carma impede este processo, então é inevitável que ocorra uma séria forma adversa de disfunção mental-física, apesar de todos os esforços que o *deva* possa fazer. Ainda que alguma ajuda possa ser conferida, o resultado é inevitável, sendo o grau de acordo com a extensão da má conduta geradora do carma. Com freqüência isto consiste no mau uso do conhecimento oculto e das forças ocultas. Outro erro pode ser o forçar excessivo da abertura dos *chakras* pela força do pensamento e da *Kundalini*.

Os *devas* entram em ação outra vez quando o centro funciona corretamente. Isto acontece naturalmente no decorrer da evolução e antecipadamente como resultado da prática da ioga. Os *devas* ajudam a efetuar as mudanças já descritas, pelo uso de uma forma *dévica* de *Mantra-Ioga* quando atuando desta forma, e parecendo estar "cantando" enquanto atuam na área do cérebro envolvida e no *chakra*. A *Mantra-Ioga* praticada corretamente evoca tanto a presença como a ação assistencial destes seres.

Na descida à encarnação, eles agem como *Pitris*, ajudando a Mônada-Ego a alcançar o funcionamento nos quatro veículos pessoais, especialmente o físico. Quando o idealismo espiritual desperta num ser humano, um funcionamento invertido entra em atuação. Outra Ordem relacionada de *devas* ajuda nas mudanças necessárias. Isto leva muito tempo, especialmente para os principiantes na Senda da Perfeição, mas uma vez que uma certa medida de progresso tenha sido conseguida, as faculdades resultantes estarão sempre facilmente disponíveis, vida após vida.

Sob este ponto de vista, os *chakras* mais importantes são o *Brahmarandra, Sahasrara* e *Ajna* que, pela ioga, devem se tornar intimamente combinados e corretamente posicionados em relação a certos centros no cérebro. A metade apontando para baixo do *Chakra* Coronário — o *Sahasrara* — se espalha para interpenetrar a maior parte do cérebro, levando energia Egóica e outras aos centros e às áreas do cérebro. O topo da medula oblongata é extremamente importante neste particular, servindo como uma espécie de bateria acumuladora para as forças superfísicas, eletromagnéticas e a *Kundalini* no corpo. Isto afeta a glândula pineal e o cerebelo, que são de grande importância no pensamento abstrato e na consciência *arupa*. A glândula pituitária é levada a relacionar-se com esta área importante figurativamente por indução, especialmente após sua vivificação por *Ida* ou *Píngala*, geralmente a última. Iniciações em todas Ordens ocultas **válidas** tendem a despertar todo este conjunto à atividade, dependendo da resposta da sensibilidade do candidato e do grau de desenvolvimento em vidas anteriores, bem como da estatura evolutiva em geral.

Outra função dos *devas* é tentar neutralizar ou reduzir ao mínimo nas crianças os efeitos do sofrimento, do choque e das punições corporais severas. Estas últimas são realmente muito danosas, em especial quando ocorrem freqüentemente e com raiva. Não só este tratamento leva o Ego a sair e voltar a si mesmo, mas afeta o ajuste do mecanismo de consciência.

Quase todos os adultos têm diversas dificuldades a enfrentar quando adotam a prática da meditação, e a Palavra Sagrada é a melhor de todas terapias e métodos para despertar. A entoação silenciosa do *Pranava* — *Aum* — seguida por um completo silêncio mental é de grande utilidade. O centro de consciência deveria ser colocado no *Sahasrara* em vez de no terceiro ventrículo (quer dizer um pouco acima dele), e contemplando o pensamento de *Atma* como o Eu durante a entoação. A afirmação da própria existência eterna e espiritual como a Mônada é o melhor, e isto pode ser estendido à afirmação adicional de identidade com o *Paramatma* ou o oceano de Essência-Espírito do universo. Esta é uma forma simples mas extremamente eficaz de Auto-Iluminação. Ela não produzirá necessariamente faculdades ocultas mas procederá a cicatrização de condições adversas, abrindo gradualmente os canais que vão do cérebro à consciência Egóica. Estes canais não são tubos que levam de um lugar a outro, porque todos os níveis de consciência, durante a encarnação e no estado de vigília, estão num só lugar, na verdade no próprio cérebro, no que concerne à mera localização.

A Mônada pode ser imaginada como estando no meio da cabeça, se um sentido de localização for necessário para a mente. Sensibilização e sintonização são os requisitos, e não uma viagem por tubos ou canais de um lugar a outro.

Mesmo se a pessoa não puder efetuar nenhum pensamento ou contemplação, sempre irá se beneficiar enormemente do cântico regular e freqüente da Palavra Sagrada com a consciência no meio da cabeça, e a idéia do Eu como um Ser divino e radiante, e não de forma alguma como um corpo. A afirmação de Sri Ramana Maharishi, "Sou um Ser puro Auto-Iluminado" é uma afirmação tão boa como as outras, como um pensamento a ser mantido durante a *Mantra-Ioga*. Tudo isto deve ser efetuado com o corpo completamente descontraído e sem esforço físico. Deve ser um prazer, como cantar uma melodia agradável, como o é de fato. A intensidade descontraída é o ideal, apesar da aparente contradição. Mesmo que a pessoa não possa meditar por várias razões, deveria sempre tentar levar a cabo alguns momentos de entoação todos os dias. Logo após acordar e antes de se preparar para dormir são momentos importantes, ainda que um período predeterminado para meditação seja útil.

Quando uma pessoa entoa o *Aum*, inúmeros *devas* são atraídos e alguns deles atuam como agentes liberadores e sensibilizadores sobre a consciência e o cérebro, como se aumentando a velocidade de rotação dos *chakras*. Eles são de cor dourada e vermelha, e os espíritos da Natureza da mesma ordem também estão presentes. Uma tentativa para descrever o método destes *devas* torna o processo muito materialista, mas é como se eles aplicassem agulhas ardentes nas moléculas e nas células do cérebro. É lógico que estas agulhas são correntes de força oculta.

Além disto, existem *devas* da *Kundalini*, grandes e pequenos, também de cor vermelha e dourada, porém com a tonalidade um pouco mais vermelha que os outros. Eles se parecem mais como um tipo de salamandra ou *deva* do fogo e espírito da Natureza, e são, na verdade, parte da própria *Kundalini*, que tem sua qualidade *dévica*.

Uma visão destes *devas* dos *chakras* revela serem eles bastante pequenos, mas mesmo assim importantes e poderosos em suas atividades, como se o tamanho não tivesse importância no que concerne ao poder e à função. Eles são intensamente ativos e estão em constante movimento, algo como dançarinos de balé em movimento angular e elétrico, em vez de somente com elegância. Eles têm a aparência humana, mas como se construídos de tubos minúsculos. Existe também um verdadeiro *deva* em plena majestade, estatura e poder *dévico* como Chefe de suas Ordens e a fonte de toda sua atividade. Uma de suas funções parece ser impedir que o corpo e o sistema nervoso torne-se estático, como se eles continuamente aplicassem estímulos às moléculas num sentido oculto, pois eles trabalham naquelas dimensões. Desta forma eles mantêm o corpo vivo, e com a morte suas atividades cessam. Outros estímulos são aplicados para produzir os processos de deterioração.

Os primeiros são servos de *Shiva*, o Criador, como *Maha-Iogue*, enquanto os outros são manifestações de *Parvati*, como *Kali* e *Durga*.

Efeitos da *Kundalini*

A *Kundalini* em si não é nem quente nem fria. O calor é experimentado no corpo através do aumento de atividade molecular que ela causa. *A Kundalini é simplesmente uma energia que flui, de caráter elétrico*. Como a eletricidade, ela é em si neutra com relação à temperatura, e somente produz calor em condições que oferecem resistência ao seu fluxo. Quando os *nadis* estão parcial ou totalmente fechados por substâncias etérica ou física, o despertar e a subida da *Kundalini* podem produzir sensações de calor e até mesmo de queimação à medida que a resistência é superada. O calor ocorre nas substâncias corpóreas, e não na *Kundalini*, apesar de seu título de Fogo Serpentino: a palavra "fogo" é simbólica e não uma realidade. Ela pode na verdade produzir um resfriamento ao superar as congestões no duplo etérico do corpo, especialmente na cabeça.

Devemos compreender que as sensações **físicas** experimentadas na ioga são todas **corporais**, sendo efeitos do *prana* e da *Kundalini* na medida em que atuam pelo corpo e excitam as moléculas e células a uma atividade mais acelerada. É este estímulo que causa as sensações. O iogue não está sentindo a força por si só, mas somente seus efeitos no corpo, que são inúmeros. Mudanças físicas como rejuvenescimento, vitalidade da pele e reluzir do corpo são produzidas por este efeito secundário do despertar da *Kundalini*.

Uma importante função da *Kundalini* quando ativa na cabeça pode ser descrita como a consecução de "percepção", compreensão implícita e sensibilidade a idéias abstratas, de tal forma que elas se tornam reais e compreensíveis. Isto é mais valioso para algumas pessoas do que a percepção extra-sensorial.

Quando a *Kundalini* é despertada, cada órgão e todos os tecidos recebem uma sobrecarga que intensifica a vitalidade, aumenta a capacidade geral, pode produzir um odor agradável e fortalece e harmoniza a voz ao sobrecarregar os tecidos dos órgãos vocais e das áreas vizinhas. Além disso, ela confere um certo apelo e charme pessoal, uma espécie de atração magnética sobre o iogue que pode ser sentida por aqueles que estão em harmonia com ele. Qualquer outro que não compartilhe desta harmonia, pode experimentar isto como uma importunação, como um magnetismo e sentimento antipático contra o iogue.

Isto faz parte da explicação da hostilidade que as pessoas ocultamente despertas, de forma estranha e sem nenhuma ação hostil de parte delas, podem causar em certas pessoas, especialmente naquelas que não estão similarmente capacitadas. Qualquer discórdia latente de vidas passadas é levada à atuação e pode ser aumentada, apesar do iogue não estar pensando nem agindo de forma a causar isto, não estando nem mesmo ciente dos sentimentos que ele desperta. Na verdade, ele pode sentir-se perfeitamente amistoso com relação àqueles a quem o fogo da *Kundalini* possa irritar de forma tão profunda e irracional. Isto é parcialmente devido ao fato de que tais pessoas respondem somente através de seu plexo solar que capta parte da sobrecarga de força, que é então levado a uma hiperatividade produzindo um desconforto emocional e nervoso que pode ser bem real.

A voz, quando um veículo para a *Kundalini*, pode, por sua vez, encantar e elevar a maior parte dos ouvintes, no entanto, ao mesmo tempo e por razões semelhantes, pode alienar alguns outros. A própria harmonia torna-se estranhamente repelente aos seus ouvidos e emoções. Esta é uma das razões pela qual todos os líderes são atacados por inimigos particulares, e quanto mais evoluídos e avançados eles são na ioga, maior o grau de inimizade que eles despertam. Devadatta odiava o Buda,[40] Kansa odiava Shri Krishna,[41] e Herodes odiava o Cristo.[42] Movimentos de um caráter oculto lidando com forças ocultas despertam semelhantemente a hostilidade, como sua história revela.

O segredo do sucesso

O segredo do sucesso na prática da ioga depende em grande parte na habilidade do iogue de combinar com igual intensidade os dois processos da prática da ioga, ou seja, o exercício ou método, juntamente com a compreensão intelectual na consciência, para cuja realização a ioga é praticada.

Por exemplo, a pessoa deve cantar o *Aum* ou qualquer outro mantra e simultaneamente manter na mente o significado da palavra. Até mesmo isto

---

[40] Devadatta: Veja *Footprints of Gautama the Buddha*, Capítulo XIX, M.B. Byles.
[41] Kansa: Veja, *Epics, Myths and Legends of India*, pp. 17-19, P. Thomas.
[42] Herodes: Veja Mat. 2:16.

não é inteiramente suficiente, apesar de ser importante. A pessoa deveria também, mesmo se só na imaginação, conceber a experiência, cuja realização é o único propósito de *Dhyana*, seja com o cântico ou sem ele. *Dhyana* é o coração de toda a ioga já que ela implica e ocasiona a transferência de uma idéia para a experiência consciente, na forma de uma expansão de consciência.

Entoar o mantra com o único propósito de despertar a *Kundalini* com a atenção focalizada nos resultados e efeitos físicos do fogo ascendente, sem antes colocar em primeiro plano a idéia central implícita na palavra ioga, é executar só a metade do exercício, e desta forma fracassar inevitavelmente na consecução do pleno resultado.

A postura, o cântico e a vontade, com a determinação e mesmo a esperança de ocasionar as experiências corporais associadas com a *Kundalini* parcialmente ativa, são simplesmente **ajutórios** para a realização intelectual e supra-intelectual de unidade. Realmente, tornar-se dissolvido no oceano sem margens da vida e da consciência do universo é o objetivo final.

Não devemos, no entanto, confundir o significado deste conselho, pois o despertar da *Kundalini* e as sensações corpóreas resultantes **são** importantes, valiosos, e até certo ponto essenciais. O que o aspirante deve lembrar é que as sensações corpóreas não são objetivos por si mesmos, mas somente meios para um fim. Seu valor é uma evidência de que suficiente fogo criativo foi levado ao cérebro e liberado no corpo para ajudar imensamente a mente a transcender as limitações corpóreas e mentais – especialmente a da separatividade – e entrar no estado em que tudo é conhecido como para sempre UM.

O desenvolvimento de poderes ocultos

Os aspirantes formulam com freqüência a pergunta sobre como a pessoa pode desenvolver os poderes ocultos ou *siddhis*. O seu desenvolvimento depende do carma, do *dharma*, da capacidade e do motivo da pessoa. A questão é motivada pelo interesse pessoal sobre estas coisas como objetivos, ou é para ganho material, prestígio e riquezas? Ou a questão origina-se do amor altruísta para ajudar nosso próximo?

O sucesso será difícil a menos que o amor pela humanidade seja o motivo. Isto não significa necessariamente amor possessivo ou emocional, mas compaixão *búdica*, na qual a pessoa compartilha as necessidades e os sofrimentos da humanidade e anseia retirar um pouco do pesado *carma* do mundo. Por trás de tudo deve haver uma vontade sem egoísmo para curar, para descobrir a fim de compartilhar e para ensinar os outros a fazerem o mesmo. O desenvolvimento da clarividência não terá utilidade sem este motivo altruísta de serviço, não sendo alcançada a plena floração de seu desenvolvimento apesar de que muitos benefícios possam ser efetuados.

A maneira de aprender a fazer estas coisas é fazendo, aconselha-se ao aspirante que desenvolva a capacidade baseada no estudo e na investigação oculta e, acima de tudo, na ioga. Quando a pessoa sente-se movida para o interior, colocando impessoalmente suas mãos sobre a cabeça daqueles que sofrem e precisam de cura, isto pode ser útil. Se a investigação oculta nos atrai, então nos é dito para usar aquele pequeno conhecimento e poderes que já possuímos. A pessoa aprende melhor fazendo; irá desenvolver a faculdade pela prática, mesmo se isto não for aparente no princípio.

A mente intensamente inquiridora procura desenvolver e despertar os *siddhis*, e o motivo, quer consciente ou inconsciente, é parcialmente para descobrir como o universo funciona, como o material do qual ele é feito é construído e como pode ser manipulado. Isto é ocultismo puro e direto, sendo de todas as maneiras um objetivo mental digno. Alcançá-lo e assim ver e conhecer pela observação direta depende de diversos fatores, alguns dos quais estão enumerados a seguir:

1. O puro espírito de pesquisa por si só.
2. A habilidade de conhecer a si mesmo como o Ego observador que implica em consciência Egóica.
3. O conhecimento que está sendo procurado não é só por interesse próprio, mas para adiantar o Grande Trabalho.
4. A mente deve ser razoavelmente inteligente e controlável, o corpo em boa saúde e obediente à mente.
5. O cérebro deve ser também supersensível em virtude de sua eletrificação pela *Kundalini*, e os centros da cabeça e os órgãos associados estimulados a uma atividade supranormal, especialmente as glândulas pineal e pituitárias e o *Chakra Ajna*, que é o terceiro olho do Ego quando desperto no corpo.

A razão pela qual a mente treinada pode ser deixada observando silenciosamente em plena consciência, nestas condições, é que ela é somente um instrumento passivo sendo usado pelo Ego – um fato extremamente importante.

A clarividência então, considerando o que foi dito acima, é um "dom" de consciência dual. As duas partes do processo são o Ego, que é o verdadeiro vidente e que realmente está fazendo as observações, e a mente, que é apenas uma ferramenta ou tela consciente sobre a qual imagens são formadas para serem observadas pelo Ego, a verdadeira Inteligência em ação. Assim, apesar de ser valioso para o aspirante saber que ele não é o corpo, especialmente quando chega a morte, é mais importante ainda conhecer-se como a verdadeira Identidade e, por um certo tipo de habilidade ou dom, transferir o sentido de "Seidade" da mente-cérebro para o Princípio reencarnante imortal.

É aqui, e justamente aqui, que mais um passo precisa ser dado, contanto que a maior parte dos outros tenham sido terminados. Quando em meditação, o estudante não só deve estar em silêncio mas estar Auto-identificado e cada vez mais conscientemente associado com o Ego encarnado que ele é. Este é o segredo dos *siddhis* da consciência e, de fato, mas de outra maneira, da produção de fenômenos. O estudante deve ser capaz de se conhecer no "Manto de Glória",[43] da mesma forma como o corpo físico é conhecido quando desperto.

Para fazer isto, o aspirante deve descobrir intelectualmente como fazer de alguém que conheça – de um ocultista no nível Causal – e de outras fontes, e usar a imaginação de uma forma positiva, colocando-se no estado ou condição de resplendor, calma e bem-aventurança. Um dos sinais de sucesso, que não é mera imaginação, é que a pessoa vai se sentir desinteressada sobre este mundo. Isto não é a total indiferença, mas uma mudança do centro de interesse da pessoa para o Ego e daí para cima através de *Buddhi* para *Atma*.

Em particular, procure conhecer como é a vida no corpo Causal, e quando ela for tocada, ainda que levemente a princípio, comece a investigá-la, notando as diferenças peculiares entre a vida corpórea e a consciência. A vida como um Ego no corpo Causal é a maior alegria do mundo, valendo a pena, portanto, procurá-la. A pessoa é aconselhada a fazer anotações à medida que prossegue, acrescentando cada pequenina migalha, cada pequena idéia daquele nível, e não tendo medo de imaginar já que o Ego vai participar.

---

[43] "Manto de Glória": Uma descrição gnóstica do corpo Causal, cf. *The Hymn of the Robe of Glory*, de G.R.S. Mead.

Se algum tipo de orientação for requerida para tal pesquisa na consciência Causal com a finalidade de Auto-identificação, tome então os três níveis do intelecto, da intuição e da vontade. Pergunte-se, por exemplo, como o Ego pensa e sobre o que ele pensa. O aspirante é lembrado mais uma vez que a mente deve ser tanto plenamente consciente como razoavelmente silenciosa quando o "toque" de comunicação for experimentado, como será, se a pessoa perseverar.

Quando finalmente, por hábito e prática, a pessoa começar a se conhecer como o Ego e sabendo que é o próprio cérebro que está sendo explorado e "encontrado", deve observar através do *Chakra Ajna* o oceano de substâncias superfísicas, com suas incessantes marés altas e baixas de cores sempre mutantes, dentro do qual você e todo o planeta vive, movimenta-se e tem o seu ser.

Assim sendo, a grande pergunta para nós é: "O que é isto?" A pessoa deve se precaver contra o grande obstáculo para a vidência exata, que é o interesse no que se está vendo; **pois não deve haver nenhum neste momento.**

A pessoa será como o astronauta em órbita no espaço que observa e percebe como é estar ali. Será percebido que esta é uma situação intermediária entre a consciência física e o *Samadhi* que é simplesmente a pura consciência *Búdica* ou *Átmica* absolutamente **sem** percepção externa a não ser meramente *Sat* ou Seidade ou Ser, plenamente, sem pensamento. Isto também deveria ser buscado, mas em outras ocasiões, já que é o objetivo da ioga. A fim de ver durante o estado de vigília, portanto, a pessoa deve conhecer o vidente que ela mesmo é e, como o verdadeiro vidente faz, usa a mente como uma ferramenta imóvel, transmitindo as impressões recebidas.

Comunicação entre o Mestre Adepto e o discípulo

Quando a comunicação com um Adepto tiver se estabelecido, uma condição de responsividade, semelhante ao funcionamento de um aparelho telefônico, manifesta-se no meio do cérebro do discípulo no tálamo e em seu duplo etérico e superfísico. É através desta área extraordinariamente estimulada e responsiva que as comunicações são recebidas. O Mestre é capaz de despertar este centro a uma atividade receptiva, o recipiente tornando-se então ciente do estímulo e do sentido de uma Presença. Se ele "ouvir", um fluxo de pensamentos é recebido, quase que na forma de fala.

Este centro de comunicação não é exatamente um *chakra*, mas visto do alto realmente parece ter a forma de uma flor com as pétalas em constante movimento, em forma de onda em vez de giratório, sendo de cores em que predomina a branca. É o desenvolvimento desta faculdade por meio do estabelecimento de uma condição receptiva no duplo etérico do cérebro que torna a intercomunicação possível. Um período de isolamento da vida material e a contínua prática da ioga são requeridos para esta realização.

Clarividência

A clarividência, que pode ser uma faculdade natural e especial, não é a meta da ioga, mas existe para o "conhecimento" mental, para a profunda compreensão das pessoas ausentes e de problemas graves, e para a pesquisa nos mundos e estados superfísicos. Às vezes, na prática da ioga ocorrem visões de formas, mas geralmente haverá o puro conhecimento. Isto é mais importante do que a visão clarividente objetiva, apesar desta também ser desejável. A pessoa deveria se esforçar para obter principalmente a experiência espiritual e a sabedoria intuitiva direta, após a qual a visão da forma objetiva será gradualmente obtida. A menos que a pessoa tenha nascido com a tendência, a clarividência no sentido objetivo é algo muito difícil de adquirir. No entanto, pela prática regular e correta da ioga a pessoa pode ter certeza de adquiri-la finalmente.

A pessoa deveria aproveitar ao máximo e progressivamente adentrar-se em qualquer visão exterior a si mesma e prolongar o exame desta visão enquanto durar. Uma das dificuldades é que uma tal aspiração intensa pela visão clarividente objetiva e a concentração natural a este respeito pode impedir o iogue-estudante de perceber aquela que ele estiver experimentando mentalmente. O verdadeiro vidente tanto intui como observa, permitindo uma experiência suplementar à outra. Se, por exemplo, um aspirante vê espontaneamente a perturbação etérica causada pela atividade de um ou outro *chakra*, ele deveria colocar em ação toda a sua capacidade intuitiva e tentar ver mentalmente e observar de forma clarividente. Poucos clarividentes percebem a dualidade do processo de conhecer e ver. Se ocorrer um clarão de cor diante dos olhos da pessoa, perto ou a alguma distância, então, apesar disto parecer difícil, a pessoa deveria tentar observá-lo com ambos os órgãos, ou seja, os *Chakras Ajna* mental e o etérico.

Talvez o estudante possa ter uma faculdade psíquica natural que ele pode desejar usar e desenvolver, por exemplo, a psicometria. Neste caso, os objetos deveriam ser tomados na mão esquerda e, adotando um estado mental de observação silenciosa, ver se imagens de alguma forma relevantes ao objeto aparecem diante dos olhos. Alternativamente, o objeto pode ser colocado diante da testa, entre os olhos e quase tocando a pele, observando a seguir as imagens que possam aparecer na mente. Nesta forma de psiquismo, um certo esforço mental também pode ser feito para entrar em comunicação com o objeto que está sendo estudado, para conhecer a vida dentro dele.

A meta ideal do iogue é de alcançar a consciência e visão intuitiva Causal ou unitária. O resultado é **a verdadeira clara visão**, a única que pode revelar para o cérebro-mente do aspirante as verdades eternas e universais. **A ioga é direcionada para este fim.** Se, como é perfeitamente natural e permissível, a pessoa quer obter a clarividência objetiva, deve então se esforçar persistentemente para alcançá-la. Isto envolve o que pode se tornar um processo um tanto monótono.

Um objeto de estudo clarividente deve ser escolhido, por exemplo, uma planta em crescimento, ou mesmo uma folha, que deveria ser estudada tanto do ponto de vista intuitivo como clarividente. Isto significa uma tentativa deliberada para unificar a consciência e o princípio vital da pessoa com o da vida celular da planta, e mesmo da terra em que ela está crescendo. O objetivo é se "sentir" unificado com aquela vida e mais especificamente com as forças elétricas e as energias atômicas nas vizinhanças do solo e da planta.

Atenção deveria ser fixada no lugar em que o crescimento para cima a partir da raiz torna-se visível – o princípio dos talos que emergem das raízes escondidas – pois **ali** está a maior concentração de poder da planta e poder da terra. Um bom exercício é tentar se colocar dentro do gerador que está trabalhando na planta, especialmente naquela região, para sentir em vez de inicialmente esperar ver estas forças e suas radiações. Objetivamente, no entanto, é necessário manter os olhos físicos sobre o objeto sendo investigado, prontos para notar qualquer movimento mínimo, observando bem como o movimento de partículas, correntes de força, e mesmo de espíritos da Natureza, que inicialmente só vão aparecer como partículas de luz.

Este estudo – da vida da planta e dos espíritos da Natureza – será mais fácil à luz do Sol. A partir daí, a pessoa pode desenvolver o estudo e exercício até que a atividade no *Akasha* da planta, terra e proximidades tornem-se mais facilmente visíveis. Então, no ar, especialmente depois que escurecer, a pessoa pode fitar com bons resultados o *Prithvi Tattva* e sua essência astro-elemental associada, observando o fluxo de forças, os padrões e as cores que produzem, e anotando o que for visto. Reconhecidamente, isto não é espetacular, mas é o princípio essencial para todos que desejam alcançar a clarividência física objetiva; pois uma coisa é ter o *Chakra Ajna* estimulado pela *Kundalini* e outra é possuir a faculdade peculiar ou dom, como ele realmente é, de clarividência.

O objetivo é penetrar no mistério da matéria e da vida, contentando-se muito gradualmente em conhecer a partir de nossa própria experiência que existe uma estranha atividade, normalmente invisível, ocorrendo ao redor de todo o mundo e, como um exemplo útil e disponível, na raiz e nos talos das plantas em crescimento. É a compreensão de tudo isto que se constitui a verdadeira visão, enquanto o sentido intuitivo de unidade que a acompanha é útil do ponto de vista do desenvolvimento da consciência. Portanto, é necessário ter os dois objetivos em mente.

O método, na verdade, precisa ser uma combinação da observação pelo *Chakra Ajna* e pelos olhos ao mesmo tempo. A mente também precisa estar num estado dual – de observação meticulosa das impressões através dos olhos e do *Ajna* por um lado, e de receptividade, abertura, e mesmo observação **silenciosa** por outro. Todas estas faculdades são parte da idiossincrasia da clarividência, um temperamento peculiar que é tanto psicológico como objetivo. Se a pessoa decidir-se a tentar isto, lembre-se de "se deixar fluir" com as experiências em vez de prosseguir com intensidade de esforço, permanecendo alerta mas descontraída e observando na direção e maneira indicadas.

Advertências

*Quando sob a direção de um Adepto e com motivos totalmente altruístas – **nunca de outra forma** – a Kundalini-Shakti pode ser despertada com segurança à sua plena capacidade. Tentativas inábeis para interferir com seu funcionamento normal no corpo humano podem resultar em sérias desordens, incluindo a insanidade ou doença maligna ou debilitante.*

Alguns perigos do despertar das forças ocultas da natureza no corpo

1. Despertar prematuro da *Kundalini* com seus efeitos perturbadores.
2. Excitação indesejável da força sexual num grau perigoso e incontrolável.
3. Perturbações emocionais devido à incursão de forças e seres oriundos do plano astral, através do plexo solar para o sistema nervoso simpático, o qual não racionaliza prontamente e portanto se torna confuso. As pessoas que pertencem a escolas, turmas ou movimentos já podem ter experimentado isto.

4. Um sentimento de crescente importância do qual pode se desenvolver um orgulho desmesurado.

5. Sensações de rodopio no cérebro, com uma conseqüente angústia e medo de ficar insano.

6. Sensações físicas de vários tipos, tal como ser tocado, ser submetido a aparentes energias elétricas, uma sensação de formigamento na pele, principalmente nos *chakras*, e um sentimento de calor na espinha, em particular no sacro.

7. Visões clarividentes parcialmente vistas e conseqüentemente mal-interpretadas do plano astral. Estas podem aumentar qualquer sentimento de importância que possa ter aparecido.

8. Excentricidades de conduta, personalidade e fala, fora do controle imediato da mente.

9. Susceptibilidade de ser influenciado por seres superfísicos, especialmente cascões[44] de pessoas mortas procurando a renovação de sua vitalidade desvanecente e desta forma **agarrando-se** às pessoas sensitivas, com grande prejuízo para elas.[45]

Quando o despertar da *Kundalini* e o desenvolvimento conseqüente dos *siddhis* for tido como útil para qualquer pessoa, um verdadeiro Instrutor Espiritual **sempre** irá apresentar-se e orientará o neófito a respeito dos perigos e das dificuldades que provavelmente ocorrerão. "Quando o discípulo está pronto, o Mestre aparece."

O desenvolvimento dos poderes supersensoriais do homem

Faculdades adicionais podem ser desenvolvidas agora? A Teosofia responde "Sim", e acrescenta que as únicas condições sob as quais tais desenvolvimentos ocultos podem ser levados a cabo de forma segura e útil são:

1. Um motivo altruísta – conhecer mais para servir de forma mais eficiente o nosso próximo.

2. Sinais de um dom natural e uma idiossincrasia psíquica inerente.

---

[44] Cascões: Veja Glossário.
[45] Para detalhes adicionais sobre os perigos do despertar prematuro da *Kundalini* veja pp. 71-2.

3. Orientação de um instrutor.
4. Um corpo forte e saudável.
5. Emoções controladas.
6. Uma mente estável.
7. Que as circunstâncias físicas, especialmente as obrigações, permitam e indiquem o caminho.

Sem estas garantias, os seguintes perigos serão encontrados:
1. Mental: auto-engano, orgulho e ambição por poder e posição – talvez o perigo mais grave.
2. Moral: sensualidade acentuada.
3. Físico: colapso nervoso e distração do objetivo real da vida espiritual, ou seja, a experiência direta da unidade.

Estes perigos sendo evitados, o desenvolvimento dos poderes supersensoriais podem ser promovidos com segurança pela meditação regular, uma forma pessoalmente efetiva de ioga praticada regularmente, o refinamento do corpo, especialmente por uma dieta vegetariana, e a abstenção de álcool e narcóticos. O autor está pessoalmente convencido de que, sempre que possível, todas as experiências e descobertas ocultas devem ser testadas com rigor contra o fato estabelecido e as demandas da razão e da lógica.

Tais são as necessidades básicas para **o desenvolvimento seguro e útil**, antecipadamente ao período evolutivo normal, dos poderes supersensoriais do homem.

Mediunidade

É essencial que a pessoa que tenha as capacidades e qualidades para a mediunidade, e que deseje as faculdades **superiores** da consciência e de ser um veículo, que se engaje vitoriosamente numa intensa luta para renunciar à mediunidade física e seus frutos nocivos. Todo o resultado da encarnação de uma tal pessoa encontra-se na balança neste momento. Se os aspirantes à iluminação autoconsciente, oculta e espiritual não conseguem se afastar dos círculos espíritas e desafiar e conquistar os elementares e elementais que tão odiosamente se agarram a eles em conseqüência, eles se degeneram em médiuns físicos com os princípios superiores rompidos.

Realmente é afortunado o aspirante que recebe a orientação de um instrutor oculto, que é por sua vez inspirado pelos Mestres, com Sua compreensão instintiva do curso de conduta apropriado. O resultado disto é que a **forma superior de ser um veículo ou um vidente positivo,** de que ele também é capaz, remove a prática inferior e muito degradante da mediunidade.

Do ponto de vista evolutivo, a prática da mediunidade é um terrível engano sem nenhum aspecto compensador, já que, mesmo quando existe inicialmente a intenção de ajudar, o método é tão perigoso e errado que neutraliza qualquer benefício. Uma fraude monstruosa é perpetrada com freqüência contra seres humanos sofredores e confiantes.

Capítulo 4

Vivendo a Vida da Ioga

Atma-Ioga e a realização do Nirvana

A prática constante e dedicada da ioga é de grande importância na vida do aspirante, e continuará sendo sempre assim. Resultados imediatos sentidos no corpo devido ao fluxo de forças sutis não são de forma alguma o critério de sucesso em atingir a verdadeira meta da ioga, que é a consciência espiritual de unidade com Deus. De vital importância, especialmente no início da prática da ioga, é um interesse interno instintivo para os caminhos ocultos e místicos e um hábito de voltar-se para a ioga na tentativa vivenciá-la. São estes interesses inatos em via de despertar que são importantes, especialmente aos olhos do Mestre; pois eles revelam o que foi chamado de "configuração das velas do barco", e **este é o fator de grande importância,** muito mais do que quaisquer resultados imediatos e aparentes.

As "velas do barco", no entanto, devem estar diretamente estendidas para o âmago da vida da pessoa – que é o *Atma*. A *Atma-Ioga* é a "Ioga Real" e inclui tudo o que o título implica, a união com *Paramatma* ou realização do Nirvana. As "velas" do aspirante são então direcionadas para o Nirvana, e ele avança firmemente nesta direção. Sempre que as circunstâncias permitam, os devotos devem seguir as regras das diferentes escolas de ioga, possibilitando que elas se tornem mais e mais um "hábito" e uma forma de vida.

Como será notado, neste caso, a ioga é a forma de libertação de todos os males, de todas as dificuldades inerentes e de todas as nuvens no "céu azul" da consciência, sendo também a maneira de aumentar o poder e a compreensão. Quer a pessoa entoe mantras ou medite silenciosamente, a contemplação do Divino é sempre benéfica, a menos que o corpo esteja excessivamente cansado ou os sentidos externos precisem estar em alerta com relação a objetos e necessidades físicas.

O aspirante à Autodescoberta deve lembrar-se sempre de que a vida agora significa ioga, ioga e ioga. Ele deveria procurar se tornar cada vez mais iluminado, num equilíbrio firme e completamente em paz no coração e na mente. Estas condições o iogue dedicado idealmente efetua dentro de si mesmo, incluindo aquelas necessárias para a clarividência sensorial, a consciência Causal, *Búdica* e a percepção intuitiva direta, sendo todas diferentes trilhas para a mesma meta.

Durante estes procedimentos, a pessoa deve se recusar a ser pressionada ou forçada a chegar a conclusões. De forma silenciosa e em seu ritmo próprio, deveria pesar os diferentes termos ou fatores e descobrir o caminho ao verdadeiro âmago da Verdade. O devoto não precisa nunca ter medo de resultados aparentemente negativos ou indecisos, de ser desencorajado ou de falta aparente de progresso. Estas condições ocorrem com freqüência mas são situações temporárias e, em geral, resultam ser tão valiosas como os resultados positivos, especialmente para reforçar a determinação para o sucesso.

A ioga na vida diária

O corpo físico precisa tornar-se refinado, sensitivo e, no devido tempo, permeado completamente com o fogo oculto ou vontade espiritual para alcançar a iluminação. Isto é absolutamente necessário. O Adeptado não é só a liberação essencial da consciência, mas também a libertação do cérebro-mente em vigília das limitações precedentes, incluindo a do pensamento concreto aprisionador. Esta é uma razão por que a *Mantra-Ioga* é tão importante. Ela foi, na verdade, concebida e ensinada originalmente para que as células do cérebro pudessem ser colocadas em vibração mais rapidamente pelo cântico dos sons ocultos e, por conseguinte, terem sua evolução e sensibilidade aceleradas.

O iogue desenvolvido no ocultismo sob a orientação de um Guru-Adepto também é ensinado a prestar muita atenção ao processo de atingir *Moksha*. Ainda que temporariamente, no início, a reclusão do mundo e de suas emanações é considerada como essencial ao sucesso – daí a floresta, a caverna e os retiros ou *ashrams* em geral. Os principais meios pelos quais o corpo torna-se sensível e aperfeiçoado são: pensamento concentrado no Divino ou meditação, a entoação de mantras e, no seu devido tempo, o despertar da *Kundalini* sob a orientação e proteção de um Adepto. Todos estes três devem ser seguidos, até que gradualmente o corpo torna-se "eterializado" e pronto para os processos ocultos altamente secretos que o tornam relativamente imortal, ou ao menos conferem extrema longevidade.

Todos estes tipos de ioga têm propósitos de longo prazo além de seus efeitos mais imediatos. É necessário, portanto, a persistência, continuar até o dia da morte. Na verdade, o segredo do sucesso se encontra nesta palavra "continuar". Inversamente, a causa do fracasso ou atraso é a falta de persistência, ou "desistência". A mente desempenha a sua parte satânica neste último processo, já que ela suplementa a inércia natural com argumentos de que a ausência de quaisquer sensação ou resultados corporais em vigília indicam a aparente inutilidade do esforço feito por muito tempo.[46] Para os poucos em quem a aspiração para o conhecimento e o serviço queima como uma chama de intensidade sempre crescente, o chamado também é para a prática persistente da ioga, vivendo a vida do iogue.

O aspirante moderno ocidental deve em geral praticar sua ioga em meio à atividade material. Ele deve aplicar os resultados da prática de auto-purificação e de crescimento do conhecimento e dos poderes, para o fim de uma participação mais efetiva nas atividades daquela parte do mundo em que ele vive. Na verdade, bem mais difícil do que a ioga em retiro é a ioga praticada em meio a atividades mundanas. Alcançar a auto-iluminação somente pela ioga em meio aos deveres diários é uma realização muito maior do que a alcançada na reclusão de um Santuário.

A auto-recordação, autocontrole, auto-iluminação, o desenvolvimento da eficiência, do equilíbrio e da habilidade em cada tarefa que é executada, são os objetivos do iogue, que também é um ser humano **no** mundo exterior, ainda que não seja **do** mundo.

O estabelecimento de retiros onde as pessoas ocupadas pudessem permanecer por breves períodos de instrução espiritual, reorientação, cura, refrigério e repouso seria extremamente útil. À medida que o ritmo da vida acelera, produzindo tensões inevitáveis, a necessidade de tais lugares e períodos de retiro irão tornar-se mais acentuados. O estabelecimento e gerenciamento de retiros espirituais a uma distância razoável das grandes cidades, por pessoas sábias e altruístas, seria de grande benefício para a humanidade.

---

[46] Veja também pp. 86, 97-98, 111-112.

Perseverança na ioga

Na ioga, o corpo deve ser considerado quase como uma entidade separada e, de certa forma, a ioga pode ser descrita como o processo de superar por vários meios – *asanas,* respiração, mantras e outros tipos de ioga – a quase terrível falta de responsividade da matéria física, incluindo a do cérebro, à transferência de consciência espiritual e Egóica de dentro para o veículo mais externo.

Como indicado, o verdadeiro sinal de sucesso na ioga é o fortalecimento da vontade para continuar apesar de todos obstáculos e resistências e a ausência aparente de quaisquer respostas ou reações imediatas e notáveis. Este é o verdadeiro sinal de sucesso na ioga, ou seja, **continuar**. Aqueles que praticaram ioga sabem que isto não é somente uma mera teimosia física ou recusa de aceitar a derrota, mas origina-se no Habitante do Recôndito. É Monádica. É *Átmica* e conseqüentemente abrasadora. Cada Adepto começou, não importa a quanto tempo atrás, com a realização do que parecia, porém não era, uma tarefa sem esperança para a qual a vontade interior estava voltada. Todos aqueles que continuam com determinação na prática da ioga estão expressando esta verdade, que por fim os levará à luz, à vitória e à elevação do Adeptado.

Aquilo que os grandes Mestres, que foram homens e mulheres como nós, ganharam como prêmio não foi conquistado sem a firme tolerância do carma precipitado e a ingente obstinação da consciência do corpo (elemental), e do próprio corpo como um todo; pois estes dois parecem sempre se colocar lado a lado para proibir a passagem de acesso ao caminho que leva à luz.

É por isto que a mortificação do corpo, até extremos sem sentido, tem sido utilizada por homens e mulheres desesperados. Não há necessidade disto, nem tampouco apressa realmente o dia da vitória sobre o corpo e sobre o eu *ahamkárico,* o outro guardião do umbral. Este último, para muitos aspirantes, já foi eliminado em grande parte, ainda que outras formas ainda desconhecidas de suas resistências terão sem dúvida que ser enfrentadas finalmente.

É o corpo que apresenta a barreira aparentemente insuperável à consciência Egóica; sua saúde, sua condição passada, o elemental do corpo, os impulsos inerentes, os medos, as retrações, tudo se originando de velhos impulsos instintivos e ações de preservação da vida e de autopreservação. Estes são o diabo (não existe nenhum outro): ou seja, corpo, psique, impulsos residuais e impressões de muitas vidas pré-ióguicas.

Isto não deve nos deprimir, já que no final teremos que superar tudo isto. Ao contrário, vamos nos encorajar pelo fato de estarmos tentando e ocasionalmente sendo bem-sucedidos na prática da ioga.

A realização da consciência superior ocorre não somente através da meditação, apesar dela ser importante e essencial, mas também através do processo de viver. Compaixão, bondade em geral, altruísmo, nobreza e a redução do auto-interesse e autocentrismo, tudo isto praticado dia a dia, juntamente com as virtudes comuns, contribuem para o *Atma Vidya* individual ou conhecimento do Eu. O verdadeiro iogue inclui toda a vida, especialmente toda a sua própria vida, desperto, sonhando, meditando e elevando-se dia a dia no cumprimento de seu ideal.

Estes dois, **meditação** e **viver**, são como *Ida* e *Pingala* da vida espiritual, com a benevolência universal como *Sushumna*. A intuição é naturalmente esporádica no homem da Quinta Raça em condições normais. Ela estará mais em evidência na Sexta Sub-raça e plenamente desenvolvida, no que tange à Quarta Ronda e ao Globo, na Sexta Raça-Raiz. Na Sétima Raça-Raiz ela será levada à sua suprema realização pela humanidade como um todo e constituirá a coroação de sua glória.

A transformação da personalidade

Toda a vida do aspirante, especialmente sua vida mental, torna-se uma pesquisa para o controle da personalidade, e sua transformação tornou-se o melhor instrumento possível para o conhecimento direto e para a capacidade de compreender e aplicar este conhecimento. Esta busca levará à intuição espiritual, compreensão sempre crescente, eficiência no serviço, capacidade e unidirecionamento.

Na meditação efetiva, a força de vontade positiva é "dirigida" à matéria física receptiva e à superfísica. O resultado é uma elevada freqüência de oscilação da substância, que no caso de órgãos e *chakras* produz uma sensibilidade elevada às influências superfísicas e espirituais. Quando mantras são usados, a força de vontade torna-se mais efetiva ao se aliar com a força do som, que por sua vez leva a substância a uma condição vibratória ainda mais elevada.

Quando ao som e à vontade é acrescentado o poder do Terceiro Logos na forma de *Kundalini*, estes três se encontram em órgãos, células e átomos com um efeito estimulador e sensibilizador. O poder tríplice – **sob orientação segura e constantemente aplicado de acordo com as regras antigas e imutáveis** – por fim libera o Ego humano da "tumba oblonga" do quaternário inferior e da "câmara funerária" ou o terceiro ventrículo no cérebro.

Vale a pena lembrar que nenhum ser humano retém constantemente a consciência espiritual no cérebro em estado de vigília. Durante estas experiências a pessoa deveria manter-se quieta, permitindo que elas permeiem a natureza pessoal – talvez se deitando – e deixando que elas "trabalhem" na pessoa, não importa quão sutis elas possam parecer no momento. Com isto será alcançado um aumento gradual da percepção mental no mais pleno significado da palavra. Um equilíbrio de harmonia e felicidade pode surgir da realização de uma combinação ou "casamento" no interior entre o poder do Eu superior e do eu inferior – o grande "casamento", seguido pelo banquete espiritual.

Quer seja aparente ou não ao aspirante, nenhuma prática correta de ioga individual jamais deixa de ser produtiva. Um efeito é sempre produzido pela prática persistente, sendo esta a lei que governa a aplicação de força sobre a substância. Deve ser lembrado que a ioga é um ato criativo, uma combinação de nossos eus superior e inferior.

A consciência da bem-aventurança pode ser escolhida como um objetivo parcial e temporário, tornando-se no seu devido tempo um estado plenamente estabelecido tanto do coração como da mente. Para alcançar isto, a pessoa pratica a ioga por um breve período e então procura se colocar num estado de bem-aventurança espiritual e manter esta alegria interna pelo máximo de tempo possível. A repetição das frases a seguir pode ajudar nesta realização: "*Aum. Buddhi* é bem-aventurança. Eu sou esta bem-aventurança. Isto sou eu."

Durante este processo a pessoa deveria deixar a bem-aventurança e a felicidade permearem de forma crescente a psique, se entregando a elas como sendo condições naturais, os resultados da consciência Egóica dentro do corpo. A elevação de *Buddhi* pode ser então experimentada na personalidade como alegria serena e contentamento, e como um estado mental refrescante, livre, como se fosse uma fonte.

Por conseguinte, a pessoa pode aprender a induzir pelo pensamento e pela meditação uma condição de paz e plenitude de coração. Não deve haver nenhum espaço para os seus opostos, como se ela houvesse se tornado uma verdadeira encarnação da bem-aventurança. Esta é também uma terapia valiosa para aliviar o sofrimento temporário ou prolongado, físico ou psicológico, e para a descontração da rigidez ou tensão e dos pontos de dor na mente ou na psique. Na verdade, as disposições de felicidade e contentamento, deliberadamente induzidas, intensificadas e estabelecidas até preencherem cada célula e átomo da personalidade, podem se tornar a melhor terapia curativa.

Esta forma de ioga poderia ser chamada de "ioga de vida" ou "o desamarrar dos nós". Ela inclui um auto-relaxamento total, profundo, deliberado e psicológico pelas profundezas interiores da emoção indo para a mente. O aspirante pode experimentar e trabalhar com este aspecto da ioga e não precisa se preocupar com a natureza e as causas dos nós, ou evocar os infortúnios da infância, adolescência e da vida adulta, mas simplesmente deixar que estes nós se desfaçam e se soltem como pássaros de uma gaiola.

O autor está ciente da dificuldade desta tarefa. No entanto, ele sabe que chegará o momento em que muitas pessoas, que estão nesta condição de aflição, poderão começar a resolver estes problemas permitindo que uma felicidade descontraída, deliberadamente induzida, venha a substituir sua atual condição e em seguida permear toda a sua natureza.

Esta felicidade descontraída é extremamente importante, não só na autocura e na realização de uma tranqüilidade constante, mas ao longo da prática da ioga; pois o relaxamento completo permite ao Ego contatar o cérebro-mente e permite ao aspirante experimentar o sentimento psicológico cálido e ardente que é o propósito imediato. Felizmente, com a prática regular diária da meditação, todas as principais influências tornam-se mais e mais favoráveis.

Relaxamento, continuidade e equilíbrio

O ideal na aspiração espiritual e na prática da ioga pode ser descrito como "intensidade descontraída". Enquanto a vontade interior e a mente plena de propósito se mantêm constantemente e de forma determinada voltadas para "romper as barreiras" e conseguir progresso oculto, a personalidade externa deveria estar relaxada ao máximo. Qualquer forma de violência deveria ser completamente evitada na ioga, não importa quão determinada possa ser a ação da força de vontade. A intensidade excessiva pode criar suas próprias barreiras, tais como danificar ou embotar o mecanismo da consciência, algo como o efeito de submeter um circuito continuamente a uma voltagem para a qual ele não foi desenhado. No cérebro-mente, no entanto, não existe nenhum "fusível" que pode queimar quando o sistema está sobrecarregado. Além do mais, frustração levando ao desespero ocorre num grau comparável à intensidade e tensão geradas no cérebro-mente. Isto é superado por uma técnica difícil mas importante: ou seja, dirigir-se determinadamente e sem esmorecer a uma meta escolhida enquanto a personalidade está descontraída e tranqüila.

Isto não quer dizer de forma alguma qualquer desistência ou retirada da Busca, ou um adiamento desta. Este relaxamento assegura uma certa facilidade em todo o processo, que surge do conhecimento de que para o aspirante determinado o sucesso está garantido, mais cedo ou mais tarde. Portanto, isto também precisa ser praticado quase como se todo o projeto fosse um passatempo para proporcionar felicidade, não importa quão sério seu propósito e intenção. Externamente, então, é absolutamente necessário trilhar o Caminho suavemente, ainda que internamente estejamos obedecendo todas as regras, que são encontradas no "Nobre Caminho Óctuplo",[47] no "Sermão da Montanha",[48] e nos ensinamentos do *Bhagavad-Gita*, *Viveka Chudamani*[49], especialmente em *Luz no Caminho*[50], e em *Voz do Silêncio*, estando estes dois últimos entre os livros mais profundos em toda a literatura da ioga. A experiência mostra, porém, que esta orientação está longe de ser fácil de seguir.

Existe um ditado que quando a personalidade ouviu e respondeu ao "Chamado" Monádico, esta "Voz" de *Atma*, "agarra o aspirante pelo cabelo". Isto pode ser parte do significado do "nó no topo" e "mecha" de cabelo na cabeça dos *Brahmins*. Portanto, quando uma pessoa decide positivamente sobre a vida da Senda, ela pode estar absolutamente segura de que muito antes da mente consciente ter tomado a decisão, o Ego Interior reencarnante estava "trabalhando" na personalidade e continuará sempre a fazer isto. Assim, enquanto nenhuma regra básica for desobedecida ou desprezada, o Ego Interior continua trilhando a Senda do Desenvolvimento Acelerado.

Períodos de inatividade aparente na natureza corporal devido à fatiga e ao estresse, por exemplo, têm pouco ou nenhum efeito danoso no progresso do Ego, o verdadeiro Eu. Quando estes fatos são reconhecidos, uma certa calma desejável é alcançada pela personalidade que se torna então mais facilmente equilibrada – **ainda que nunca letárgica** – entre os pares de opostos. Nenhum neófito sincero jamais permanece parado, mesmo que a mente esteja muito embotada em certos momentos.

Este ensinamento, no entanto, não deve ser mal-interpretado; pois os aspirantes devem se entregar completamente à vida interior se eles querem realmente progredir. Porém, eles sempre executam suas tarefas sem pressão – assim como é dito que o Senhor *Shiva* mantém o universo em existência e movimento por meio de Sua "dança" cósmica. Como a Vontade Criadora,

---

[47] Reta Compreensão, Reta Resolução, Reto Falar, Reta Conduta, Reto Meio de Vida, Reto Esforço, Reta Meditação, Reto Êxtase. Veja *The Life of the Buddha*, L. Adams Beck; e *Footprints of Gautama the Buddha*, M.B. Byles.
[48] Mat. 5-7; Luc. 6.
[49] Editora Teosófica, Brasília, 1992. (N. ed. bras.)
[50] Editora Teosófica, Brasília, 1999. (N. ed. bras.)

Ele, o *Maha-Iogue,* mantém Sua concentração e meditação numa intensidade cósmica por eras intermináveis. Da mesma forma, Seu representante humano – a Mônada-Ego do homem – segue seus passos nestas duas atividades e métodos: concentração e meditação. Uma prova disto é que depois de um período quando as circunstâncias ou entram em certa letargia ou impedem totalmente a prática da ioga, ao serem estas recomeçadas verifica-se que o progresso, ainda que talvez num ritmo mais lento, foi contínuo. Nota-se também que o mecanismo da consciência, ou a atividade conjunta do cérebro e da mente, não perde sua sensibilidade **potencial**.

No entanto, estas considerações não pretendem de forma alguma sugerir nenhuma "folga" na Busca divina, mas são oferecidas simplesmente como uma sugestão relacionada com a reta atitude da mente. Este alerta é especialmente necessário quando uma maior intensidade **interior** de aspiração e vontade é aplicada ao cérebro-mente ao recomeçar-se a ioga.

Um hábito importante e muito desejável é uma forma de continuidade da ioga ao menos uma vez todos os dias, mesmo se isto consistir somente da entoação do mantra *Aum,* juntamente com a sua expressão mental, "Eu e o Pai somos Um",[51] lembrando o seu significado. A cessação forçada da ioga por umas poucas semanas não é necessariamente prejudicial, especialmente se esta simples prática for seguida dia a dia.

Cada pessoa que busca a iluminação se confronta com um dos muitos paradoxos da ciência mais elevada, para usar as palavras de Eliphas Levi.[52] O enigma particular aplicado à vida física normal é que de um lado, sinceridade de propósito, fixação da mente e intenção com extremo unidirecionamento são todos essenciais para o sucesso na ioga e na vida na Senda, por outro lado, habilidade nas coisas do mundo e completa eficiência no cumprimento dos deveres mundanos são também partes necessárias da ioga. Estes dois podem parecer estar em conflito – especialmente pelo fato de um pertencer ao Ego e o outro à personalidade. Eles não estão realmente em oposição quando entendidos corretamente.

Os princípios da ioga e a atitude ióguica da mente deveriam idealmente permear **toda** a vida incluindo os deveres diários. Na verdade, de acordo com as regras da *Carma-Ioga,* a eficiência física e o fiel cumprimento do dever são por si mesmos um forma valiosa de ioga. Todo instrutor bem informado compreende a reação de um aspirante à monotonia física e às questões materiais que demandam atenção e impedem a prática de *Man-*

---

[51] Jo. 10:30.
[52] Cabalista e autor de diversos trabalhos sobre magia filosófica. Veja *Glossário Teosófico,* de H.P. Blavatsky, Ed. Ground, SP.

tra e Raja-Ioga. No entanto, o filósofo não se rebela contra seu carma, nem se ressente, nem mesmo o execra. Na verdade, o equilíbrio faz parte da ioga – uma verdade muito importante.

A ioga propriamente dita é um procedimento dual, consistindo de um aspecto de experiência e um aspecto de força, que devem ser reconhecidos tanto na teoria como na prática. Exaltação mental como um estado de consciência, a mente estando cheia de luz, vida e imensa energia, com um sentido de total certeza, segurança e realização das infinitas possibilidades além de si mesmo – isto é de importância capital na vida da Senda. A pessoa precisa de uma profunda compreensão destes estados como **parte de sua própria constituição**, de seu próprio Eu. Além do mais, acima da mente e dos processos do pensamento, deve ser alcançado o que pode ser chamado de "consciência do Centro". Isto inclui o conhecimento de que a pessoa está identificada com o Centro do universo, como é o Sol no nível espiritual mais elevado. Estes estão entre os verdadeiros objetivos da ioga e devem ser sempre buscados, encontrados, adentrados e vividos. Realmente, podemos pensar neles como o "aspecto experiência" da ioga. A Ciência Sagrada também inclui o despertar e a aplicação aos corpos físico e mais sutis da *Kundalini* e de outras forças e "fogos" refinadores – o aspecto força da ioga.

A prática bem-sucedida desta ciência dupla da ioga – prática física e experiência consciente – é caracterizada em parte por um sentido das energias vibratórias, e também pela harmonização psicológica. Deve ser lembrado que todos os tipos de ioga criam ritmos vibratórios, e o aspirante deve estar numa perfeita condição física para receber com segurança sua influência, senão desordens nervosas podem advir. É essencial que os aspirantes façam um esforço para trabalhar com igual intensidade na contemplação mental silenciosa que leva às experiências descritas anteriormente. Se o aspecto força da ioga recebeu um lugar demasiadamente preponderante no enfoque da pessoa e o aspecto experiência foi negligenciado, então as limitações físicas de tempo e energia impostas pelas necessidades físicas inexoravelmente irão tornar-se opressivas e mesmo entristecedoras, o que na realidade elas nunca deveriam ser. Portanto, a mensagem da ioga ao homem, expressa em uma palavra, é EQUILÍBRIO.

Se inicialmente a pessoa não é capaz de praticar *Mantra e Raja-Ioga*, ela pode então se dedicar à pura contemplação, com a postura correta e a entoação da Palavra Sagrada. Porém, a consciência deve ter permissão para entrar cada vez mais profundamente no significado desta palavra maravilhosa *Aum,* com o fim de aprofundar a compreensão da unidade com Deus, e por meio desta Divindade, a unidade com tudo o que vive.

A entoação física **correta** da Palavra é importante, como também o é uma compreensão de seu significado e mensagem. Estes dois exercícios – contemplação sobre o significado da Palavra e sua correta entoação física – devem receber igual atenção e apreciação. Lembre-se de que, no final, existe um estágio mais avançado em que os iogues não precisam mais praticar fisicamente qualquer uma das sete formas ou métodos, tendo aprendido a entrar imediatamente na "consciência do Centro" e permanecer lá com poder e equilíbrio.

É possível que o cérebro nem sempre receba corretamente, e principalmente interprete, as experiências Egóicas. O aspirante-iogue deveria, portanto, aplicar sempre os dois testes infalíveis. O costume de testar cada experiência oculta é por si mesmo uma parte valiosa do treinamento oculto. Na verdade, cada pessoa, idéia e experiência (incluindo a orientação direta) deveriam ser sempre recebidas de uma maneira estritamente impessoal, sendo aplicado o duplo teste: da experiência ser razoável e dos efeitos sobre a própria pessoa serem positivos. Quando ambos são favoráveis, então a pessoa pode aceitar a orientação, lembrando-se sempre de que experiências ocultas e práticas devem ser consideradas como experimentais e devem ser testadas com imparcialidade com relação aos seus efeitos imediatos e de longo prazo.

Devem ser evitados especialmente todo estímulo ao sexo e às perturbações mentais. A experiência oculta genuína impede o primeiro e diminui o último ao mínimo. A recepção de orientação Egóica e mesmo a aparente recepção dela quando sua aplicação se mostra benéfica em todos aspectos – estes são sinais favoráveis.

Paz de coração e mente

O aspirante deve se libertar da depressão, da dúvida e do medo, e em seguida entrar alegremente no estadoióguico impessoal, que não tem pensamentos de medo ou preferência por ninguém. A pessoa deveria se examinar tranqüilamente e eliminar todo conflito interior, substituindo-o por uma total confiança em seu Mestre, em sua ioga, sua prática e meta, e no poder onipotente de seu próprio destino. Desta forma a pessoa estará em paz; pois a paz de coração e mente é na verdade **o primeiro requisito** para o sucesso na ioga.

O mecanismo de consciência tornar-se mais vividamente ativo à medida que perseveramos – graças aos ensinamentos da Teosofia. O aspirante pode prosseguir de forma agradável e harmoniosa na busca incessante por mais luz e finalmente alcançará a iluminação.

Calma e desapego

O iogue sábio procura uma indiferença interior aos acontecimentos e às mudanças transitórias, assim como o capitão de um navio minimiza os desvios da verdadeira rota que, na ausência de sua atenção, poderiam ser causados pelo tempo, vento e pelas ondas. Existe uma clara distinção entre a atenção apropriada às pessoas e aos movimentos, e nosso relacionamento com ambos, bem como o reconhecimento interior da falta de importância relativa que têm para o desenvolvimento do Ego, exceto como orientações para a conduta futura.

A calma do lago tranqüilo entre as montanhas num dia sem vento representa a condição ideal da natureza mental e emocional do iogue que deve ser submetido a crises sucessivas, nas quais deve viver, pois são inseparáveis da existência física fora do santuário. Quando possível, antes de ir dormir, restabeleça a natureza psíquica a este estado tranqüilo, após ter observado devidamente e notado sem envolvimento passional os eventos do dia. A recitação da Palavra Sagrada antes de dormir é uma prática útil que beneficia todo o quaternário inferior.

Brisas suaves podem soprar sobre o lago tranqüilo causando ondulações em sua superfície, que retorna imediatamente à tranqüilidade após a sua passagem. Talvez com uma só exceção, as experiências de qualquer dia da vida terrena são comparáveis a estas brisas suaves. A exceção seria o erro pessoal, quer seja inadvertido ou deliberado. No primeiro caso, a completa calma deveria ser instantaneamente reassumida após cada experiência e toda a natureza pacificada antes de ir dormir. O erro deve ser corrigido e também reparado quando há outros envolvidos. Deve haver a determinação para não repetir o erro, e em seguida a restauração da calma – se necessário, entoando a Palavra Sagrada e elevando a consciência inteiramente acima do pessoal. Isto vai assegurar a entrada nos estudos e trabalhos noturnos, aparecimento diante dos Mestres e irmãos Iniciados, discípulos e aspirantes, e a percepção e recepção de decisões e ordens com uma mente calma e uma aura pacífica, livre de distorções e manchas.

O costume oriental de deixar atrás os calçados ao entrar num templo é um símbolo útil para deixarmos para trás as considerações mundanas antes de irmos dormir. É bem verdade que esta é uma orientação sutil para os aspirantes que são forçados a se submeter às condições de vida terrena entre pessoas de tipos diferentes e em vários graus de desenvolvimento. A ioga torna a pessoa cada vez mais sensível às condições externas e internas, apesar de conceder também mais calma e autocontrole. Este último deveria ser aumentado como uma parte essencial da ioga. Calma mental imperturbável mesmo quando as emoções tiverem sido perturbadas – por outra pessoa, ou uma percepção intuitiva de um erro ou de uma desarmonia atual ou premente – este é o ideal.

A importância da ordem para o aspirante

Nossas vidas pessoais devem começar a se conformar em maior detalhe com nossas aspirações ocultas. Este sentido de ordem deve se aprofundar e se mostrar num crescente asseio e meticulosidade em tudo ao nosso redor e que nos pertence. Isto pode ser monótono e difícil em virtude dos espaços pequenos em que geralmente moramos e das circunstâncias de nossas vidas diárias. No entanto, uma extrema sensibilidade à ordem, exatidão e meticulosidade deve ser desenvolvida, bem como a exatidão de pensamento e fala. Nossas mentes irão tornar-se mais ordenadas, lógicas e exatas. Além disso, a perda de poder, físico e mental, ocorre sempre que há desordem.

Apesar destes serem aspectos externos, eles são muito importantes, já que refletem uma condição interior e preservam o alinhamento dos veículos pessoais e do Ego com relação e em direção a eles. Esta autodisciplina constitui o equilíbrio material à vida oculta e espiritual da ioga. Ambas são necessárias para que o resultado total seja alcançado e a *Sushumna,* que é consciência, seja elevada de nível em nível e transportada precisamente ao cérebro.

Portanto, os iogues praticantes devem ser disciplinados e organizados bem como pessoas dedicadas.

Uma lei da vida espiritual

Existe uma lei pouco conhecida da vida espiritual, todos que trilham a Senda devem levar outra pessoa com ele ao longo da estrada ascendente. O ideal é que esta pessoa seja a mais próxima nos vários relacionamentos humanos.

Trilhar a Senda é muito mais do que ser bem-sucedido nos exercícios e práticas da ioga. É um gradual enriquecimento e embelezamento de toda a natureza do aspirante, incluindo a auto-sensibilização com relação à presença da vida divina em todos os seres e na própria Natureza, ainda que somente nos níveis psíquico e intelectual no início.

O sucesso na ioga inclui a ampliação gradual e efetiva de toda a natureza intuitiva e intelectual do aspirante, para que ele comece a conhecer as grandes leis e princípios subjacentes à encarnação do Logos no universo, para que estes princípios possam começar a ser compartilhados como experiências em consciência, sendo isto parte do significado da palavra "ioga".

Na verdade, isto é ajudado pela meditação e sublimação e faz parte do seu valor na vida oculta. As qualidades de profunda compaixão e de uma grande suavidade são necessárias no desenvolvimento de uma natureza semelhante ao Cristo. Não se espera que ninguém faça mais em quaisquer destas direções do que está ao seu alcance; no entanto, estes são os ideais a serem lembrados.

Compaixão

A base fundamental da espiritualidade é a compaixão. Mesmo que num sentido impessoal, devemos naturalmente ter compaixão por aqueles que estão passando por necessidades. Devemos ser solidários com suas condições de infelicidade espiritual, mental e emocional; pois a vida espiritual tem suas fundações no coração, que deve ser sensível ao sofrimento – subumano e humano – sempre que ele possa existir, respondendo a ele e sentindo um forte ímpeto para oferecer alívio. Este é o grande segredo. O ideal é que o iogue seja capaz de amar e demonstrar um profundo interesse altruísta e compassivo. Estes devem ser **sabiamente** colocados em ação, à medida que a liberdade pessoal venha a permitir. Devemos visitar e escrever àqueles que sofrem, procurando dar apoio, ajuda e cura, e até mesmo ajudá-los fisicamente, dentro dos ditames de nossas próprias responsabilidades. Isto é o amor puro em ação – o grande ideal. Animais, crianças e adultos tornam-se então o campo de serviço em qualquer nível que a pessoa possa estar livre para alcançar e ajudá-los. O idealismo precisa ser aplicado de forma prática. Devemos lembrar sempre que a ioga inclui o esquecimento de si mesmo e o serviço amoroso expresso de forma criteriosa.

Graça espiritual

Não pense no progresso espiritual somente em termos de realização na ioga, ainda que isto possa ser valioso e importante. Mas até mesmo mais importante de certa forma – de muitas formas, na verdade – é o desabrochar dentro da pessoa de uma graça espiritual natural. Ela é feita da verdadeira bondade humana, da constante preocupação pelos outros, especialmente por aqueles em necessidade, e de uma forma de proximidade afetiva que os encoraja e anima ao longo de muitas horas escuras e solitárias. Desta forma maravilhosa, sem mesmo se dar conta, as pessoas podem crescer bela e naturalmente – uma fascinante maneira de crescer.

A vida na ioga

Existe um estágio de progresso na ioga no qual as formas e os métodos prescritos não são mais necessários, mas até que este estágio seja alcançado, certos métodos são necessários como os indicados nos autênticos livros sobre ioga. Chega um momento, porém, que o iogue não dá mais atenção a eles, mas vive o tempo todo num estado de êxtase que, embora nem sempre visível em sua mente, está presente no entanto. Ele está naquele estado e sabe disso. O estado está sempre ali, e ele só precisa aquietar a sua mente por um ou dois momentos para experimentá-lo plenamente.

Esta é uma doutrina algo perigosa para os principiantes que podem se iludir com este conhecimento, pensando que eles também podem ser independentes das formas e dos métodos indicados. Eles os negligenciam e fracassam inevitavelmente. Assim como a experiência do homem sobre a luz do Sol na Terra inclui todas as fases e os graus de luz desde o pré-alvorecer ao pôr do Sol e à escuridão da noite – e está limitado a eles – assim também o principiante na ioga precisa experimentar as fases separadas e progressivas da luz interior. Porém, acima e além da Terra e de sua sombra, o Sol está brilhando o tempo todo. Aqueles que alcançaram um certo estágio de desenvolvimento em vidas anteriores estão numa posição peculiar numa nova vida quando iniciam a ioga outra vez. Eles devem obedecer as regras, mesmo que as achem desnecessárias por causa de realizações anteriores que os levaram além destas regras.

O mais sábio nestas circunstâncias é combinar as práticas, isto é, realizar a disciplina indicada da forma mais completa e honesta possível, e formar o hábito durante o resto do dia de elevar a consciência, como se fora até o êxtase interior, assim como um míssil é disparado libertando-se da Terra. É importante, porém, que este último procedimento não leve o aspirante a parar com o autotreinamento metódico na ioga.

A prática da ioga como ajuda no progresso evolutivo

A prática correta da ioga ajuda a evolução do próprio Ego e leva o iogue ao longo do caminho às Iniciações mais elevadas e ao Adeptado. Quer esta prática consista somente de pensamentos, de entoação de um certo número de *Aums*, ou de um período aparentemente sem sucesso, não é importante, porque os corpos sutis e a Tríade superior recebem o estímulo que causa uma aceleração sempre que a Deidade suprema é ao menos lembrada, e especialmente quando o nome oculto é entoado.

Além disso, cada vez que a prática é efetuada, ainda que por um breve momento, a natureza pessoal também é forçada a um relacionamento mais próximo e harmonioso com o Ego. O aspirante não precisa ficar desapontado se a consciência do cérebro só for na verdade afetada lentamente, pois todo o ser do iogue se beneficia com toda a verdadeira prática bem concebida de ioga. A privacidade não é essencial, porque uma forma de vida contemplativa também pode ser vivida no mundo. Neste aspecto da existência meditativa, porém, o pensamento tem um papel muito importante.

A mente na meditação

Muito pouco progresso pode ser feito para entrar na consciência elevada, permanecer ali e desenvolver a faculdade de entrar nela à vontade, até que a mente tenha sido submetida a um controle razoável. Não existe uma fórmula fácil para isto, apesar de algumas pessoas terem maior facilidade natural do que outras.

Passa-se por diferentes condições de mente quando é utilizada uma fórmula semelhante a da *Ioga da Luz*. No início da meditação, a mente deve ser focalizada claramente e sem tergiversar no procedimento preliminar. Naquele momento, a concentração é muito importante. Não se deve permitir que a mente oscile durante as afirmações de dissociação e verdadeira identidade. Quando afirmamos, "Eu não sou o corpo físico", deveríamos nos despojar positivamente do corpo em pensamento concentrado. As três dissociações afirmadas sobre os três veículos pessoais e a auto-identificação com o Eu Interior por meio das palavras, "Eu sou o Eu Espiritual", deveriam ser feitas sem nenhuma interrupção no pensamento. Em cada uma delas, efetua-se uma ascensão em consciência, como se por uma linha vertical contínua em direção ao Ego no corpo Causal. Algo interessante e objetivo está sendo tentado então, e a mente não deveria vaguear durante este procedimento. Deveria haver uma crescente dissociação real e realização da afirmação.

O controle da mente, que é necessário, deve ser desenvolvido pela prática e pelo exercício da vontade. Todos os poderes da vontade e da mente devem utilizados para alcançar a capacidade requerida. Se a mente vaguear, é uma boa prática trazê-la à força de volta pelo caminho que ela se extraviou. Com o tempo isto a trará sob controle, estabilizando-a. Não existe nenhum substituto para esta concentração preliminar. Devemos praticá-la até que seja aprendida; se não for assim, a condição meditativa continuará a nos frustrar.

O interesse é a chave para a concentração bem-sucedida. A mente não vagueia quando lendo um livro interessante ou vendo um filme. Na verdade, ocorre pouco ou nenhum esforço neste caso. A pessoa bem pode praticar a concentração da mente sobre algo profundamente interessante. Deixe então que o assunto torne-se cada vez mais abstrato à medida que a habilidade mental for desenvolvida. No seu devido tempo, será atingido o poder de mantê-la sobre uma idéia, em vez de sobre uma forma.

O uso da imaginação criativa

Uma razão pela qual os aspirantes podem não alcançar os resultados desejados da sua disciplina de ioga é a falta de persistência e fé, ou de imaginação. Com a melhor boa vontade do mundo, eles permitem que suas mentes se interponham entre eles e seu Ego. Pode ser útil tomar as frases de afirmação e descrever as ações apropriadas correspondentes, mental e supramental, para cada uma delas. Por exemplo, nas palavras "mais brilhante do que o Sol interior", o centro de observação poderia ser colocado na imaginação do coração do Sol e após uns instantes no coração do Sol espiritual e mantido ali. Isto por si só pode produzir a iluminação.

A expressão "mais branca que a neve virgem" refere-se ao puro e imaculável *Atma*, o Espírito branco puro e radiante do universo e do homem. "Mais sutil que o Éter" refere-se ao Logos imanente, o Princípio e a Presença divina na Natureza e no homem, que tudo permeia e interpenetra. A afirmação final deveria ser repetida mentalmente diversas vezes e em seguida permitir que a mente fique silenciosa, para que a consciência superior possa sobrevir.

É aconselhável uma atitude mental de expectativa e espera, mas não uma atividade. Mais uma vez, a falta de habilidade de imaginar e de entrar criativamente no significado dessas afirmações é a grande barreira para os aspirantes ocidentais. A imaginação positiva e criativa, em contraste com a mera fantasia, é um fator importante para ser bem-sucedido na ioga, especialmente nas fases preliminares.

Para a meditação mental algumas pessoas podem se interessar em "fazer um jogo" com os pares de opostos, olhando por exemplo para o medo e observando-o, e então instantaneamente afirmando a total e única existência de seu oposto, neste caso, a sempre vitoriosa coragem.

Outro exemplo é a reação por um lado e a tranqüilidade impassível por outro; também a solidão oposta à identidade com o Espírito onipresente, e o desenvolvimento no coração do amor divino do Mestre. Isto não é tanto ioga para Auto-realização, mas um bom exercício mental, obviamente útil na construção do caráter.

"A mente é a grande assassina do real"

Quando a pessoa deseja compreender inteiramente um princípio filosófico, um plano e um método para a sua aplicação, é aconselhável, em primeiro lugar, estudá-lo cuidadosamente, e então entrar na esfera do pensamento abstrato, tornando-se mentalmente quieto, enquanto observa o "jogo" das idéias e sua descida à mente. Mesmo neste caso, a pessoa não deveria reagir imediatamente a elas, mas ao contrário continuar mentalmente quieto até que todo o "jogo" termine. No silêncio ela pode registrar os resultados com proveito. Esta busca da Verdade é uma grande arte, e a *Mantra-Ioga* é o melhor treinamento para ela, pois o som mântrico ao ser entoado aumenta a receptividade do cérebro e de suas glândulas.

Quando relatando ou escrevendo as idéias resultantes, a pessoa deveria sempre começar com o pensamento raiz, o princípio geral, indicando-o como tal, mentalmente. Ainda sem pensar concretamente, mas respondendo de forma receptiva à idéia, pode registrar os conceitos sucessivos que gradualmente surgem do pensamento fundamental. Durante este processo, não deve tentar elaborar estes resultados em detalhe nem permitir que nada interfira com o processo, mas simplesmente anotar a seqüência numérica dos pensamentos. Cada idéia pode ser observada ao ser desenvolvida de sua predecessora, com adições à medida que elas aparecem. Podem haver até doze destas adições, ainda que às vezes só sete sejam observadas no início. Esta é uma boa prática filosófica e pode ser efetuada de forma independente de qualquer outro trabalho que está sendo feito.

A seqüência pode ser indicada da seguinte maneira: estude a idéia filosófica; entre de forma apropriada no mundo do pensamento abstrato; permaneça mentalmente quieto, observando a interação das idéias à medida que elas entram na mente; continue mentalmente silencioso até que o fluxo de idéias associadas tenha terminado.

Recomenda-se aos aspirantes adotar princípios abstratos tais como Verdade, Beleza, Lei, a Emanação do Absoluto da Primeira Mente Criativa ou Logos, e as Emanações e os processos em sucessão organizada e numerada, tendo o cuidado para numerar seus pensamentos de acordo com suas seqüências lógica e temporal. Quando a seqüência estiver completa e o processo receptivo tiver passado, eles podem como que "abrir os olhos" e direcionar a mente de forma intensa e tranqüila para os frutos resultantes. Depois de testar a seqüência, deveriam se perguntar se as idéias estão tanto na ordem numérica correta como na lógica. A interpretação dos Signos do Zodíaco por Subba Row é um excelente exemplo disto e oferece uma chave para a sucessão de idéias e processos. Outra apresentação consiste nas *Sephiras* numeradas da Árvore da Vida Cabalista.[53]

A seguir, quando a aplicação prática das idéias descobertas for tentada, podemos tomar com proveito cada idéia numerada começando com a primeira, e escrever sua aplicação aos assuntos e problemas básicos – pessoal, local, nacional e internacional. Quando tal "exploração" tiver terminado, teremos um perfeito exemplo de arquitetura mental, realmente um trabalho de arte. Este método é o segredo de toda a atividade mental bem-sucedida, pois ele coordena numa unidade funcional as mentes Superior e inferior, as glândulas pineal e pituitária juntamente com suas áreas correspondentes dentro do cérebro. Este é o caminho do Sábio, do verdadeiro filósofo, usado, por exemplo, pelo grande Plotino em seu Sexto Tratado sobre a Beleza em *Enéadas*.

As dificuldades aparecem em parte devido à falta de tempo e privacidade na nossa vida pessoal, mas também devido a uma tendência para pensar muito rapidamente no cérebro-mente. Esta é uma capacidade valiosa enquanto não impedir a recepção e o registro tranqüilos e reflexivos das idéias e de seu desenvolvimento. Quando planejando uma "arquitetura" mental, a pessoa deveria forçar a mente a se movimentar lentamente até que a "planta baixa" das seqüências numéricas seja terminada. Uma sugestão é desenvolver uma espécie de seqüência numérica nas atividades mentais – aulas, palestras, por exemplo – porém também durante todos os processos mentais.

Caso, como é comum, toda a solução e o produto final mental tornem-se aparentes num relance poderoso de percepção, o aspirante deveria então registrá-lo em seu lugar no fim da lista. Ele não deve, no entanto, permitir que esta faculdade especial de rápida percepção mental o leve a negligenciar os processos mentais sugeridos, pelos quais o mesmo resultado pode ser alcançado também e em seguida ser explicado.

Assim como a mente, num certo sentido, é a "assassina do real",[54] no sentido da intuição, assim também a última, com seus relances quase ofuscantes de revelação, pode ser a "assassina" da mente, usando a palavra assassina no mesmo sentido em ambos os casos. Em outras palavras, quando a

---

[53] Veja *The Auric Tree of Life*, pp. 157-61.
[54] *A Voz do Silêncio*, H. P. Blavatsky, Ed. Pensamento, SP.

completa compreensão ilumina rapidamente a nossa mente, podemos então "pedir à mente" também para explicar como isto pode ter ocorrido.

Este é o processo de raciocínio no qual toda solução correta, seja percebida intuitivamente ou pensada, deve ser baseada. É chamado de método silogístico, sendo apresentado em livros de lógica. Todo ensinamento literário que a pessoa possa ter recebido é de uma ajuda admirável. A boa literatura é a música da mente.

A aplicação da ioga à vida diária

A consecução do equilíbrio impassível é o objetivo supremo de todo ocultista. Todas qualidades podem ser acrescentadas quando esta tiver sido obtida; nenhuma qualidade pode ser plenamente expressa sem ela.

O processo de sua consecução envolve pelo menos dois estágios: primeiro, as meditações diárias sobre o Eu superior e a fusão do eu menor dentro Dele; segundo, observação diária, a cada hora, dos processos mentais, para certificar-se de que nenhum desejo forte está influenciando-os. Estes dois juntos – ioga diária e observação constante (estar em guarda) – proporcionarão o resultado desejado, desenvolvendo qualquer virtude ou qualidade.

A chave está na separação das emoções da mente para que nenhum sentimento entre nos processos de pensamento. Quando a mente está funcionando, os sentimentos devem descansar. Realmente, uma parte da meta é assegurar que os sentimentos de desejo pessoal descansem, finalmente e para sempre. Isto depende de um constante exame dos processos de pensamento para verificar se a emoção está entrando, e se ela estiver então silenciá-la.

O estudo teosófico servirá como exemplo. Quando se está procurando apreender e talvez reiterar um ensinamento, não se deve ter nenhum sentimento a respeito deste, seja a favor ou contra. Especialmente na sua divulgação, devemos ser indiferentes no que diz respeito à sua aceitação. Tanto a apreensão como a apresentação devem ser feitas da forma mais completa e perfeita possível. Não deve haver desejo. O mesmo se aplica às opiniões pessoais, às práticas de negócio, aos métodos de trabalho e às políticas. Deve-se pensar sobre o método e a política claramente e apresentá-los como uma proposição matemática, não permitindo de forma alguma o envolvimento em emoções pessoais.

Se o trabalho no qual estiver engajado parece estar em perigo e a primeira tentativa de protegê-lo fracassa, em vez de se sentir pessoalmente envolvido e angustiado, aguarde tranqüilamente por outra oportunidade apropriada e apresente seu caso de uma forma mais efetiva e convincente. Nada é final e, ainda que o erro e seus resultados devam ser sempre resistidos e minimizados, raramente ocorre qualquer urgência. Nada precisa ser determinado de acordo com nossos próprios pontos de vista imediatamente. Lembre-se de que existe sempre uma outra oportunidade, e o batalhador experiente, quando derrotado numa ocasião, lembra-se deste fato.

É bem verdade que um forte, ou mesmo um ardente desejo de que uma Loja ou a Sociedade como um todo, ou qualquer outro movimento digno, evite erros e alcance a máxima penetração é louvável, e com freqüência este sentimento supre o fogo e a energia que dão força e poder ao movimento; mas este fogo deve ser transformado numa determinação gélida no sentido de que a máxima eficiência em todas as coisas seja alcançada. É a pura vontade e não o sentimento ardente e especialmente a paixão, que alcança os melhores resultados.

A Grande Fraternidade em todas as deliberações é um modelo deste método; ela normalmente não delibera abaixo do nível Causal; e portanto está acima dos sentimentos e das limitações da mentalidade separativa. O Iniciado pode utilizar o hábito de pensar no nível Causal, colocando os princípios em primeiro lugar, e de ficar acima da batalha, tanto nas deliberações, nos conselhos, como no trabalho prático. Deve-se ter um cuidado todo especial quando se experimentar um sentido de urgência e sentimento de pressa. Existe tempo para deliberar cuidadosamente, para falar pausadamente e para esperar alguns momentos antes de falar. Pressa, velocidade e um turbilhão de palavras são quase sempre indesejáveis. Deliberação tranqüila e uma cuidadosa escolha de palavras são sempre recomendáveis. Isto pode ser difícil para o discípulo e o Iniciado porque, com freqüência, ele se encontra fortemente influenciado por um Mestre, ou pelo pensamento da Fraternidade como um todo. O poder desta influência é realmente muito grande, e ele pode ser perdoado se às vezes isto lhe tira o equilíbrio.

Existe mérito numa resposta imediata e ação rápida para evitar um erro, pois às vezes uma decisão errônea num comitê pode levar a uma ação danosa do lado externo. Portanto, a pessoa deve estar pronta para agir rapidamente, mas sempre com a mente em total controle. A língua, é dito, é um membro rebelde. O controle da fala, portanto, é outra chave para o sucesso. A pessoa deve evitar tanto a imprudência, como o erro da inação numa ocasião importante.

A seguir as regras que nos são dadas:

1. Desenvolva o hábito de fazer uma pausa para pensar por um momento antes de pronunciar a primeira palavra da frase.
2. Desenvolva o hábito e a capacidade de considerar mentalmente o que vai falar antes de fazê-lo.
3. Treine a vontade, a mente e a voz para agirem como uma unidade, com a vontade comandando, e aplique o freio quando necessário – o que ocorre quase sempre.
4. Conceda uma consideração respeitosa aos pronunciamentos dos outros quer você concorde com eles ou não, pois é quase certo haver algo de valioso neles. Dê tempo, portanto, para que as manifestações dos outros sejam terminadas, ouvidas e consideradas. Não os interrompa enquanto estiverem falando nem responda imediatamente ao terminarem. As duas ações implicam em falta de respeito ao pensamento e à contribuição de quem falou e demasiado apreço por nossos próprios pontos de vista.

Aqueles que vivem no mundo do comércio e auferem o seu sustento desta atividade devem ser eficientes neste mundo; pois isto, também, é ioga – *Carma-Ioga*, na verdade. Ela conduz da mesma forma como a *Raja-Ioga* à realização interna, ainda que aparentemente seja tão mundana. Pode-se escolher alguns momentos nos quais a mente pode ser silenciada e a atenção focalizada em *Atma* internamente. Isto pode ser muito gratificante e impedir o sentimento de vazio ou de fracasso no progresso. Na verdade, esta é a maneira de lutar contra o vazio – constantemente, em momentos passivos, **"conhecendo *Atma*"**.

Isto significa pouco ou nada para aqueles que não alcançaram em vidas anteriores um certo grau de sucesso na ioga, mas pode significar tudo para a pessoa que alcançou. O segredo último é o *Atma* em que tudo está contido. Portanto, devemos procurar e encontrar *Atma* dentro de nós mesmos, pois nós realmente somos ele. Tudo o mais nos será então revelado.

A imagem mental da forma de um Instrutor pode ser muito útil. É uma espécie de ponte entre a pessoa física e o Próprio Instrutor que, por Sua vez, é o elo com o Espírito recôndito ou *Atma*. A imagem mental é também útil para o Instrutor, oferecendo a Ele um meio de acesso à mente do estudante. Assim sendo, devemos praticar a construção e a manutenção na mente de uma clara imagem do Instrutor-Adepto, retirando-nos para ela freqüentemente, comungando com ela impessoalmente, e curvando-nos em homenagem diante Daquele a Quem ela representa. Então não estaremos viajando sozinhos, já que Ele está sempre ali.

O isolamento na vida oculta pode ser muito valioso, já que obviamente ele nos empurra de volta para nós mesmos. Por mais longo que ele pareça durar, é somente temporário e vai cessar quando o momento apropriado chegar e o carma permitir. Finalmente ele se torna o estado desejável quando pode ser chamado de "solitude".

As necessidades, demandas e distrações da vida diária também constituem testes severos e às vezes tornam impossível a concentração. Isto é compreensível. No entanto, elas também podem ser usadas para um bom propósito por seu uso organizado como meio de treinamento, especialmente na concentração. A pessoa começa a estabelecer o hábito de usar os momentos vagos para se colocar na presença do *Atma* dentro dela e assim desenvolve a habilidade de fazê-lo. Gradualmente, esta realização interna irá tornar-se uma parte constante da consciência, mesmo se necessariamente ela tiver que ser forçada para a experiência a maior parte do tempo.

Cada realização bem-sucedida na ioga demanda e depende da aplicação da vontade. Desejar é algo bom, mas somente a vontade produz resultados.

A rotina diária para o iogue aspirante

A vida oculta para as pessoas vivendo fora dos *ashrams* pode ser classificada em duas categorias. Uma é aquela vivida por um ocultista cujo carma lhe possibilita ser reservado e senhor de seus negócios e da conduta em todas as horas de sua vida. Ele é um felizardo enquanto esta liberdade for corretamente usada. Uma vida assim é rara nos dias de hoje.

A segunda é mais comum. Nela, deveres e responsabilidades pressionam o ocultista do lado externo. Estes distraem, privando-o do tempo para o estudo e a meditação, fazendo-o usar a vitalidade essencial para o sucesso e forçando a mente a se concentrar nos assuntos externos e não ocultistas. Quando um sentido de dever e de necessidade das coisas faz com que o ocultista viva uma vida assim – verdadeiramente de uma natureza de sacrifício – benefícios cármicos advêm, e o caminho está sendo aberto para a liberdade mais tarde; mas, com isso, a busca ordenada do ocultismo em seus aspectos espiritual, intelectual e físico torna-se quase impossível. Desta forma, as restrições produzem dois efeitos. Um é benéfico se aplicado a si mesmo por causa do dever, da compaixão e do serviço. O outro não causa dano mas uma obstrução, já que o tempo, a energia e a inclinação para a ioga podem ser diminuídos a um tal grau que na prática não mais existem.

Qual deveria ser, então, a rotina diária do iogue aspirante que é relativamente livre para viver a vida da ioga? Aqui vão algumas sugestões. Primeiro lembre-se de que a pura felicidade faz parte da vida oculta. Podemos, portanto, nos entregar legitimamente às alegrias da posse de uma casa e de um ambiente agradável. Por isto, não devemos nos esquecer de que não precisamos hesitar carmicamente a colher totalmente a felicidade que semeamos pelo serviço e pela abnegação.

Passemos agora a uma sugestão de rotina diária que seria útil estabelecermos, sendo uma idéia admirável para aqueles interessados. A manhã é o melhor momento para a meditação, portanto:

1. Ao acordar, levante-se, lave-se, vista-se, da forma mais leve e simples, e faça uma refeição apropriada, lembrando-se de que suco de fruta ou de legumes pode fazer bem, porém uma xícara de café não precisa ser rejeitada.

2. Acenda o incenso, coloque à vista os quadros sagrados, curve-se ou faça a sua saudação a eles de forma breve mas com concentração, repetindo talvez uma saudação composta especialmente. Mantenha flores diante das gravuras e faça um santuário e centro na privacidade de sua casa, pois por intermédio deste santuário, podemos sempre nos tornar acessíveis ao Mestre. Este deveria ser simples porém bonito.

3. Completada a saudação, vamos mergulhar de imediato naquilo que nós consideramos ioga.

A *Mantra-Ioga* e a *Raja-Ioga* combinadas podem ser apropriadas e podemos praticá-las com toda a lentidão que desejarmos, deixando um certo tempo entre cada fase para o silêncio mental ou receptividade intuitiva. Além disso, pode ser desejável desenvolver uma ioga de silêncio na qual é adotada a prática da tranqüilidade mental na aspiração intuitiva. Este é um tipo de dom que só é adquirido com a prática.

As diferentes afirmações em sânscrito **mantidas**, em vez de simplesmente pronunciadas na mente, podem ajudar nesta forma de ioga. As principais entre elas são:

(a) A Palavra Sagrada sozinha – *Aum,*
(b) *Soham,*
(c) *Tad Brahman,*
(d) *Tad Asmi,*
(e) *Aum Mani Padme Hum,* e frases em nossa língua tais como
(f) "Eu sou Aquilo, Aquilo sou Eu".

Cada uma destas, seguida pelo silêncio e concluída, paradoxalmente, em silêncio mental, será apropriada e efetiva. Temos de lembrar que a iluminação ocorre quando a mente está quieta, uma condição, a propósito, que não deve ser perseguida mas, ao contrário, permitida que aconteça.

Lembre-se também de que existem aqueles que, por sua própria natureza, são pessoas e Egos nos quais *Manas* é a verdadeira passagem, e a mente é o recipiente de sua iluminação, quer seja intuitiva ou clarividente naquele nível. Assim, a **compreensão** será a luz para eles, e esta faculdade orientará a compreensão interior da verdade e da Lei cósmica, em lugar da entrada transcendente em qualquer estado *Nirvânico*. A meta para este tipo de Ego é conhecer diretamente, sem dúvidas. Todos os outros *siddhis* estão disponíveis a eles, bem como a todos outros aspirantes que se esforçam e têm sucesso na ioga, mas esta é a sua tendência mais direta e natural.

4. Terminada a meditação, podemos tomar algum refresco, pensar, ou conversar sobre os assuntos do dia, e então voltar para algum estudo progressivo de acordo com a nossa escolha. Porém, o progresso real no conhecimento por meio do estudo da Teosofia é aconselhável.

   Este período pode ser dividido em duas partes, uma voltada para o ocultismo técnico e a outra para o misticismo da ioga indiana. Para um esforço mental, uma correlação sistemática dos dois assuntos seria interessante e valiosa. O autor sugere que o estudo dos livros de A.E. Powell, começando com o *Duplo Etérico* e progredindo nos outros[55], seria de grande valia a todos os estudantes sérios de ocultismo.

5. Provavelmente, o resto da manhã será devotado à casa, ao jardim, aos amigos, aos deveres e à felicidade.

6. O cuidado com nós mesmos e com o nosso vestuário, a preservação da saúde e aparência deveria ter o seu devido lugar na rotina do dia.

7. O hábito da privacidade e do descanso depois das refeições principais também é muito bom. Quando suficientemente descansados, podemos repetir a rotina matinal, com ou sem a ioga, de acordo com nosso interesse, inclinação e energia.

8. Antes de dormir, coloque à vista as gravuras sagradas e o santuário, acenda o incenso, repita a saudação com a maior concentração possível, curvando-se reverentemente diante das gravuras, e então se deite tranqüilamente refletindo sobre as palavras e seu significado.

---

[55] *O Corpo Astral, O Corpo Mental, O Corpo Causal e o Ego* e *O Sistema Solar*, Ed. Pensamento, SP.

Aqui vai a sugestão de um mantra, especialmente para a noite, apesar de ser útil a qualquer momento. Comece pensando sobre a Grande Fraternidade Branca como um todo e então volte seus pensamentos para o Grande Senhor de Amor e Compaixão, o Senhor Cristo. Pense então com amor e devoção sobre o Mestre que você se sente especialmente atraído. Depois que este pensamento estiver bem claro, mental e verbalmente, se você quiser, diga: "O *Atma*, que eu sou, é idêntico ao *Atma* em todo Adepto. Eu sou Aquilo. Aquilo sou eu."

A seguir fique em silêncio, mantendo aquele estado de consciência com a intenção de conseguir se identificar com ele, compartilhando sua luz e vida *Átmica*, reluzindo com a luz *Átmica* e envolvido com o poder *Átmico*. Isto também pode ser repetido de manhã, ao meio-dia e à noite.

9. Leia à vontade antes de dormir.

Considerações Gerais

A meta do iogue aspirante é a descoberta de seu próprio *Atma*. Isto é alcançado pensando constantemente sobre si mesmo como sendo *Átmico*, visualizando um centro *Átmico* e uma radiação deste no centro do cérebro, e realizando toda a ioga com esta atitude e percepção.

É bem verdade que, a princípio, esta será somente uma visualização, mas a prática regular, mantendo o pensamento de *Atma* em todos os seus significados, especialmente como o âmago da Auto-existência, será sempre benéfica.

A *Atma-Ioga* é a Ioga Soberana. É a ioga do Ser e da identidade com o Ser, sempre brilhando no coração do universo.

Coordenação, regularidade e uma prática prazerosa em vez de rígida trará a todos os que perseverarem a paz de coração e mente e o equilíbrio espiritual que são para todos os primeiros frutos.

Capítulo 5

Realização na Ioga

Resultados da vida meditativa

A prática regular deveria capacitar a pessoa a adquirir o estranho e aparentemente contraditório dom de tranqüilidade mental ativa e perceptiva. O grande iogue hindu, Sri Aurobindo, que morreu há alguns anos atrás, disse: "Todos os tipos de descobertas são feitos quando a máquina pensante pára. Se o poder de pensar é um presente extraordinário, o poder de **não pensar** é mais ainda. Deixe o buscador tentar só por cinco minutos e ele vai ver de que material ele é feito."

O principal objetivo da ioga é atingir a "unificação" consciente com seu próprio Ser espiritual, para desfrutar enquanto plenamente desperto e fisicamente consciente, de sua inspiração, orientação, alegria e bem-aventurança. Assim é aconselhável viver sempre como um ser espiritual e atuar daquele nível de consciência tanto quanto possível. Também ajuda começar a prática meditativa com afirmações como: "Eu não sou o corpo, as emoções e a mente. Sou uno com meu Ser espiritual, imortal, imperecível, eterno. Sou um Ser puro e reluzente. Eu Sou Aquilo. Aquilo sou eu. Invoco para a consciência do meu cérebro o poder, a vida e a consciência do meu Ser espiritual."[56] A seguir fique quieto num silêncio mental livre de pensamentos, enquanto o Ego inunda a personalidade com seu poder e vida, como ele sem dúvida fará, ainda que na natureza pessoal não estejamos conscientes de nenhuma mudança. Então, "O Ser em mim é uno com o Ser em Tudo. Eu sou Aquilo. Aquilo sou eu."

---

[56] Veja *A Yoga of Light*, de Geoffrey Hodson.

É a nossa alma, o Ego reencarnante, que realmente está envolvida em todo esforço espiritual. A personalidade se beneficia, é lógico, mas só de forma temporária e secundária, e durante esta vida. O Ego retém todos os benefícios – os frutos e as essências refinadas de todas as experiências – que ele armazena até que o Adeptado ou perfeição sejam alcançados, quando o renascimento acaba e a evolução continua nos mundos espirituais.

Consciência Egóica elevada e espiritual em pleno estado de vigília é rara, exceto para aqueles que foram iogues numa vida anterior e conseguiram mudar sua consciência do estado material para o espiritual. Os principiantes na ciência da auto-espiritualização, meditação e ioga são avisados para não esperarem nenhuma iluminação ofuscante ou experiência súbita de luz e exaltação maravilhosas, ainda que isto possa ocorrer, e ocorre, em raras ocasiões. Ao contrário, o desabrochar da consciência superior do Ego penetra gradualmente na consciência do cérebro, trazendo muitas experiências sutis.

Entre estas experiências pode estar uma profunda preocupação pelos outros, oriunda da realização da unidade. À medida que a pessoa sente esta preocupação compassiva pelos outros, sua vida pessoal torna-se Egóica e espiritualizada. O sentido interior de responsabilidade para com os outros demonstra esta consciência alcançada de unidade com todos. Esta não é uma virtude comum, mas o resultado de sentimentos muito profundos, muito aguçados e extremamente sensíveis. Um constante desabrochar inicia-se, incluindo uma corajosa resistência a muitas adversidades, psicológicas e objetivas, e um leal cumprimento do dever.

A pessoa deve desenvolver a perseverança espiritual, força física e integridade, e a fibra moral para enfrentar a tremenda pressão adicional que será colocada sobre a que já existe no corpo humano e na psique pela crescente sensibilização.

Ioga é também habilidade em ação. Isto inclui o uso estratégico do poder nas direções mais sábias para servir os muitos; a avaliação cuidadosa de nossos próprios motivos e ações para ver se são puros; o desenvolvimento da habilidade para ler o coração humano, incluindo em primeiro lugar o nosso próprio, tornando-se finalmente imune ao auto-engano; e, finalmente, a clara percepção de erros e fraudes, em si mesmo e, portanto, nos outros. Todos estes poderes são de grande importância e estão entre as fortes indicações de progresso na união com nosso Ego espiritual e sua influência sobre nós do interior.

A prática diária de meditação e ioga deveriam também tornar a pessoa mais alerta, com mais autocontrole, mais humana e compreensiva em todos os seus relacionamentos – incluindo os reinos subumanos da Natureza – bem como mais eficiente em todos os deveres da vida diária.

O fracasso em alcançar resultados rápidos e definitivos na experiência mística e oculta pode ser desencorajador, mas isto pode ser uma grande vantagem para o eu pessoal, pois sem uma forte base de altruísmo e força de caráter o futuro iogue, ainda que alcançando um certo grau de experiência mística e oculta, poderia mais tarde "despencar" das alturas com resultados desastrosos para a sua evolução.

Quer a pessoa experimente ou não fisicamente os frutos místicos e ocultos da vida meditativa, existe sempre um resultado nos corpos superfísicos. **Nem mesmo uma única ação correta da ioga é jamais improdutiva.**

Ainda que a substância do cérebro denso objetivo possa não admitir a luz interior à consciência física, os princípios superfísicos estão cientes e responsivos aos resultados de quaisquer esforços para a elevação por parte do aspirante.

Os resultados da ioga assumem diferentes formas, algumas das quais não são imediatamente percebidas, e são como se segue:

1. A consciência do cérebro-mente tende a se tornar tranqüila ou mesmo a se trancar em silêncio que pode, com o passar do tempo, ser induzido à vontade.

2. Um resultante relaxamento gradual dos músculos, nervos, órgãos interiores, e consciência elemental, até a total consciência pessoal, que passa por fases progressivas de imobilidade. Estas começam com a paz comum e o aquietamento da mente, levando a uma sensação de prazer. A disposição tranqüila muito natural se aprofunda e deve ter permissão para continuar até que o âmago interior da consciência participe da imobilidade um tanto fora do natural que se desenvolve. Esta é uma realizaçãoióguica, um resultado muito desejável.

3. Um estado de quietude tomará conta da mente caso tenha permissão para fazer isto. Esta é a porta de entrada para a superconsciência, que é normalmente adentrada somente quando a quietude se desenvolve.

4. Um sentido de existir como um centro de observação do ser, de "Seidade", observando os fenômenos da aquietação do quaternário inferior.

5. A transferência quieta, sem pressa e fácil da consciência corporal para a identidade Causal, tendo cuidado para não perturbar a tranqüilidade do eu mortal.

Passando por este portal de entrada, um ou mais dos estados místicos começam a ser adentrados. Num determinado momento, é alcançado o estágio em que a vontade pode impedir a retomada da consciência física com a concomitante perda da superfísica. Em outras palavras, a pessoa torna-se capaz de "ficar lá", completamente descontraída como se estivesse sentada no centro de uma sala bonita e agradável.

Deve ser lembrado que este estágio de equilíbrio desapegado **é** a consciência superior e um resultado da ioga bem-sucedida. Com a prática, períodos de aquietação mental e entrada na assim chamada "Sala do Silêncio" podem ser conseguidos. Isto requer um esforço constante, como ocorre com qualquer outra arte. Até mesmo um sucesso moderado traz um grande descanso ao sistema nervoso e um aprofundamento da paz da mente.

A prática é necessária para inibir a intrusão indevida na consciência de uma sucessão de idéias, pensamentos e memórias. Estas podem diminuir por si mesmas, o que geralmente ocorre. Uma condição de paralisação da mente, uma mente imóvel, se estabelece e deveria ser prolongada, como se absolutamente nada estivesse acontecendo nos níveis do pensamento. O corpo mental e a mente não estão mortos, mas a sua atividade está suspensa e reina o silêncio. Procure alcançar isto, mesmo que só por um momento ou dois inicialmente, simplesmente deixando a mente ficar quieta. Então, como se com a mente superior, cuide para que nenhuma perturbação apareça e nenhuma atividade do pensamento comece. A pessoa não deveria buscar nenhum outro resultado a não ser este silêncio, especialmente no início. Isto é, na verdade, um fim em si mesmo.

O aspirante deveria entrar mais e mais plenamente nesta maravilhosa comunhão com o Eu profundamente interior, verdadeiramente seu Ser Real. Uma espécie de repouso divino é o resultado, um aprofundamento da consciência como se um caminho tivesse sido encontrado para os recessos mais longínquos da Alma, para os quais, a partir daquele momento, ele poderia se refugiar quando quisesse.

O desenvolvimento da consciência superior

A integração do cérebro-mente é de início experimentada principalmente como estímulos e impulsos. Por fim, com a prática regular da ioga, estes alcançam alturas até então somente intuídas. Tudo isto gradualmente se concentra num aprofundamento da determinação ou resolução de entrar na Senda do Desenvolvimento Acelerado. Neste estágio a Mônada, o Ego e o cérebro estão se tornando uma unidade, enquanto no Adeptado este processo é cumprido e a consciência Macrocósmica é alcançada.

Enquanto isto, a maior parte do desenvolvimento continua inconscientemente, assim como as raízes de uma planta germinada, a semente ou centro de vida emerge e penetra dentro da escuridão do solo, onde a luz do Sol não as alcançam diretamente. Com a continuação fiel e constante da ioga, todo este processo continua até o cérebro – e certamente os órgãos, *chakras* e centros – tornam-se carregados, célula por célula, com forças e influências Egóicas, Monádicas, Planetárias e Zodiacais. Estas tornam-se gradualmente mais e mais Conscientes, em parte como energias vibrantes, em parte como um crescente idealismo, e em parte – e ainda mais satisfatório – como atividades Conscientemente realizadas, ou em termos místicos, como "Consciência Divina."

A pessoa deve lembrar-se de que o **cérebro** é o verdadeiro órgão de manifestação do intelecto Egóico e de *Mahat*, ou Inteligência universal. Não se deve permitir que coisa alguma venha a romper o maravilhoso sistema de restabelecimento dos Mistérios nos Templos "não feitos com as mãos"[57], ou seja, **idéias.**

Consciência Egóica

O Centro e a consciência Egóica preenchem e usam todo o **cérebro**, e assim não precisamos nos preocupar com uma localização precisa, apesar do terceiro ventrículo ser onde estão instalados o *Manas* Superior e assim a Inteligência e o aspecto "pensamento" do Ego. O aspirante pode pensar sobre ele como o "olho" do Ego. Realmente, todo este assunto do Ego no cérebro é de profunda importância.

Assim como podemos colocar nosso dedo abaixo da superfície da água e com sua ponta sentir a temperatura, assim também o Ego de certa forma coloca uma parte de sua consciência no cérebro. A ioga possibilita que ele seja cada vez mais capaz de agir e de ter mais consciência dentro do cérebro. Esta é em grande parte a importância da ioga, que é a preparação e uma oferenda do cérebro – e assim de toda a personalidade – ao Eu Interior.

---

[57] II Cor. 5:1.

Consciência do centro

O iogue bem-sucedido descobre que só existe um centro de existência no assim chamado coração do universo. Este centro não está de forma alguma associado ou limitado pelo conceito ou fato de uma localização particular. O centro indivisível não tem localização num sentido geográfico. Daí a afirmação de que o Princípio Eterno tem seu Centro em toda parte e sua circunferência em lugar algum.[58] Na verdade, estes dois termos, que não têm nenhum significado nos níveis mental concreto, descrevem estados de consciência acima do intelecto.

Esta é uma das barreiras ou dificuldades no caminho do iogue que procura a consciência do "centro", apesar dela ser construída e existir somente na mente. Daí o aforismo: "A mente é a grande assassina do Real. Que o discípulo mate a assassina." Ao passar esta barreira, que poderia ser denominada geométrica e geográfica, a mente humana não é eliminada, por assim dizer, mas colocada para dormir. Na verdade ela se encontra num estado de completo equilíbrio no qual não está nem ativa criativamente nem totalmente passiva, mas está como um receptáculo razoavelmente imobilizado ou parado.

Uma forma de superar estes dois hábitos mentais de atividade criativa e completa passividade é pensar silenciosamente e meditar sobre o que poderia ser chamado de "capacidade para estar em toda parte". Isto está além e acima de todos os processos de pensamento normais, exceto talvez aqueles dos níveis superiores da mente abstrata quando ela se funde em *Buddhi*. É esta fusão que é buscada, e uma característica de *Buddhi* é um estado de "estar em nenhum lugar", sendo este provavelmente o verdadeiro significado das palavras do Cristo que "... o Filho do Homem não tem onde descansar sua cabeça".[59] A consciência – ou mesmo o pensamento, se preferirmos – pode, com proveito, ser focalizada ou voltada para o estado de "estar em toda parte", "estar em nenhum lugar", ou "não ter circunferência", deixando a mente "mergulhar" sem pensamentos naquele estado e ficar ali o máximo de tempo possível. Por meio deste procedimento suplementaremos as outras práticas valiosas da ioga com o que poderia ser chamado de "Ioga do Centro". O aspirante deve lembrar-se de que **esta última é a meta,** e a primeira é somente um meio para ajudar a pessoa a alcançar este objetivo.

---

[58] H.P. Blavatsky.
[59] Mat. 8:20.

A carruagem movida pela serpente de Triptolemos[60] simboliza a *Kundalini* desperta, as rodas são os *chakras*, e as asas o poder gerado pela *Kundalini* subindo por meio de *Ida* e *Píngala*, o condutor da carruagem sendo o *Sushumna-nadi*. A grande dificuldade imposta sobre a consciência pela encarnação nos quatro corpos mortais, especialmente no físico, é que ela impõe sobre a consciência Egóica o conceito normalmente intransponível de localização e é isto que deve ser superado.

O estado de consciência de Buda

Apesar de todos estes estados de existência serem úteis, devendo ser objeto de meditação para se tornarem reais – "o estado de ser sem nação", "estar em toda parte", "estar fora do espaço", "não ter circunferência", "não ter nome", "estar fora do tempo" e "não ter posses" – lembrem-se de que eles estão todos arraigados na condição de não se ter existência própria inerente. A pessoa deve renunciar à idéia de existência autocentrada objetiva como todos os Adeptos fizeram, tendo "cessado de ser".[61]

Tendo alcançado isto, todos os outros estados de "não ser" advêm inevitavelmente. Em outras palavras, se não há absolutamente ninguém ali, mas somente uma totalidade indiferenciada (na plenitude se você preferir), então nenhum dos outros estados "positivos" pode existir. Aquilo que absolutamente não existe não tem lugar, posse, nome ou nacionalidade. Portanto, ainda que todos estes sejam passos úteis e válidos, o aspirante deveria tentar também alcançar o estado de "não ter corpo", "não ser nada".

Este é o estado de Buda que todos os iogues, qualquer que seja o seu grau de consciência espiritual, procuram alcançar – o desaparecimento do eu menor, e estado de não ser nada. A importância de um intenso interesse e esforço para alcançar esta consciência Causal advém do fato de que a pessoa pode experimentar este anseio. Muitos fizeram isto, e desta forma compreenderam intuitivamente a verdade da idéia. Isto quer dizer que todos aspirantes podem finalmente alcançar este estado de consciência. É impossível para a mente mover-se seriamente no sentido de alcançar a extinção do eu, a menos que a capacidade para fazer isto já tenha sido despertada nestas pessoas. Todos os que fazem isto estão no caminho certo que leva à maior realização, ou seja, ao desaparecimento da existência objetiva.

---

[60] Triptolemos: Iniciado dos Mistérios Eleusinos. Veja *The Concealed Wisdom in World Mythology*, p. 9, Geoffrey Hodson.

[61] *A Luz da Ásia*, Edwin Arnold.

Talvez seja útil contemplarmos seriamente a idéia de que todos os Mestres alcançaram este estado, mas em vez de desaparecer no "nada", Eles, com um esforço provavelmente tão grande como o que Lhes deu a realização, renunciaram ao prêmio. Por esta renúncia Eles se abstêm da vida *Nirvânica* plena por causa da humanidade, até que todos os outros também alcancem internamente esta mesma realização *Nirvânica*.

Aqueles que realmente tentam esta extinção do eu na meditação e na contemplação já tomaram a decisão – como Ego-Mônadas – mesmo se esta decisão ainda for inconsciente. Como não seria uma desgraça aceitar o Nirvana, tão pouco deveria ser considerado um triunfo recusá-lo. Estas diferenças perdem sentido naquele nível, certamente.

A decisão pode ser imaginada como tendo sido tomada há muito tempo pela experiência de uma existência totalmente misteriosa não separada – uma unidade além da compreensão. O fato de que uma pessoa pode conceber e ser levada a atingir a extinção completa da "Seidade" pode ser considerado como prova, digamos, de que ela pode ser atingida e que o caminho para o Nirvana já está sendo trilhado. O que é importante para o aspirante que alcançou este conceito de realidade e plenitude de um "estado de ser nada", é que ele substituiu esta dúvida por uma certeza interior de realização que lhe será útil manter.

A paz na ioga

Nada na Natureza jamais está parado. "A paz de Deus que transcende toda compreensão",[62] e as propriedades da Natureza que conferem paz quando não são perturbadas, não resultam nem do silêncio nem da tranqüilidade. Ambas são dinâmicas, sendo sua influência grandiosa e aquietadora derivada de seu absoluto equilíbrio, de forma semelhante a de um pião ou giroscópio. A inquietação é simplesmente um desequilíbrio com relação às forças equilibradas da Natureza. Temos que voltar à consciência Egóica para equilibrar as três *gunas* e as três correntes da *Kundalini* em termos de consciência e de força, baseando-nos no equilíbrio; realmente, a tentativa deveria ser feita para que pudéssemos entrar em nosso Ego, pensar e servir desta perspectiva.

Uma fração de segundo do tempo físico é representada no mundo mental por um período muito longo, e antes do iogue abrir a sua consciência ao estado e à iluminação Causal, ele deve sempre aquietar completamente a

---

[62] Fil. 4:7.

sua mente – e então aguardar. O tempo de quietude física pode ser somente momentâneo, mas quando a habilidade for adquirida, ele é suficientemente longo no tempo de quietude mortal para deixar o Ego "falar com o cérebro". "Quietude" não é bem a palavra certa, porque o silêncio tem que ser acompanhado pelo "vazio". Então, no "silêncio vazio", as idéias fluem ou aparecem, seja de nosso próprio Ego ou de outra fonte. Às vezes nada acontece porque nada precisa ser dito, ainda que neste caso a pessoa possa mergulhar no "vazio escuro" com um imenso descanso psicológico.

Nirvana

A aquietação mental é o verdadeiro segredo da clarividência correta e da recepção e descoberta por si mesmo das verdades ocultas, da sabedoria esotérica. Assim como a tela do cinema é um objeto imóvel, e deve ser assim para que o filme seja visível e nítido, da mesma forma a tela mental ou retina precisa ficar quieta, ainda que em estado de observação. Todo verdadeiro ato psíquico de percepção supernormal é precedido, ainda que instantânea e momentaneamente, por um período e estado de aquietação. Os videntes naturais têm o assim chamado dom desta aquietação mental, quer estejam conscientes disto ou não. Isto faz parte do segredo da visão e recepção superfísica.

O verdadeiro objetivo da ioga não é tanto o desenvolvimento destas faculdades, apesar de serem úteis, mas entrar no estado de consciência em que o princípio da unidade seja alcançado como a "Verdade Completa". Assim sendo, não se deve esperar uma iluminação fulgurante ou experiência *Nirvânica* ativa, mas um aprofundamento gradual do conhecimento e da realização de que esta unidade das coisas é o estado natural.

Esta descoberta e realização vai muito além dos outros *siddhis* em virtude e importância evolutiva. Estes últimos seguirão, no devido momento, apesar de mesmo eles serem dependentes, para serem totalmente úteis, do conhecimento interior de que toda a vida é una. Aconselha-se aos aspirantes acrescentarem este conhecimento à sua meta de unidade percebida do nível Causal para cima e a tudo o mais com relação ao desenvolvimento oculto que estejam buscando. Todos precisam em particular desta capacidade de aquietação mental, e adquirir a estranha e aparentemente contraditória faculdade de percepção ativa combinada com uma mente silenciosa.

Os aspirantes devem ponderar tudo isto por si mesmos até que isto se torne claro em seus próprios métodos de raciocinar. Todo projeto criativo é precedido naturalmente por um silêncio, de dentro do qual emana o pensamento conseqüente. Os Sábios nos dizem que a Emanação de um universo é precedida exatamente por este estado. Neste caso, a existência absoluta imanifestada leva à aparentemente contraditória "tranqüilidade ativa" da qual um Logos se emana, assim como no simbolismo da Cabala Adão-Kadmon[63] emerge de *Ain Soph Aur*. A partir daí, tudo segue-se naturalmente de acordo com a lei da necessidade lógica.

Como um exercício separado seria útil, talvez, praticar a quietude mental com base nestas idéias, mas não se deve esperar nenhum prodígio, somente um aprofundamento e uma compreensão gloriosa da unidade, que dá felicidade sem fenômenos. Esta é a meta, isto é Nirvana. E o *Samadhi* é simplesmente a absorção nisto, em qualquer grau que seja.

Consciência solar e o logos solar

A vida do Iniciado torna-se idealmente mística e oculta. Ainda que estas duas pareçam diferir, até mesmo serem opostas, elas realmente não o são. A vida mística refere-se à penetração consciente do Iniciado de forma cada vez mais profunda e plena na identidade percebida com aquilo que, para a mente, é *Ain* (nada) e que, com relação aos planos da mente e para a consciência neles, está "vazio", sendo na realidade todo-existente. A meta do aspirante à Iniciação é, portanto, a realização e o empenho em direção ao alívio máximo que ela obviamente assegura, livre do tempo, livre de lugar, livre do eu e livre de nomes.

Invocações à Fonte Recôndita, ao Rei Solar, propiciarão Sua graça e Sua bênção. Ao mesmo tempo, é aconselhável em nossos momentos vagos prestar homenagem reverente, dedicando-nos à Grande Fraternidade Branca de Adeptos e ao Grande Senhor do Sol Espiritual. Também será útil nos concedermos momentos de contemplação silenciosa Dele, para que no silêncio profundo Ele possa se revelar. Esta é a meta elevada que se encontra diante de todos os aspirantes sinceros às alturas Iniciáticas e para a qual todos labutam persistentemente.

A consciência de Deus talvez possa ser descrita como consciência Solar, já que para nós – de acordo com os ensinamentos da Sabedoria Antiga – O Logos Solar é a Divindade Suprema do universo, estando igualmente no alto dos céus acima e "profundamente" dentro de tudo o que existe aqui na Terra. O Espírito do Homem e o Espírito de Deus são o Mesmo Espírito Uno e nós somos Templos do Sol.

Em momentos de depressão, bem como de exaltação, seremos sempre elevados pela afirmação de unidade com o Sol em Sua natureza e Ser sete-

---

[63] Veja nota de rodapé da p. 125.

nário. Bem podemos nos identificar continuamente com Nosso Senhor o Sol e inundarmos nossa mente e coração com Sua santa e gloriosa radiação. Esta é a Luz Interna do Sol Espiritual – Hélio Basileuma, o brilho de Hélios,[64] o Reino do Sol, o Mais Elevado.

O oceano da vida universal

É no oceano sem margens da Vida eterna e universal que devemos mergulhar. Nada menos será suficiente e ainda que isto possa parecer como o desaparecimento completo, não é realmente assim, como a existência contínua de todo Adepto que o fez claramente demonstra.

Mergulhemos, portanto, em nossa própria vida interior, naquela Existência sem forma, sem tempo, sem lugar e sem limite. Devemos fazer isto mentalmente até mesmo quando continuamos a praticar as iogas que nos foram recomendadas. O aspirante vai então emergir, de cada vez, impregnado do Princípio da Vida Eterna do universo, mantendo assim sempre aberto seu próprio caminho interno para aquelas profundidades e alturas inomináveis.

O vôo da alma

A corrente *Sushumna* passa pacificamente pela consciência do Ego. Isto pode ser observado, mas não pode haver interferência. A partir deste momento, o iogue deve deixar todos estes processos acontecerem por si mesmos, seu centro de identidade sendo meramente levado ou compartilhado naturalmente com o estado elevado que, durante esta fase de desenvolvimento, pode e deve estar vazio de pensamentos. Gradualmente pode despertar no Ego a realização de um estado e poder ainda mais elevado que é *Atma*.

Sem esforço e da mesma maneira natural e tranqüila, deixe a luz deste Eu Mais Recôndito brilhar e ser percebida no interior, cuidando sempre para não deixar o pensamento entrar ou perturbar o estado de equilíbrio. Se qualquer movimento de consciência ocorrer, ele é meramente uma "rendição bem-vinda", sem pensamento.

Este é o estado exaltado que vai, pela repetição, tornar-se mais rico e incluir um sentimento de felicidade sem movimento, de ser um centro de

---

[64] Veja *A Vida de Cristo – do Nascimento à Ascensão*, G. Hodson, Ed. Teosófica, Brasília, 1999.

bem-aventurança para sempre, ou de luz e paz no silêncio, bem como de outras experiências místicas de identidade com o *Paramatma* ou a Deidade Suprema. Todo o ser terá então se tornado tão calmo que não estaremos preparados para perturbá-lo reentrando conscientemente na personalidade. Isto deve acontecer no final, ainda que deva ser sempre gradual, ajudado talvez pela entoação do *Aum*, induzindo lentamente a consciência física ordinária e abrindo os olhos. Toda esta experiência é denominada apropriadamente de "O Vôo da Alma".

O aspirante fica avisado que não deve prolongar demasiadamente estes estados elevados ou até o ponto em que ele tenha dificuldade para voltar, como ele bem pode experimentar.

Os iogues nos *ashrams* não fazem nada mais mágico do que simplesmente sair da personalidade num grau maior do que pode ser feito com segurança fora de um *ashram*. *Samadhi* pode ser descrito, deste ponto de vista, como a movimentação do foco de consciência.

Desta forma, o homem corporal recebe e conhece o "sabor" da consciência mais elevada. Deste momento em diante, ele sorve o vinho ou as águas da imortalidade, para se fundir ali finalmente. A pessoa não deve falar em se "perder" na absorção porque o sentido de identidade espiritual em sua forma mais refinada permanece, mesmo quando "a gota de orvalho mergulha no mar brilhante".

Capítulo 6

Correspondências

Equilíbrio no cosmo e no homem

A revelação essencial dos Mistérios Menores e Maiores é a mesma e se aplica igualmente ao Cosmo e ao homem. Em resumo, o equilíbrio dinâmico das forças opostas do Cosmo deve ser alcançado e estabelecido dentro do candidato ao Adeptado. O que o aspirante deve fazer é tornar-se uma reprodução perfeita do Cosmo – em seu próprio nível – e a seguir manter esta condição. Quando isto é feito – e este é o segredo da teurgia – os poderes do Cosmo fluem para o mágico, ficando à sua disposição, pois ele é simplesmente uma pessoa que aprendeu a usar estes poderes. A igualdade entre o universo e o homem é a Chave.

Assim como os *Logoi* Solares estabeleceram em si e por todos os planos de Seus domínios – o Macrocosmo – este equilíbrio absoluto e eterno é semelhante em harmonia a um pião rodopiando, mantendo assim Seus sistemas unidos, assim também o homem deve equilibrar as forças opostas em si até que seu "pequeno" universo – o microcosmo – seja também estabelecido numa estabilidade inabalável.

Isto, é lógico, se aplica tanto à condição de consciência em que os pares de opostos estão tão equilibrados que ela é indiferente a ambos, quanto à *Ida* e *Pingala* em todas suas conotações. Então a condição de consciência *Sushumna*[65] terá sido estabelecida, e o aspirante estará livre. Desta forma o microcosmo terá sido levado à mesma condição, com relação à consciência e às energias naturais nela, com o Macrocosmo. Os dois estão mutuamente sintonizados e assim as forças do maior estão a disposição do menor.

---

[65] Harmonizando o equilíbrio como no centro dos três *nadis* da coluna.

Todos os pilares simbólicos com suas peças de conexão; todos os portais com seus dois postes e vigas de conexão; todos os arcos com seus dois lados, os arcos de conexão com as pedras mestras; o símbolo de união no Egito; o caduceu na Grécia; Adão e Eva com Cain e Abel como filhos bom e mau; a serpente e a árvore; Jacó com Isaac e Esau; o Senhor Cristo entre os dois ladrões no Gólgota;[66] os anjos e os demônios puxando em direções opostas – todas essas são alegorias e símbolos da Grande Verdade do equilíbrio harmonioso essencial para a "liberdade".

O Adepto é uma pessoa que alcançou de forma completa e final este equilíbrio, para nunca mais ser perturbado, nem tampouco perder Seu poder. Esta é a diferença essencial entre o Iniciado *Arhat* e o *Asekha*. O *Arhat* ainda não alcançou plenamente o equilíbrio dinâmico; o *Asekha* sim, em consciência e em relação à união das forças de Sua natureza com a da própria Natureza. Ele tornou-se um caduceu vivo e perpétuo nos dois sentidos.

A diferença entre o místico e o ocultista é que o primeiro vê e sente a importância suprema do relacionamento correto, da "união com Deus no equilíbrio", e está menos preocupado com o conhecimento organizado. O ocultista, por sua vez, tem um temperamento que deve conhecer e compreender o *modus operandi* ao longo do caminho. Ainda que enfatizando corretamente a importância do Autoconhecimento místico em equilíbrio, não devemos menosprezar o caminho igualmente importante do conhecimento oculto e de seus frutos. Mais uma vez, o ideal é um equilíbrio de ambos – algo que alguns místicos podem se recusar a admitir.

Em tudo o que ocorre devemos alcançar um equilíbrio dinâmico – equilíbrio entre forças opostas, idéias e indivíduos. O aspirante deveria almejar sempre *Sushumna*. Como o Senhor Buda ensinou, devemos trilhar o caminho do meio no seu significado oculto bem como no filosófico. Os dois "ladrões" devem ficar equilibrados, um de cada lado, com o iogue no ar entre eles. O mundo pode pensar que a pessoa foi crucificada, mas na verdade ela foi coroada.

As profundas experiências da vida, de felicidade e tristeza em encarnações passadas e na atual, capacitam o aspirante a alcançar este equilíbrio. Devemos tê-lo sempre em mente como um ideal, e procurar lembrá-lo em todas as emergências, trabalhando nele até ser totalmente alcançado. É o coração dos Mistérios, a grande Chave oculta, o significado interno do Tarô e do Nobre Caminho Óctuplo.

---

[66] Gólgota. Veja *A Vida de Cristo, do Nascimento à Ascensão,* Geoffrey Hodson.

Continência mental e física

A virtude da continência de mente e de corpo é totalmente essencial a este processo de criação que deve ocorrer dentro do corpo Causal, resultando na formação do Iniciado de Quarto e de Quinto Grau, elevando-se como Vênus[67] da espuma. Pois a espuma é água arejada, e na alegoria está implícita a emoção espiritualizada no microcosmo e a matéria purificada no Macrocosmo. Para que este nascimento interior místico e oculto, e a impregnação *Átmica* da "semente" no corpo Causal possam ocorrer, a descida de *Fohat* no homem deve ser limitada ao plano Causal. Enquanto sua radiação brilha no cérebro físico para produzir a genialidade, as capacidades mentais e os poderes, o fogo não deve descer abaixo do terceiro subplano (a partir de cima) do plano e do corpo Causal, *Manas* Superior no homem. Pois esta é a verdadeira mãe, a *Devaki*, a *Maya* ou a *Mara* do *Arhat-Adepto*, o útero no qual ele é concebido, passa sua gestação e se desenvolve, e do qual nasce no momento determinado.

O desperdício do fogo *Átmico* fisicamente, como na indulgência sexual excessiva, consome e destrói espiritualmente sua potencialidade, pois ele passa como um relâmpago pelos veículos superiores sem afetá-los espiritualmente. Além disso, a concomitante experiência emocional impede o "espumar das águas astrais" e, portanto, o verdadeiro nascimento de dentro delas da consciência e poder *Búdicos* e mais tarde *Átmicos*. O Sol com todos seus sete princípios está envolvido no processo criativo espiritual, pois é realmente o fogo solar, o *Fohat* setenário que é o verdadeiro agente gerador, e o *Adepto-Arhat* nasce em virtude de sua atividade.

Os Sete Regentes estão todos intimamente envolvidos no desenvolvimento do Ego do homem desde a Individualização e, mais especialmente, da aceitação do idealismo e da frutificação *Átmica*, na Grande Iniciação e a seguir. Assim, as forças solares estão cada vez mais intimamente envolvidas com o desenvolvimento Egóico que o Iniciado leva a cabo em si mesmo, à medida que a ascensão é feita ao longo das Cinco Iniciações. A renúncia à procriação e a adoção final irrevogável da continência são essenciais para esta ascensão, que resulta na obtenção da verdadeira imortalidade física. A longevidade física, também, depende da continência, que deve ter sido habitual por um certo período necessário antes que a mão da morte seja sustada pela vontade do Adepto e o corpo mantido vivo além daquele momento crítico em que, em circunstâncias normais, ele teria morrido. A assim cha-

---

[67] Vênus: Deusa romana do amor.

mada ambrosia dos Deuses que concede imortalidade, o Elixir da Vida dos alquimistas é, na verdade, *Fohat*, o fogo criativo "bebido" pelo Ego no cálice do corpo Causal.

Com a continência a taça Causal mantém seu conteúdo *Fohático*. Conseqüentemente, os princípios *Búdico* e *Átmico* se desenvolvem e por meio de seu poder os mundos inferiores – os planos *rupa* – são conquistados, e os corpos humanos do homem nestes planos se tornam completamente subservientes à vontade do Iniciado. Todos os que fazem o voto de continência são nazaritas ou "reservados" para serem agentes ou veículos dos aspectos *Búdicos* e *Átmicos* do Logos Solar e da Grande Fraternidade Branca.

A compreensão da ioga

A ioga praticada físico-mentalmente consiste essencialmente na afirmação, enquanto a ioga efetuada no plano Causal consiste na compreensão; a ioga nos níveis supracausais é simplesmente o puro Ser, existência em sua essência máxima. Nos mundos *rupa*, planetas, Signos, Poderes e Inteligências são na verdade externos ao iogue. O cântico mântrico une o que se encontra fora com a consciência do iogue, fazendo uma ponte entre os dois e levando-os a um tal grau de sintonia que o homem, em seu cérebro, sabe não só que eles existem mas que, misteriosamente, fazem parte de si mesmo, sendo ao mesmo tempo externos.

No nível Causal a exterioridade de qualquer coisa começa a diminuir, como se toda a criação estivesse à beira ou no limiar da radiação Causal, sintonizada com diferentes áreas ali, pairando como se fora pronta para ser atraída para o centro de consciência ao comando do iogue. Neste nível praticamente não há como se apoiar no Mestre, na Fraternidade, no Rei e nos Poderes extraterrestres. Misteriosamente, Eles estão facilmente ao alcance, e o Adepto mantém continuamente o contato com Eles por meio da matéria representativa de Seu corpo Causal. Como esta cobre uma área de mais ou menos três quilômetros de diâmetro, existe um amplo espaço para as diferentes freqüências e para os Representantes ou Embaixadores dos Grandes Seres e Senhores. Para o Adepto Eles não são exteriores, mas fazem parte de Si mesmo.

A única diferença entre um ser humano na Terra e um Senhor cósmico reside na faixa ou freqüência vibratória e nada mais. A essência interior de cada um e de todas as coisas é a mesma – o *Atma* universal ou *Paramatma*. Na consciência *Átmica* não existe nem mesmo o sentido de uma aura individual. O universo é a aura de cada *Mahatma*, e os termos "distância", "diferença", "separado" e "outro" não têm nenhum sentido. É esta percepção que é gradualmente obtida à medida que a ioga é praticada e as Iniciações são obtidas. O aspirante pode começar a *Atma-Ioga* procurando adentrar-se nesta experiência e usando a consciência Causal com seus atributos como uma ponte.

Nos níveis Causal e inferiores, o conceito de entrada é tão verdadeiro como o de saída. Em *Atma*, cessam os movimentos, de forma totalmente inexplicável e incompreensível para a mente formal. Com o esforço mental, no entanto, e procurando apreender as condições e estados Causal e supramental, um caminho é aberto para a consciência do mundo e das condições *rupa* para *arupa*.

É aconselhável lermos tudo o que pudermos sobre *Atma* e meditarmos sobre isto como o centro eterno de nosso próprio ser, idêntico com o de todos os outros que, portanto, cessam de ser "outros". O Adepto vive continuamente neste estado de consciência e realização, apesar de ainda ter de atuar dentro das limitações e de planos e dimensões nos quais Ele tem corpos. Porém, Ele pode retirar-se à vontade para dentro de Si mesmo, e o faz, tornando-se instantaneamente tranqüilo e permanecendo em paz.

Todos os aspirantes à suprema realização devem aprender a fazer o mesmo – ou seja, mergulhar à vontade na pura essência de seu ser que é, na verdade, sem som, sem movimento e virtualmente além do tempo. Isto é *Atma-Ioga,* e o *Aum* continua sendo o portal de passagem *mântrico*; porém, depois de entoá-lo, a quietude deve reinar; pois *Atma*, devemos lembrar, é imóvel. Aqueles que procuram descobrir seu Regente Interior Imortal e se identificar com o Deus interior bem podem usar qualquer adversidade externa como uma razão adicional para buscar, encontrar e entrar na realidade interior, onde há paz.

Mantras e a árvore da vida áurica[68]

Um efeito de cantar corretamente a Palavra Sagrada é levar o microcosmo a um relacionamento direto com o Macrocosmo, despertando desta forma dentro do Envoltório Áurico a atividade daqueles poderes Macrocósmicos que se tornaram animados no iogue. Cabalisticamente, o diagrama da Árvore Áurica da Vida mostra, como um padrão na aura humana, o grau em

---

[68] Para uma exposição mais ampla da Árvore *Sephirotal* e dos termos cabalísticos nela usados, veja *O Reino dos Deuses,* G. Hodson, Ed. Pensamento-SP, Vol. III, Cap. 4; e *The Hidden Wisdom in the Holy Bible,* Vol. IV, Apend. A, Geoffrey Hodson.

que os Centros da Vida *Sephirothal* estão despertos e as correntes de fogo seguindo os caminhos indicados.

Tiphereth é o centro desta atividade e, de acordo com sua posição no mapa, suas representações dentro dos *Chakras* do Coração "lança-se à vida", como foi representado pelo jovem deus Apolo na mitologia grega e nos Mistérios Gregos – um personificação do Logos Solar e de sua "Presença" desperta no Iniciado. Seus corcéis são as forças *Foháticas* em movimento constante ao longo de suas trilhas ordenadas, enquanto sua carruagem é o Envoltório Áurico. Ele próprio é a Mônada-Ego em seu aspecto Sol, que representa principalmente certas correntes de fogo *Átmico*. Estas descem de Kether para o pilar central na sexta *Sephira* – *Tiphereth* – e irradiam a partir daí, uma parte para cima às cinco superiores, e uma parte para baixo às quatro inferiores – portanto, os quatro corcéis de certa forma.

Este é o Apolo Phoebus[69] dentro do coração, o Deus-Sol microcósmico que, ao alvorecer – o despertar da consciência Egóica – "se eleva" e passa por cima dos céus de leste para oeste, significando por toda a Natureza, lançando luz sobre todo seu Sistema Solar, os centros planetários ou *Sephiras* dentro do Envoltório Áurico. A Iniciação deslancha esta jornada do Deus-Sol, irradiando fogo solar e luz solar por todo o microcosmo, ocorrendo sempre quando o Sol está em seu meridiano.[70] Nas Iniciações menores, como dos franco-maçons, o processo começa de forma bem suave para os principiantes, alcançando uma crescente plenitude de acordo com a estatura evolutiva e os graus anteriores nos Mistérios.[71]

As grandes Iniciações proporcionam a plena iluminação. Uma das qualificações de um Hierofante consiste na habilidade de trazer e manter o Sol interior do Iniciado – o Eu Interior – ao seu meridiano, e a lua por sua vez – a personalidade – à condição de luz imarcescível.

Os Regentes de cada planeta da Árvore da Vida são representados em cada ser humano e se comunicam por meio de seus Agentes dentro do Envoltório Áurico e das freqüências vibratórias correspondentes em cada *chakra*; pois existe uma Presença de Deus em cada *chakra*. Na Iniciação

---

[69] Apolo Phoebus (Gr.): Apolo como o Sol, "a luz da vida e do mundo" (e assim) o Deus da Verdade. (H.P. Blavatsky)

[70] Meridiano: A posição do Sol ao meio-dia e portanto com poder máximo. "Com a prática da Contemplação, a Vontade Divina no homem, sua fonte de poder e luz espiritual, é levada ao seu poder máximo, capacitando o homem mortal a superar os inimigos da Alma e alcançar a paz." Cf. Josh. 10:12-14. Veja *A Vida de Cristo do Nascimento à Ascensão*, Geoffrey Hodson.

[71] A Maçonaria Mista Internacional é considerada como uma sobrevivente dos Antigos Mistérios. Veja *At the Sign of the Square and Compasses,* Geoffrey Hodson.

este Ser interior "se desperta do sono", entra em comunicação vibratória com o Regente do planeta ao qual aquele *chakra* corresponde. Esta é uma progressão gradual, a Primeira Iniciação trazendo somente um número limitado ou Centros *Sephirothais* à vida de acordo com o horóscopo do Iniciado, que é uma compilação dos desenvolvimentos e das realizações anteriores. No Adepto, toda a Árvore da Vida está totalmente ativa e, como um todo e em cada parte, o microcosmo e o Macrocosmo estão interagindo como uma unidade em termos de consciência e de energia ou força *Fohática*. Por isto, a Árvore da Vida Áurica é uma das grandes chaves.

Cada *Sephira* é uma síntese das dez com seus próprios poderes e atributos acentuados. *Malkuth-Yesod* representa o poder focalizado e concentrado do todo no átomo físico e nos corpos do homem. Tudo está igualmente presente ali, e a acentuação ocorre somente de acordo com a estatura evolutiva e o carma da pessoa.

O processo de fusão, que já ocorreu na humanidade em *Malkuth* e *Yesod*, continua até que todos são unos em *Kether*. Isto ocorre naturalmente na Raça final e de forma forçada no Iniciado.

Quando os centros planetários entram em atuação, o caminho está aberto para uma atividade semelhante mas muito mais intensa pelas correspondências com os Poderes e as Inteligências Zodiacais. Os Regentes Planetários devem, porém, tornar-se ativos inicialmente no microcosmo, pois então Eles podem servir como condutores para as Inteligências e os atributos Zodiacais correspondentes. É por isto que é dito que planetas "regem" Signos, o que é uma anomalia já que o menor não pode reger o maior.

No seu devido tempo, a dualidade se dissolve tornando-se uma unidade inteiramente funcional de *chakras*, planetas e Poderes Zodiacais no homem, no Sistema Solar e no Cosmo, sendo esta a meta da evolução humana e super-humana.

Graus nos Mistérios e nas Iniciações sucessivas podem ser apresentados em termos de progresso em direção a esta dissolução das partes como unidades separadas na totalidade do todo cósmico. Isto é obtido somente no plano de *Adi* de qualquer Sistema, no que concerne à consciência. *Kether* corresponde a *Adi* seja humana, planetária, Solar, ou de extensões sucessivamente mais elevadas.

A Árvore da Vida Áurica é um mapa acurado da aura mostrando as áreas nos corpos sutis que estão vibrando em sintonia com os Regentes dos planetas e das Constelações; pois aqueles Regentes se denotam, e de uma certa forma se apresentam, na aura do homem. São de forma similar representados no corpo físico, nos vários tecidos, membros e órgãos que vibram em uníssono com eles. **A verdadeira** ioga é deliberadamente projetada para despertar a um grau maior de responsividade estes centros planetários e Zodiacais de poder, vida, inteligência e influência. Quando a Palavra Sagrada é entoada com conhecimento e intensidade total, os Regentes correspondentes despertam dentro da aura e do Eu invisível. Então, estes cintilam e brilham com as cores correspondentes. Desta maneira, o Macrocosmo e o microcosmo tornam-se interligados vibracionalmente.

Uma grande paz de coração e mente, de total quietude de corpo e aura, é essencial para partir os "filtros" atômicos nos corpos sutis. Estes são refinados e purificados, como são as tubulações, *nadis* e canais para o fluxo da *Kundalini* por meio da *Mantra-Ioga* bem-sucedida.

Para aqueles no limiar do Adeptado, um período de retiro oculto é necessário, durante o qual o Instrutor pode ajudar, fisicamente, nos estágios finais da Auto-iluminação. Neste ínterim, porém, o candidato-iogue deve continuar com a ioga indicada para ele até o limite de sua energia física e mental.

Um dia será descoberto que cada mantra individual que foi entoado desempenhou o seu papel preparatório em "afastar a rocha"[72] do "sepulcro" da carne. Tudo o que é feito durante os períodos imediatos da prática da vida sagrada, e especialmente a prática da ioga, dará mais tarde frutos maravilhosos.

Todo Iniciado – servidor dedicado da humanidade e da Fraternidade de Adeptos, especialmente aquele que tiver se dedicado sem egoísmo a ajudar o Plano do Logos para o homem – experimenta em sua própria vida as preparações e os cerimoniais das Grandes Iniciações, que em suas origens estão relacionados aos Grandes Mistérios que continuam para sempre.

A ativação dos poderes correspondentes na iniciação

Depois da Primeira Grande Iniciação, torna-se possível e necessário que as áreas Zodiacais, Solares e Planetárias no corpo Causal e os poderes microcósmicos do Ego sejam conscientemente ligados e levados a uma correspondência operativa com os grandes *Dhyan Chohans* Macrocósmicos de cada uma dessas regiões, pois estes grandes Senhores têm Suas representações germinais ou potenciais no corpo Causal de cada Ser humano. Esta correspondência consiste de matéria do plano mental superior que é capaz de vibrar nas faixas de cada um desses Seres. Quando, durante a Primeira

---

[72] Luc. 24:2.

Grande Iniciação, esta torna-se ativa, ela confere ao Ego o conhecimento consciente Deles, a capacidade de manifestar Seus poderes, qualidades e atributos, e, por fim, de ser conscientemente unido a Eles.

O propósito último da ioga é colocar estas potencialidades inerentes ativamente em operação antes do tempo evolutivo normal. Durante a ioga, o pensamento de entrar em sintonia consciente com os Senhores espirituais correspondentes deveria estar, portanto, presente na mente. Para alcançar isto, durante a meditação a pessoa eleva a consciência, pela imaginação, ao nível do Logos Solar e à unidade com Ele e, por meio Dele, com os Senhores ou Arcanjos de cada um dos dez principais planetas. O pensamento deveria se estender e **penetrar** Neles, afirmando a unidade interior.

Antes da Primeira Grande Iniciação ter sido conferida, esta representação está dormente porém presente no corpo Causal. Nem a matéria nem a consciência associada com ela foi eletricamente estimulada até aquela ocasião. As "lâmpadas coloridas"[73] estão ali, mas as várias correntes ainda não foram "ligadas". Conseqüentemente, o Ego humano está limitado aos seus próprios poderes inatos e suas conexões planetárias com os anjos e os Adeptos. Existe, no entanto, a possibilidade de um *flash* pré-Iniciático de consciência cósmica.

Plotino descreve este estado interior da seguinte maneira: "Neste Mundo Inteligível tudo é transparente. Nenhuma sombra limita a visão. Todas as essências vêm e interpenetram-se umas nas outras nas profundezas mais íntimas de sua natureza. Luz se encontra com Luz em toda parte. Cada ser contém em si todo o Mundo Inteligível e também o observa por inteiro em cada ser particular. Todas as coisas ali estão localizadas em toda parte. Cada coisa ali é tudo, e tudo é cada coisa; um esplendor infinito se irradia por toda parte. Tudo é grande, pois ali até o pequeno é grande. Este mundo tem o seu sol e suas estrelas; cada estrela é um sol e todos os sóis são estrelas. Cada um deles, enquanto brilha com seu próprio esplendor reflete a luz dos outros. Ali reside o movimento puro; pois Ele que produz o movimento, não lhe sendo estranho, não o perturba em sua produção. O descanso é perfeito, porque ele não é combinado com qualquer princípio de perturbação. A beleza é inteiramente bela ali, porque ela não habita naquilo que não é bonito (isto é, a matéria)."[74]

Não é preciso dizer que o autor não pretende absolutamente sugerir que tais escritores não tenham sido admitidos aos Mistérios Menores ou Maiores em vidas anteriores.

---

[73] Veja p. 59.
[74] *Ennead V*, Oitavo Tratado, n° 4, de Plotino.

Na Iniciação, a maravilhosa "usina" do Ego no corpo Causal recebe o impulso que lhe capacita a desenvolver e experimentar cada vez mais suas correspondências e capacidades extraplanetárias. A corrente é "ligada" e as diferentes "lâmpadas coloridas" começam a reluzir. Os *Dhyan Chohans* correspondentes tornam-se cientes deste fato e interagem entre Eles, e Sua representação no Ego começa. A meta para o iogue-Iniciado é a plena realização da unidade com os *Dhyan Chohans* do Sol, dos planetas e do Zodíaco, e algumas das assim chamadas estrelas fixas. Conseqüentemente, os poderes destes Senhores e dos princípios superfísicos e físicos do Sol, dos planetas e dos Signos são desenvolvidos pelo Iniciado, que gradativamente aprende a usá-los e, como um Adepto, a conhecer a Si mesmo como sendo uno com Eles e um Agente para aqueles poderes.

Neste nível de consciência, Causal e mais elevado, a distância no espaço perde seu significado. À medida que a unidade com a vida, consciência e os próprios Arcanjos dos corpos celestes é experimentada, eles estão, como se fora, "perto" ou mais corretamente "dentro" da periferia de cada um. Quando em meditação, portanto, é desejável que em cada estágio a mente seja elevada aos planos e Arcanjos correspondentes e apropriados, com a intenção de alcançar a unidade com eles. Devemos **nos tornar** o Sol, os planetas e as constelações. As correspondências são então cada vez mais operativas, o microcosmo e o Macrocosmo manifestando sua unidade e identidade.

Uma conseqüência desta experiência, mesmo no início, é que os atributos beneficentes, que concedem poderes destes corpos celestiais, e seus Arcanjos, são recebidos no Eu Superior, a quem eles então dão poder. Elos particulares indicados em horóscopos natal e progressivos também operam mais intensamente e de uma maneira inteiramente construtiva, sendo cada configuração benéfica.

Muito naturalmente, tudo isto afeta de forma bastante favorável os veículos pessoais. O iogue-Iniciado se abre para o Cosmo e percebe a unidade nele. Isto faz parte, e é completamente dependente, da renúncia de *ahamkara* – orgulho intelectual, separatividade e ambição pessoal – pois o indivíduo se entrega ao todo, para se tornar por fim conscientemente uno com ele. Os aspirantes deveriam, portanto, elevar-se da terra aos céus, assumindo "as asas da manhã"[75] e, segurando o caduceu, tornar-se o Hermes que é o mensageiro entre o microcosmo e o Macrocosmo.

---

[75] Sal. 139:8-9.

Os portais da alma

Os portais da Alma operam em duas direções. Quando abertos de dentro para fora, eles colocam a consciência aprisionada livre das limitações da matéria. A partir daí, à medida que o sucesso na ioga aumenta, eles também se abrem para dentro, agindo como portões giratórios e permitindo a entrada dos Poderes e das Inteligências do universo na mente e na Alma.

Os *Pitris Asura, Agnishvatta* e *Barhishad* fecharam aqueles portões de forma muito eficiente para que o Eu dentro da cela da prisão não pudesse escapar para o seu lugar de origem pelo qual ele anseia sempre. Este Ego então se associa com a prisão, aceita suas limitações e aprende o valor do poder do pensamento firmemente focalizado e da consciência que o aprisionamento concede.

Uma vez aprendida esta lição, o Ego se determina a exercitar seu direito de ser livre. Então os Iniciados do planeta levam a cabo a tarefa contrária e desfazem o trabalho dos *Pitris,* colocando o Ego aprisionado no caminho da liberdade. Um por um, na devida ordem e sucessão, os portões são abertos pelo próprio prisioneiro sob a orientação Deles. Os portões que são abertos permitem o afluxo dos Poderes dos planos e dos planetas e permitem um ponto de apoio mais firme aos Poderes dentro da prisão. Assim, a ioga assume uma importância suprema. É a única maneira de Autolibertação acelerada.

O sucesso é assegurado àqueles que persistem. Todos os Poderes espirituais no universo estão do lado do prisioneiro que está procurando se libertar. Uma vez que ele tenha tomado a decisão de escapar de toda a servidão dos veículos inferiores, voltando a face de sua Alma em direção à Luz, os Iniciados, Adeptos e *Dhyan Chohans* tornam-se seus aliados e irmãos, cada qual o ajudando na estrada da Autolibertação.

Isto ocorre não somente devido à compaixão e preocupação fraterna, mas também porque ninguém no Cosmo pode estar completamente livre enquanto uma Alma permanecer acorrentada. Portanto, todos estão totalmente interessados no progresso e sucesso de cada Alma individual desperta ou que está despertando.

Os Senhores dos Planetas e os Regentes dos Sete Globos Sagrados em particular, Eles mesmos estão em prisões, de dimensões muito mais amplas do que as dos homens, mas ainda assim prisões. Somente o Absoluto é livre. Todo Ser manifestado está numa prisão com o Tempo como carcereiro. O Cosmo está tão intimamente trançado, tão unido e é essencialmente uma única unidade, que o aprisionamento de um ser faz parte do aprisionamento de todos. Segue-se, portanto, que a liberação de cada um interessa e ganha a cooperação de todos; pois somos todos um.

O maior agente libertador é o conhecimento transformado pela experiência em realidade – total e inabalável – de que **a individualidade é uma ilusão e somente a unidade é verdade.** Este é o solvente universal que ao ser aplicado derrete "as paredes da prisão" – o verdadeiro propósito da alquimia.

A vida mental e física do iogue deve se conformar à realização da unidade. A Mãe Natureza assiste neste processo. É ela quem dirige os passos de sua criança – a personalidade-Ego – que está aprendendo a "andar". Como serva do carma, a criada de Saturno,[76] ela providencia as condições e circunstâncias para que, no que Saturno permite e decreta, a vida física possa ser razoavelmente bem adaptada para atender as demandas do iogue. As circunstâncias atuam sobre o aspirante aparentemente ao acaso, mas na verdade de acordo com a Lei.

Alguns aspirantes são livres para se tornarem eremitas, monges ou freiras, e o destino os leva ao recolhimento. Ali, em silêncio e solidão, eles desenvolvem seus poderes e abrem as portas da Alma. Outros devem permanecer ainda para cumprir seus destinos entre os homens, para servir a humanidade e ajudar no trabalho da Fraternidade dos Adeptos. Mesmo estes encontram suas vidas arrumadas de tal maneira que uma certa medida de privacidade e liberdade é concedida para estes propósitos interiores. O próprio trabalho também conduz à autoliberação, porque ele demanda autodisciplina e, reduzindo a quantidade de carma desfavorável, gera poderes com capacidade de alcançar a liberdade e as oportunidades sob a Lei.

A mente deve se fixar na libertação e, invocando a ajuda de seus Seniores na evolução, o aspirante continua com o cumprimento de seus deveres como um servidor da Fraternidade da melhor forma possível. Isto e a purificação e o controle de nossa vida terrena são os melhores meios para a Autoliberação. Deve ser lembrado que este último objetivo é o propósito supremo da ioga, a consecução de poderes sendo de importância secundária. Devemos aspirar à Autoliberação para que, na verdade, "a gota de orvalho se funda no oceano brilhante".

É este desejo interior, ardente e propositado, que leva à condição de *Arhat* e ao Nirvana. A aspiração à liberdade é o caminho, ioga é o meio, e o serviço aos outros é a lei. Aqueles que estão sendo ajudados por seus Seniores na evolução deverão, por sua vez, ajudar seus juniores, para que as for-

---

[76] Salmos 139:8-9.

ças que estão afluindo possam encontrar sua devida expressão por meio do iogue e tornarem-se estabelecidas nele.

De um modo geral, as vidas que são vividas entre os homens são as mais frutíferas e ajudam a acelerar o processo em direção à libertação. Elas ajudam também a limpar o caminho cármico para vidas em recolhimento. Uma combinação das duas é o ideal, ou seja, enquanto vivendo e servindo no mundo, viver também a vida de um iogue. Esta é a mais difícil, ainda que a melhor de todas as vidas.

Os portais para a libertação

O homem está profundamente aprisionado dentro de "paredes" sucessivas e concêntricas. O Adepto que alcançou recentemente a meta livrou-se de algumas destas, e Seu Adeptado consiste nesta realização, mais do que na posse de poderes. Sua natureza é livre da obsessão totalmente errônea, característica de todos os homens abaixo de Seu nível, que Ele é uma entidade auto-separada.

O *Chohan* e o *Maha-Chohan* da Sexta e da Sétima Iniciações livraram-se de outros grilhões alcançando a liberdade que se estende além do planeta e, no último caso, do Sistema Solar. O Buda da Oitava Iniciação está livre além do Sistema Solar, mas não alcança o Cosmo como um todo. Na Nona Iniciação, a matéria, como um elemento limitador e envolvente da existência, perde seu poder sobre a consciência elevada através de *Atma* até *Anupadaka,* com *Adi* ao alcance por meio da ioga. A partir de então somente o filme do *Maha-Tattva* limita o alcance da consciência.

As paredes aprisionadoras, começando com a mais densa, podem ser enumeradas como a seguir:

1. Um corpo físico com glândulas no cérebro como portais.

2. O corpo astro-mental com *chakras* como portais.

3. O próprio corpo Causal com seus atributos de "Seidade" conferidos aos três veículos inferiores e com o Ego Tríplice interior como portais.

4. O planeta com seus planos e seus Regentes como portais.

5. O Sistema Solar com o Senhor do Sol e os Regentes dos planetas e os servidores interplanetários como portais.

6. O Cosmo Sírius com Logos, Senhores de Constelações e servidores intermediários como portais.

7. Agrupamentos além de Sírius com Seus *Logoi* e Arcanjos correspondentes como portais.

8. Finalmente, o supracósmico *Maha-Tattva*, o primeiro filme formado de substância diferenciada envolvendo toda a criação e com *Adhi-Buda* como portal levando ao Absoluto desconhecido, à aparentemente impossível "Luz Escura" e ao "Som Silencioso".

A ioga para a qual o Iniciado persistente é introduzido mais cedo ou mais tarde enquanto o corpo dorme, é a que se refere aos caminhos para a libertação e ensina os métodos de usá-los um a um. O Iniciado é apresentado aos Senhores dos Planos, é aceito por Eles como um Irmão, e lhe é conferido acesso aos poderes e aos portais de Seus planos respectivos. O Iniciado, atuando principalmente no corpo Causal e ocasionalmente descendo ao *Manas* formal, se ajusta e se sintoniza a estas Ordens de Seres. Gradativamente ao longo dos anos, com a velocidade determinada principalmente pelo grau de realização em vidas anteriores, ele aprende a estender a consciência adiante por estas "vias" ou correntes de poder especializado até a liberdade a que elas levam.

No Quarto Estágio, o do *Arhat*, o processo se estende por métodos semelhantes ao Logos de Sírius e aos grandes Senhores de certas Constelações conhecidas como os Signos do Zodíaco. Nestes níveis, as freqüências oscilatórias são tão altas que só muito gradualmente o conhecimento e poder resultante podem ter permissão para entrar no corpo mental e, por meio dele, ainda mais tarde, no cérebro. Este, em parte, é o campo de pesquisa e da experiência ióguica do Iniciado movido por inclinações esotéricas e capacitado com os devidos poderes.

Se o termo "Observatório Oculto" fosse usado, ele não indicaria nenhuma instituição astronômica. Na verdade ele se refere a um planetário cósmico, que não foi feito com as mãos, para o estudo das ciências alquímicas, astrológicas e psico-espirituais; pois estas, em grande parte, estão relacionadas com a interação entre os corpos celestes e seus Regentes de um lado, e o planeta Terra e sua Raça humana de outro. Esta é a verdadeira ciência das ciências e, no que concerne ao estudante, tem como seu objetivo principal a descoberta e o uso destes diferentes "portais".

O corpo Causal do homem é uma síntese dos poderes e das freqüências vibratórias de todos os planos que se encontram ali, do *Atma* ao físico. Portanto, é no nível Causal que o estudo do Iniciado é levado a cabo e onde é praticada a ioga apropriada. Deste nível, sem perder a consciência Causal, o Iniciado é capaz de "mergulhar", tornar-se consciente e usar os poderes dos três veículos inferiores, mais especificamente do astro-mental, dentro da Veste de Luz, o veículo para *Atma-Buddhi-Manas*. Durante este processo, a consciência é retida dentro da Veste de Luz.

A ioga dada ao Iniciado por seu Guru tem como intenção ligar muito gradualmente o físico com o Causal para que, após despertar, o corpo físico possa compartilhar dos frutos do trabalho feito nos mundos e corpos superfísicos enquanto ele dormia. De uma forma geral, o objetivo último é a consciência cósmica, que pode ser descrita como conhecimento dos planos, sucessivamente do Sol e dos planetas, de Sírius e dos Signos do Zodíaco, alcançando por meio deles a percepção "do Absoluto"[77]. Gradativamente, o conhecimento que é adquirido no nível Causal deverá ser examinado fisicamente e assimilado. A partir de então, as resistências ou barreiras à consciência superior serão removidas e os "portões" irão tornar-se verdadeiros portais para a liberdade.

Esta é uma imensa tarefa que ocupa todo o ciclo da vida – na verdade, muitos ciclos de vidas. Ela não deve ser apressada imprudentemente, pois o tecido físico, quando seriamente prejudicado, não pode ser inteiramente reparado. Se as células de qualquer uma das glândulas superiores: pineal, pituitária, tálamo e hipotálamo, por exemplo, forem danificadas, então aquele portal particular pode fechar-se e assim permanecer até a próxima vida. Contudo, resultados **estarão** sendo produzidos, pois cada ação correta da ioga designada por um Adepto avança o processo de Autoliberação.

Vidas anteriores de experiência monástica ou de convento podem ser muito valiosas para o aspirante dos dias de hoje. Uma parte dos frutos particulares daquelas vidas é que, quando bem-sucedidas, elas conferem um poder peculiar e às vezes imensamente valioso sobre o Ego. A qualidade resultante levada às personalidades sucessivas pode ser descrita como **uma irresistível finalidade de determinação**.

Nas Escolas de Mistério do Egito, Grécia e outros países antigos, os neófitos e Iniciados aprendiam os métodos cerimoniais pelos quais os grupos de Correspondências eram retratados pelos Oficiantes e pelos Ritos nas Cerimônias do Templo – pois todos os Ritos dos Mistérios, Maiores e Menores, dependiam do que são chamados aqui de portais. Cada Oficiante representava uma ou mais glândulas, *chakras*, planos, planetas, Constelações e as Inteligências associadas com elas.[78]

---

[77] Presumivelmente, o totalmente incondicionado. O "auge" de toda evolução possível. Uma Realidade imortal e sem limites; o Infinito sem fronteiras.

[78] Para referências adicionais aos Mistérios Antigos, veja *Illuminations of the Mystery Tradition,* compilado dos escritos de Geoffrey Hodson por Sandra Hodson.

A natureza cósmica do homem – o coração dos mistérios

O elemento ou qualidade planetária em termos de capacidade vibratória, características e poderes no homem, que inclui aquelas do Sol, existe como materiais a partir dos quais todos os corpos são construídos. Alguns deles têm preponderância em corpos particulares e subplanos da matéria naqueles corpos, mas todos estão presentes em cada corpo.

Podemos pensar a respeito deles quase como instintos, poderes naturais de responsividade, todos subconscientes, especialmente no que concerne à mente-cérebro até o estágio de Aceitação. Neste estágio, a unificação dos veículos pessoais com os do Mestre desperta as Correspondências a uma atividade maior que são conscientemente experimentadas pelo Ego. Isto ocorre porque no Adepto todos os poderes estão totalmente ativos e são usados conscientemente. O fato da Aceitação, entre outras coisas, desperta as Correspondências à ação consciente. Na Iniciação, o processo torna-se totalmente consciente em partes do Ego-*Manas*.

Alguns dos Regentes dos planetas, por meio de Seus Representantes ou Embaixadores na Terra, recebem o Iniciado em audiência. Elos definitivos são estabelecidos com os diferentes veículos do Regente do planeta e seus Senhores *táttvicos* que despertam estes Poderes planetários à atividade nos veículos correspondentes, como um todo e por subplanos, no Iniciado.

Entre a Primeira e a Segunda Iniciações o candidato torna estas Correspondências operacionais e aprende a usar os poderes apropriados à medida que eles se tornam disponíveis. Conseqüentemente, a partir da Aceitação, novas faculdades e capacidades se mostram. O Sol é representado pelo Iniciador Uno e é por isto que, no sentido mais mecânico, Seu consentimento deve ser obtido e Sua Estrela deve brilhar. A Estrela que a partir de então brilha acima da cabeça do Iniciado representa sua própria Mônada-*Atma*, O Senhor do Mundo, o Logos Solar, e a linhagem ou Hierarquia de Servidores por meio dos quais o Logos Solar oficia.

Em geral, os corpos *Búdico* e *Manásico* (não tanto a consciência neles) representam o Princípio Feminino no homem – os princípios receptivo, gestante e reprodutivo no Ego. Mercúrio, num aspecto, representa o instinto feminino que invoca e se estende ao alto. O bastão, e portanto a *Kundalini* puramente humana, pessoal e Egóica, quando desperta ocultamente e direcionada para cima, é o poder gerador tríplice.

Despertar a *Kundalini* é invocar o poder descendente, frutificador e masculino de *Atma*, o grande varão na procriação Egóica. Elementos na

Mônada-*Atma* unem-se criativamente com elementos em *Buddhi-Manas*[79] para produzir uma condição nestes últimos que capacita o Ego a funcionar nos corpos associados no nível *Búdico*: para tornar-se um ser *Búdico*, como se fora, para ser nascido no mundo *Búdico*, para atuar supermentalmente ou super-humanamente e assim iniciar o processo de tornar-se um Super-homem. Tudo isto é gerador no sentido sublimado. Gabriel é o raio *Átmico* e Maria é *Buddhi-Manas,* com a *Kundalini* suficientemente desperta, uma condição referida alegoricamente em todas as profecias e no ministério de João, o Batista.

Os Egos dos iogues cantam e meditam com eles. Para eles não há ilusão de distância dos Mestres. Eles conhecem a unidade do Cosmo como um todo, vivem em permanente consciência deste fato, e atuam por meio dela conscientemente no cumprimento de sua parte do Grande Trabalho. Conseqüentemente eles estão presentes no aspirante como poder, consciência, atributos específicos e como potencialidades em cada célula do corpo físico. Este é um dos significados profundamente velados dos sonhos de José. Os Patriarcas e as doze tribos dos Hebreus,[80] e Jesus e os doze Apóstolos, espelham um único indivíduo com os doze Poderes Zodiacais e os de seus Regentes Planetários que residem dentro deles. No caso de José, Jesus e alguns dos Patriarcas, aqueles poderes são despertados e seus possuidores tornam-se cientes do fato.

A tarefa do iogue é de gradativamente chegar a entender sua própria natureza cósmica, saber que não há dentro e fora, que não existem planetas, estrelas e seus Regentes, distantes e perto, mas que todos estão nele e ele em todos. Este é o coração dos Mistérios e a completa realização disto é a meta de cada Iniciado. A vida externa no mundo com pessoas ao seu redor, apesar de importante como um campo de treinamento e de serviço, é bem menos significativa do que a atividade destes poderes dentro dele e sua gradual compreensão de sua presença.

Pense num constante intercâmbio por ondas de rádio entre você e os planetas, os dois Sóis e os Signos, cada Regente usando, em geral, o corpo, a glândula e o *chakra* correspondente. Tudo isto é organizado e preciso como um equipamento elétrico. Os Regentes, lembre-se, são nossos Irmãos Mais Velhos. As Suas correntes de vida fluem em nós, as nossas fluem Neles, os dois conjuntos sendo intimamente interligados.

---

[79] *Buddhi-Manas*: Inteligência abstrata e intuitiva combinadas.
[80] Veja *The Hidden Wisdom in the Holy Bible,* Vol. II, pp. 262-3, Geoffrey Hodson.

Dhyani-Buddha

O *Dhyani-Buddha* de cada Mônada-Ego na Terra constitui-se a mais sublime e misteriosa das existências. Ele é supra-Solar e supra-Sirius. Ele não é tolhido por nenhuma ordem cósmica, não é limitado pelo tempo cósmico, e é livre de diferenciação dentro do espaço cósmico. Do ponto de vista cósmico, ele parece compartilhar da Existência Absoluta, ainda que do ponto de vista do Absoluto, ele é finito e condicionado.

Ele participa dos frutos evolutivos de mais de um Sistema Solar e portanto de mais de uma individualidade. Pode ser tido como um sol com muitos raios brilhando pelas águas da vida e do espaço em muitos vasos solares e, por meio de seus raios, retirando como vapor *Átmico* a fina essência das flores e dos frutos dos processos involutivos e evolutivos ocorrendo em cada um destes vasos.

Ele é imóvel, absorvido na contemplação do Absoluto ou do "estado-de-nada". Ele é sem tempo e dura para sempre, reentrando no Absoluto somente na última era do *Maha-Manvantara*, emergindo ainda no estado meditativo no primeiro instante do *Manvantara*. Ele faz parte do Primeiro-Nascido. É o Unigênito, a Essência mais recôndita no atemporal de cada Mônada.

Simbolicamente, o *Dhyani-Buddha* está sentado perpetuamente em contemplação do *Samadhi*, imóvel, exceto que simbolicamente ele "segura um rosário e dedilha suas contas", cada conta é uma Ordem da Criação, um Sistema Solar, um Universo, um Cosmo. Ao longo de uma infindável série de *Manvantaras* e *Pralayas,* o *Dhyani-Buddha* "dedilha suas contas", estando ao mesmo tempo dentro da conta e no entanto acima e além dela.

Quando a Iniciação começa, o contato entre a Mônada e o *Dhyani-Buddha* torna-se mais próximo. Os dois pólos da existência se aproximam. O Ego Iniciado recebe interiormente sugestões e relances de intuição concernentes a ambos, e começa a ser influenciado por eles. Assim como todos os pares ou dualidades da manifestação da mesma unidade de existência devem ser finalmente unidos, assim também, após a Primeira Iniciação, a Mônada e o Ego se aproximam, para tornarem-se virtualmente unos no Grau de *Maha-Chohan*. A partir de então, o *Dhyani-Buddha* ocupa uma posição com relação à Mônada que aquela unidade ocupava anteriormente com relação ao Ego, e o Ego ocupava com relação ao homem antes de sua entrada no Caminho Probatório.

Portanto, vamos viver e procurar perceber o *Paramatma Maha-Manvantárico* cósmico, que é a mais alta Essência espiritual no plano cósmico de *Adi* da totalidade dos universos manifestados como também daqueles que estão atualmente em *Pralaya*. Este é o mais alto estado de consciência possível e é, em termos dos nossos planos, quarenta e nove vezes distante do nosso físico e quarenta e duas vezes distante do nosso *Adi*. A contemplação dele nos abre ao nosso próprio *Adi-Buddha*, o Eu celestial de muitos *Maha-Manvantaras* precedentes, sempre posicionado no mais alto ou bem próximo dali e, no entanto, Automanifesto como um fragmento, por meio da Mônada, do Ego e da personalidade quando encarnado em universos sucessivos, até que aquele fragmento atinja um *status* equivalente e seja recolhido em si mesmo.

Faz bem pensarmos sobre o *Dhyani-Buddha* e nos alçarmos em sua direção, nos tornando, ainda que apenas de forma diminuta, mais sensíveis a ele. O Poder começa então a descer dali, e quando isto começa a ser percebido de alguma forma, o Adeptado está perto. Assim como a Mônada está para o corpo, assim também em parte está o *Dhyani-Buddha* para a Mônada. O Adepto em consciência corpórea conhece o *Dhyani-Buddha*. As Iniciações depois da *Asekha* levam a uma união cada vez mais íntima e ao conhecimento deste verdadeiro habitante do Mais Recôndito *Maha*-Cósmico.

Capítulo 7
A Vida Oculta

O serviço e a vida oculta

O registro que o aspirante ao Discipulado escreve nas páginas do "Livro Imperecível" refere-se quase que exclusivamente aos momentos e às ações quando ele está a serviço da Fraternidade e da humanidade. O resto de suas ações em sua vida diária são, na sua maioria, de seu interesse privado, e ele deve sempre se lembrar disso. A Fraternidade não espreita a privacidade das personalidades de seus trabalhadores. Eles estão muito acima e além disso.

Ainda mais, lamentações indevidas de parte dos candidatos a discípulos impedem o desenvolvimento da consciência e o livre uso desta faculdade. O ocultista deixa que os mortos enterrem os mortos. São os anos após anos de serviço verdadeiro, fiel e eficiente e o genuíno trabalho duro – freqüentemente em meio à fadiga e à indisposição – que conta para Eles, e entra no crédito do aspirante com a Fraternidade. As maiores realizações e o progresso real em direção à luz eterna são ocasionados por todos os esforços sinceros e dedicados para se preparar e então agir teosoficamente. Estes são os pontos altos e eles são muitos em número.

Somos levados a acreditar que a posição mais alta que uma pessoa pode ocupar na Fraternidade é ser conhecida como um trabalhador com quem Eles podem contar qualquer que seja o custo para si mesmo. Isto não é só para nos encorajar e sustentar como servidores, mas também para colocar nossos pensamentos na devida perspectiva com relação a nós mesmos, nosso progresso futuro na Senda, e com respeito às nossas encarnações particulares como *Jivas* ou Egos Espirituais. Uma visão verdadeira é de grande auxílio, enquanto uma excessivamente colorida ou escura pode ser danosa para o nosso desenvolvimento.

Os Mestres naturalmente esperam e apreciam a apresentação constante e consistente ao mundo destes princípios que, na sabedoria da Fraternidade, o mundo precisa ouvir. Assim sendo, vamos indicá-los, procurando imprimi-los nas mentes de homens e mulheres, moços e moças, que o fermento da Teosofia fará com que o intelecto "cresça" de *Manas* para *Buddhi* e então para *Atma*; porque esta é a maior necessidade do mundo.

A senda: algumas qualificações

O trabalho do aspirante deve ser admirável e, se for unidirecionado, então todo progresso está aberto para ele. Fixando seus olhos na Estrela do Santuário, vivendo sob ela e dentro de seus raios luminosos, ele será elevado e levará todos os homens consigo para a luz. O ideal é sempre aprofundar e reforçar a nossa determinação e unidirecionamento, e nos mantermos sempre com uma reserva de postura e poder, em Auto-recolhimento. Assim, todos atingiremos a meta se persistirmos num estado sereno de elevação. Além disso, persistência em face a dificuldades terríveis é uma qualidade de coração e mente que deve ser desenvolvida pela pessoa que deseja tornar-se um ocultista prático. Esta é uma qualidade e um poder necessários no ocultismo e tornam-se omnipotência no Adepto.

Resignação, como um poder positivo, é a chave para a passagem com êxito pelas adversidades, grandes e pequenas. A resistência só complica e atrasa o reequilíbrio da balança sob a lei cármica. Seja resignado, recue, retraia-se, fique quieto, internamente em paz, não se incomodando em absoluto: esta é a atitude ideal em face a afrontas e grosserias, as quais são testes para o aspirante que está sendo pesado na balança, em preparação para o avanço.

Um Iniciado dos Mistérios Menores tem que pensar nas qualificações necessárias para entrar nos Mistérios Maiores. Este passo requer certas características, a principal das quais é o total desapego de todos os objetos da forma. O aspirante deve se emancipar ao máximo possível de toda fascinação da forma que possa ainda tolhê-lo, e deve renunciar a todas as gratificações da forma. Isto é essencial para o sucesso, pois o verdadeiro Iniciado está neste mundo, mas não é do mundo.

Quando isto for alcançado a Estrela da Iniciação deverá brilhar sobre a cabeça do aspirante, e depois disso as responsabilidades para ajudar a humanidade serão colocadas cada vez mais nos ombros do novo Iniciado, à medida que ele compartilha o pesado fardo do sofrimento da humanidade e procura suavizá-lo um pouco, como todo Iniciado deve fazer. Todos seus poderes – ocultos e físicos – serão necessários para esta grande tarefa, porque o sofrimento continuará sendo a sina do Iniciado abaixo do nível de Adepto. Os Iniciados são homens e mulheres do sofrimento, mas a força e a luz lhes serão dadas em abundância enquanto eles fizerem a sua parte. Eles terão que ser Hércules tanto em quantidade como em qualidade, porém todos seus trabalhos são conhecidos. O manto de Nessus[81] deve ser usado por cada um deles; eles não morrem, mas sofrem e vivem. Os antigos gregos também sabiam disso.

Os candidatos à Iniciação têm que se movimentar estrategicamente como um exército indo para a batalha, e as forças relacionadas são as qualidades de caráter, as faculdades desenvolvidas e as possibilidades cármicas. Estas três devem ser empregadas da melhor forma possível e, como foi dito, estrategicamente.

A força do zelo para obter fins espirituais deve ser sempre empregada de forma sensata, pois o zelo é um poder irresistível. Ele eleva o devoto acima de todos os obstáculos e leva-o através de todas as dores, como aqueles que têm zelo vão compreender. O zelo é o que vai transportar o aspirante à suprema realização, como sendo o fogo interior que dá o poder para as atividades da mente e do cérebro. É esta qualidade de zelo que capacita o instrutor a exaltar e inspirar outras pessoas, a retirá-las da apatia e de ficar à deriva, e as estimular com ambições nobres – uma faculdade muito valiosa em todos os instrutores dos homens.

O equilíbrio, no entanto, também é necessário na expressão do zelo e deve ser desenvolvido pela alma aspirante; porque o equilíbrio propicia a sabedoria no trabalho e mantém a personalidade sintonizada com o Ego e suscetível ao direcionamento Egóico. Portanto, é sensato nunca se jogar abruptamente à ação, a menos que exista a certeza de que é o Ego e não o corpo astral que impele. É aconselhável fazer uma pausa sempre que possível, e aguardar indicações de dentro de nosso ser e do Mestre, sabendo que em todas as decisões e ações importantes – especialmente para o benefício da Sociedade Teosófica – a orientação necessária não deixará de chegar. Então a pessoa poderá agir com zelo, **mas nunca apressadamente.** Na pressa erros são cometidos, especialmente pelos filhos do zelo! Assim sendo, a chave estratégica é o equilíbrio, e a garantia é o silêncio quando nos sentirmos fortemente tocados ou inseguros.

---

[81] Veja *The Concealed Wisdom in World Mythology,*cap. 3, Geoffrey Hodson.

"Aguarde o Senhor" e a sabedoria será certamente sua e, portanto, o sucesso também. Porque a sabedoria casada com o zelo tem como filho a habilidade na ação, e a habilidade na ação é a meta da ioga para o aspirante. "O equilíbrio é chamado de ioga". Grave esta frase no cérebro e inscreva-a no coração que aspira ardentemente e tudo irá bem; pois do equilíbrio nasce a serenidade.

Tome então o caminho da vontade. Este é acima de tudo cheio do fogo de *Atma,* e as necessidades devem manifestar este fogo fisicamente. Este é o caminho Hierofântico, e tornar-se um Hierofante é a meta.

Como monarcas, os Egos governam e atingem seus objetivos por força de sua vontade interna. A soberania temporal atinge seu pico na vida de reis e rainhas. Este desenvolvimento da vontade leva ao crescimento da vontade *Átmica* como um poder Egóico e com freqüência à vontade própria, como um atributo pessoal. O uso estratégico desta grande força demanda que a vontade pessoal renda-se à vontade Egóica, pois muitas adversidades e limitações aparecem com o uso demasiadamente pessoal da vontade. O aspirante, com a vontade como meta, tem que voltar esta vontade para si mesmo e usá-la a serviço da Fraternidade. Este é o conhecimento que tem que ser gravado na mente e no coração.

Arrancar da rocha a espada da vontade *Átmica* – este é o coração de todas as outras qualidades, o fio flamejante no qual estas qualidades estão penduradas como jóias vivas e no qual outras serão colocadas. Com esta vontade *Átmica,* o aspirante deverá um dia, como Hierofante, iniciar aqueles que mais tarde virão solicitar a ele admissão nas fileiras. É o poder do Mestre, o Príncipe Rakoczy, *Chohan* do Sétimo Raio, e é principalmente com esta qualidade no aspirante ao serviço da Fraternidade que o Chefe do Sétimo Raio está preocupado.

O discipulado e a preservação do silêncio

Apresentar a Teosofia sob seu melhor ângulo pela vivência, pela escrita e pela voz é o maior serviço que uma pessoa pode oferecer à Grande Causa Una da iluminação humana.

Apesar de seus erros, a humanidade está a caminho e marchando em direção à sua grande meta de colaboração mundial. O símbolo do Cristo crucificado, ainda vivo e sangrando em agonia, tipifica toda a humanidade durante a longa era em que o domínio da mente inferior está sendo quebrado e a proclamação do reinado da superior está sendo efetuada e ratificada. Todos as pessoas de qualquer denominação ou grupo que ensinam as verdades da Sabedoria Antiga, sem medo e sem favorecimentos, estão na linha de frente da grande batalha, e este é em grande parte o propósito subjacente da vida humana.

Devemos nos lembrar constantemente, sempre que o ritmo estiver sendo forçado nestes caminhos, que é o Ego espiritual dentro de nós o responsável pelo desenvolvimento oculto da pessoa integral e não somente o homem ou a mulher físicos, que inevitavelmente parecem como retardatários, especialmente quando estão vivendo no mundo exterior em vez de num *ashram* ou Santuário. Isto constitui-se num *dharma* ou modo de vida muito difícil, que freqüentemente traz graves tensões e pressões, mas que traz ao homem ao mesmo tempo seu maior tesouro – o desenvolvimento espiritual acelerado, o Discipulado, e a Iniciação antes da massa da Raça humana.

O Adepto em cada Iniciado, por assim dizer, apesar de não estar inteiramente formado dentro do ovo simbólico, começa no entanto a bater na casca e experimenta o estado exaltado, antes de estar necessariamente pronto para emergir.

Cada Iniciado dos Mistérios vive uma vida secreta. Só seu Mestre e seus Seniores conhecem todos os fatos. Todos os outros, incluindo seus colegas de mesmo nível, devem ser deixados no escuro com relação a sua vida interior. Isto não é tanto uma ordem como uma lei da Natureza. Os segredos mais recônditos da vida do Iniciado são incomunicáveis até mesmo para seus irmãos no Santuário.

Porém, quando o mundo exterior é a morada, então a necessidade de segredo torna-se vital. Esta vale tanto para a proteção dos outros, que só iriam compreender e interpretar mal, e assim usar mal o conhecimento e o seu possuidor, como para a proteção do próprio Iniciado. Assim um véu de aparente franqueza e simplicidade, mesmo de excessiva simplicidade, é empregado para esconder a verdade interna. É por isto que os Iniciados se permitem aparentar aos homens como sendo tolos, daí o título de "Parsifal" ou inteiramente tolo. Se os fatos reais da vida do ocultista fossem conhecidos no mundo exterior, os homens iriam considerá-lo como um tolo ainda maior do que ele se permite ser considerado.

Não há nenhuma desonra nesta "encenação", pois o seu motivo é preservar os segredos do Santuário pela fidelidade ao Voto, e proteger a humanidade dos males resultantes da revelação prematura dos segredos da vida oculta.

A prática de controle do pensamento e controle da palavra envolvida na manutenção do segredo é uma excelente disciplina.

Aqueles que são bem-sucedidos e que evitam as armadilhas do orgulho e das fofocas, preservando invioláveis o Silêncio do Santuário e o segredo relacionado com as coisas privadas que acontecem "na Montanha", demonstram uma quase total ausência de orgulho *ahamkárico*: que faz com que a pessoa anseie por respeito e mesmo por adulação, procurando obtê-los por reivindicações ocultas – o que é um grande erro.

Ajuda dos Mestres

Lembrem-se de que para as pessoas dedicadas, as circunstâncias exteriores espelham as condições, as mudanças e os eventos internos. A liberdade, fuga e entrada corporal em novos lugares têm correspondências com a liberdade e a expansão de consciência, resultante do progresso evolutivo e a interação das influências astrológicas. Para o ocultista, a viagem pelo mundo é tanto interna como externa, ainda que a primeira possa ser perdida de vista a menos que seja lembrada pela prática diária.

Quando uma pessoa entrega a si mesmo e a sua vida aos Mestres e à Fraternidade, os segredos mais recônditos da Alma são desnudados diante Deles. Todo centro ou fonte de sofrimento é conhecida e, mais importante, cada anseio interno e intensa aspiração, sementes do futuro Adeptado, são observados, cuidados e tidos em conta como as qualidades mais importantes.

Os Mestres dão mais atenção às aspirações e aos anseios profundos de seus discípulos do que ao seu dia a dia pessoal e mesmo às suas atividades e vidas ano a ano. Estes últimos passam e o carma toma conta deles. Os primeiros representam a rica promessa do futuro Adeptado e, por meio deste, a elevação da humanidade com que a Fraternidade está profundamente preocupada. Eles não podem quebrar os ciclos cármicos de causa e efeito, mas podem amenizar e suavizar os golpes do destino chamando as boas ações e seus frutos em tempos de adversidade, trazendo ajuda nos momentos de necessidade, companheirismo na solidão e encorajamento nos momentos de desespero. Eles fazem isso quando a pessoa é dedicada e não está mais vivendo para si mesma.

Assim sendo, os discípulos são conhecidos e compreendidos até o âmago do seu ser onde o mais elevado e sagrado é encontrado. Os Mestres também vêem seu futuro não só para esta vida, mas para as vindouras. Eles reforçam a vontade, direcionam os passos influenciando a mente e o pensamento, dando muita atenção àqueles sob Seus cuidados. Tudo isto pertence ao mundo oculto e à vida oculta, que devem ser buscados pelo estudo, pelo pensamento, pela ioga e pelo serviço.

A vida humana e a evolução – especialmente a evolução acelerada – é em grande parte uma questão para o Ego no corpo Causal, para o mundo Causal e suas condições especiais e peculiares de consciência. Este é o campo em que os Instrutores da Raça Humana estão primordialmente engajados.

O Ego é imortal; a sede dos processos evolutivos tem uma existência contínua na qual o tempo exerce uma parte pequena ainda que importante. O Instrutor-Adepto observa os aspirantes e ajuda-os principalmente, mas não exclusivamente, neste nível. Em alguns casos um exame mais próximo da vida pessoal e ajuda na vida pessoal ocorrem; porém, os Adeptos acham que a ajuda aos Egos é a forma mais eficiente de servir à humanidade, especialmente aos membros despertos da Raça humana. A ausência de inspiração Egóica e de força oculta, por exemplo, nunca devem ser tomadas como uma diminuição do interesse do Mestre pelo aspirante; pois este aumenta quando o laço é efetuado.

O Guru ou o Mestre, seja em forma física, superfísica, ou ambas, exerce uma parte importante nas realizações de Seu discípulo, as mais elevadas das quais não são normalmente atingidas nesta Quarta Ronda sem Sua ajuda. Existem hiatos na consciência que, com raras exceções no início, o devoto não pode transpor por si mesmo. Um destes hiatos existe entre o Causal e o *Átmico*, e se o Princípio *Búdico* não estiver suficientemente desperto e funcionando, a Mônada não pode alcançar o Ego, e vice-versa, num grau suficiente.

O Mestre transpõe este hiato compartilhando Seu próprio *Buddhi* com o discípulo,[82] sendo isto parte do ministério do Senhor Maitreya ou Cristo em favor de toda a humanidade. Infelizmente, neste estágio da evolução humana, a vasta maioria dos seres humanos não pode responder plenamente à influência do Cristo seja de fora ou de dentro deles; pois a humanidade em

---

[82] Veja *Light of the Sanctuary, The Occult Diary of Geoffrey Hodson*, pp. 200-5, compilado por Sandra Hodson.

geral ainda não aprendeu a atuar no corpo Causal com algum grau de consciência real. No entanto, o Senhor continua Sua ajuda interior.

Porém, quando o devoto alcança o estágio em que está procurando conhecimento e luz, sente a determinação de obtê-los, e busca um Guru, está assegurado que o Ego está atuando conscientemente no corpo Causal. Ele pode então responder ao Guru como uma ponte celeste entre Mônada-*Atma* por um lado, e *Manas* Superior e inferior por outro. Neste caso também, quer o discípulo experimente isto ou não, o hiato profundamente interior é superado e a velocidade da evolução é consideravelmente acelerada. Num certo sentido, o Mestre "eleva" o discípulo como o Senhor prometeu que Ele faria se Ele fosse elevado.[83]

Ainda que o estímulo das espirilas[84] seja importante, ele é, no entanto, inicialmente em grande parte acadêmico, porque ocorre automaticamente de acordo com o grau em que o aspirante mantém suas contemplações ióguicas e seu modo de vida. Assim, compreendemos que, após a Aceitação se não antes, o Mestre não está mais realmente separado do discípulo. Nos níveis *arupa* eles estão sempre juntos, ou seja, intimamente sintonizados com um "aparelho de rádio" espiritual que está perpetuamente "ligado".

Este tratado seria incompleto se não lhe fosse acrescentado a parte extremamente importante que o carma exerce no processo. Felizmente, o Mestre nunca muda, qualquer que seja o carma do discípulo e suas dificuldades e problemas de vida. Estes pertencem em grande parte à personalidade impermanente, enquanto o Mestre está principalmente interessado no Ego, o Eu Tríplice Imortal do homem. Naquele nível, o carma quase não importa, somente os efeitos favoráveis e construtivos exercendo uma parte decisiva; pois o trabalho verdadeiro, o grande trabalho, é feito no nível Causal.

Às vezes, o carma é favorável no plano físico, e a pessoa corpórea participa nele com diferentes graus de percepção. Com mais freqüência, no entanto, o carma bloqueia o caminho para esta consciência e, em conseqüência, fisicamente a Senda pode ser mais difícil de trilhar. No entanto, a ioga praticada constantemente e com sucesso resolve todos os problemas e pode reduzir os efeitos na consciência das principais adversidades. Portanto, todos os aspirantes são aconselhados a continuar regularmente suas meditações e seu modo de vida ióguico.

Lembrem-se de que nada no céu acima e na terra abaixo pode impedir inteiramente o progresso de uma pessoa quando ela tiver começado seria-

---

[83] Jo 12:32
[84] Espirilas: Os átomos primordiais e últimos e seus movimentos espiralados.

mente. Cada obstrução deve ceder finalmente ao esforço determinado, motivado pela compaixão – isto é a prática regular da ioga.

Nem sempre é o desejo do Mestre que Seu pupilo seja aceito e instruído por qualquer Guru do plano físico. Pois, acima de tudo, é necessário que o discípulo alcance sua própria compreensão, seu próprio desenvolvimento e seu próprio conhecimento, sem ajuda de qualquer instrutor do plano físico; o discípulo deve **buscar dentro de si mesmo** e pelo exercício de seus próprios poderes, obter a ajuda que se fizer necessária.

Com freqüência, a aparente retirada do interesse do Sênior é ditada por necessidades ocultas, e o resultado será a realização da estabilidade oculta pelo discípulo, uma qualidade que é muito necessária e que deve ser demonstrada na Senda.

É a Verdade em sua essência mais elevada: a Verdade estritamente impessoal, a Verdade percebida e concebida pelo aspirante no fundo de sua própria consciência interior que deve ser buscada e encontrada. É esta Verdade que sozinha, no teste supremo, permanece inabalável e indestrutível e que, quando atingida, dá ao aspirante o poder, o caráter e a personalidade de um gnóstico – um conhecedor direto da Verdade – e a estabilidade requerida face a todas as tormentas, todas as tribulações, todos os testes de todos os graus.

O aspirante deve continuar a trabalhar como um instrutor da Sabedoria Antiga e ouvir também a sabedoria de seu próprio Eu Superior, agüentar o seu carma calmamente, porém não sem coração, e assim crescer até a estatura de um Iniciado nos Mistérios Maiores, totalmente consciente de seu *status* e inteiramente ciente e capaz de empregar seus poderes. É dito que isto é o desejo do Mestre para o discípulo.

Que a intenção interior seja de aproximar-se cada vez mais perto, em pensamento e na vida, do Mestre cujos servidores desejamos tornar-nos e cujos *chelas* poderemos ser um dia. Porque estamos trabalhando não só para esta vida, mas para as vidas futuras. Esta personalidade atual vai passar, mas o Ego imortal que usou a presente personalidade como uma vestimenta vai perdurar e trazer à tona os frutos dos esforços da personalidade que se foi.

Aquilo que pode parecer ao aspirante como um atraso na Senda da Iniciação, pode ser na realidade a retenção deliberada de demasiado estímulo para que o crescimento possa ser estável e seguro e de acordo com o desígnio da Mônada-Ego interior. À medida que continuamos, a sabedoria deste curso de treinamento irá tornar-se aparente e nossa paciência e labutas trarão sua plena recompensa.

Não existe nunca nenhuma pressa na vida oculta, e é melhor que a pessoa possa se tornar um Iniciado pelos processos naturais de crescimento, do que pelos processos mais perigosos de desenvolvimento oculto forçado.

O Discipulado e a Iniciação são passos no caminho para a estatura do Adepto, e apesar do laço de amor permanecer sempre, a alegria do Mestre é muito maior quando Ele vê Seu discípulo se firmando com seus próprios pés, culminando em sua completa independência, quando por sua vez o discípulo se torna um Adepto. Todas estas considerações devem ser levadas em conta pelo Mestre no treinamento de Seu discípulo.

Perigos da entrada prematura na senda e suas etapas superiores

Os aspectos externos e internos da entrada na Senda propriamente dita são tão dramáticos e tão transformadores para o Ego, que a personalidade tem que ser protegida contra algo como uma repentina percepção destes aspectos, para que o equilíbrio mental não seja desestruturado e a psicologia excessivamente forçada.

Isto já aconteceu com aspirantes e constitui-se um dos perigos da entrada prematura numa fase evolutiva normalmente a ser alcançada somente em eras futuras, e contra os quais garantias devem ser tomadas.

Isto é parcialmente indicado na "venda" cerimonial. A "Luz" que é na verdade "restaurada" nos Mistérios Maiores é tão ofuscante a ponto de cegar se ela alcançar demasiadamente cedo a personalidade mortal e seus veículos. É por isto que os Iniciados geralmente não se lembram de sua Iniciação, mas são informados a seu respeito por um Sênior da ordem da Fraternidade.

A insanidade é talvez o maior perigo de todos, confrontando aqueles que procuram "tomar o Reino dos Céus pela força". Poder e luz Monádica e *Átmica*, de uma intensidade e voltagem excessivamente altas, simbolicamente falando, poderiam simplesmente despedaçar a unidade e o funcionamento mental e psicológico do homem externo no mundo.

Os Mestres sempre assumem este risco, ainda que se resguardando com muito cuidado e habilidade contra ele, e desta forma fracassos são muito raros. A excentricidade em certo grau é inevitável, mas o Ego de certa forma exigiu este passo e a admissão na Fraternidade. Ele assume sua vida e evolução em suas próprias mãos e com grande ousadia e coragem, tendo sido avisado, preparado e protegido (acompanhado nas "preparações" cerimoniais) contra o perigo.

Quando o carma adverso (que o Ego foi obrigado a aceitar e que o faz de boa vontade, até mesmo ansiosamente) é muito restritivo e penoso, o perigo é ainda maior. À medida que ele passa e o homem integral entra em águas cármicas mais tranqüilas, a ioga ajuda a alcançar as experiência mais elevadas – demonstrado especialmente pela determinação e persistência da personalidade em procurar as etapas mais elevadas da Senda e da consciência. Quer seja bem-sucedido ou não, as Iniciações posteriores são recebidas estritamente de acordo com o progresso evolutivo do Ego, a sabedoria da Hierarquia e o consentimento do Rei.

Existe um outro perigo ao qual as pessoas um pouco desequilibradas são suscetíveis. É uma inflação do ego pessoal inferior e uma idéia totalmente fora de proporção a seu respeito e sobre sua importância. Quando isto acontece, a Fraternidade ajuda na medida do possível e, se necessário (após o fracasso daquela ajuda), bloqueia parte da memória e do conhecimento que levaram ao desequilíbrio. Outros efeitos são a sensibilidade excessiva e a perda dos controles normais, de forma que ocorrem ações e reações não-intencionais. Todos estes perigos são os preços que podem ter que ser pagos para que a corrente seja adentrada e a outra margem atingida antes do tempo normal para a humanidade nesta era.

Reduções no contato com o Mestre podem ocorrer temporariamente em virtude de dois procedimentos. Um destes é interior e quase automático; pois quando um Iniciado cai profundamente no erro, na indulgência, na recusa e no desdém da Senda oculta, seu próprio Ego retira sua influência radiante e conhecimento da Fraternidade para que a personalidade se esqueça a respeito da iluminação e da elevação que ela recebeu. O outro é externo e pode ser considerado como uma operação cirúrgica efetuada pela Fraternidade que, infeliz e geralmente pelo resto daquela vida, fecha os centros da memória associados com o ocultismo no corpo mental e mesmo no cérebro.

Em ambos os casos, a interação psíquica e magnética que ocorre constantemente entre cada Iniciado fiel e seu Mestre, e a Fraternidade como um todo, automaticamente se torna reduzido e finalmente cessa. Mesmo assim, uma certa marca de realeza permanece e pode, em certas ocasiões, ser discernida. Todas estas quedas, no entanto, são trágicas para a Fraternidade e o Mestre em pauta, que deve assumir alguma responsabilidade pelo fracasso, da mesma forma como Ele iria compartilhar no carma do sucesso. É lógico que isto se aplica ao Ego Iniciado que se acha incapacitado para controlar a personalidade e mantém seu elo consciente com ela – mostrando-se principalmente como aspiração e determinação à suprema realização.

Todo este progresso e extensão de consciência e conhecimento só alcança a personalidade gradualmente à medida que se desenvolve a capacidade para reconhecer a vida divina nos outros e na Natureza, para amar esta vida e sentir um relacionamento íntimo com ela, e mesmo de se regozijar em sua existência.

Outros efeitos são um crescente anseio pela suprema realização e o desejo de privacidade, liberdade e reclusão a fim de meditar. Geralmente, o carma permite isto, e aqueles que renunciam ao mundo inteiramente estão fazendo isto sob estes impulsos Egóicos, que resultam da entrada parcial ou completa numa fase mais elevada do desenvolvimento e da iluminação espirituais, como nos Mistérios ou nos aspectos esotéricos de algumas religiões do mundo. A principal reação física e pessoal é a experiência de um impulso para atingir estados elevados de consciência, devido à "chamada" do Ego.

Lembrem-se de que, para o Ego, não ocorrem paradas de estímulos Monádicos e *Átmicos* e o despertar que eles produzem. Nascimento, morte e renascimento não afetam todas as transfigurações e extensões extremamente importantes da consciência que podem ter começado no Egito muito tempo atrás, por exemplo, e recebem grande estímulo numa vida ou vidas futuras sob um carma benéfico e as respostas a ele.

Ainda que as condições e a vida do corpo, com suas restrições, sofrimentos e alegrias sejam importantes, elas exercem somente um pequeno papel na aceleração da evolução do Ego em nosso progresso rumo ao Adeptado. Este é um contínuo, invariável, ainda que gradual desabrochar que é tão maravilhoso de observar como a abertura de uma linda flor aos raios do Sol. A visão e o conhecimento dele é possuído pela Fraternidade e, em particular, pelos Mestres mais intimamente envolvidos; praticamente ignora – somente neste nível espiritual – as mudanças de condições na vida física. É como se, quando notamos os estágios de botão até a flor aberta, não estivéssemos interessados nas condições das raízes escondidas sob o solo. Sua importância é conhecida, mas o desenvolvimento da flor e especialmente a fabricação das sementes com promessa para o futuro estão claramente na mente do Mestre.

O aspirante não deve pensar que a vida física não é cuidada. Bem ao contrário, pois a maior parte dos principais eventos externos, que são benéficos ao progresso Egóico e ao serviço da humanidade em prol da Fraternidade, são o resultado da orientação do Mestre aos Egos do futuro discípulo e daqueles que influenciam poderosamente sua vida física. Isto tudo se parece com a jardinagem, só que neste caso o crescimento e o desenvolvimento das sementes estão aos cuidados dos Jardineiros divinos, ou os Imortais abençoados desta Terra. A proteção Deles estará sempre disponível enquanto elas – as "flores humanas desabrochando" – permanecerem leais à continuação de seu desenvolvimento.

Este "permanecer leal" para cada aspirante, discípulo e Iniciado é de **imensa** importância. É bem verdade que os testes são realmente severos e seu caráter complicado pelos eventos que parecem inexplicáveis ao cérebromente; é isto que tira o equilíbrio oculto do aspirante. Ele tem que alcançar um tal grau de desenvolvimento Egóico nos anos de associação com a Sociedade Teosófica – e ainda mais de sua Escola Interna – que ele pode ser considerado pelos Mestres como seguro para o resto da encarnação, em meio a muita coisa que poderia ser perigosa, mas que não deve afetá-lo em absoluto. É neste ponto que se mostram os resultados da devoção, fidelidade e determinação sob tribulações severas e profundas (metaforicamente, provações pelo "fogo" de um caráter psicológico): ou seja, permanecer completamente imune a elas, para que a Vida da Senda em todos seus aspectos e conotações continue a ser seguida naturalmente. Estabilidade oculta e intelectual é o sinal do Ego maduro.

Em todos os casos, os Iniciados e todos aqueles que estão se esforçando na Senda em algum estágio de suas carreiras, são severamente testados por aparentemente inexplicáveis charadas a respeito da vida e da conduta daqueles tidos como seus superiores, e por eventos em suas vidas. Alguns ou os dois parecem em contradição com o bom senso e a filosofia da Senda no que se refere à ação. **A grande mensagem que o Ego envia à personalidade, sempre que pode tocá-la, é – "Em todas as circunstâncias continue a trilhar o Caminho Sagrado e nunca pare apesar de todas as supostas provocações."** Isto não se refere somente à continuação de um modo de vida escolhido, apesar de ser importante, mas muito mais à manutenção do esforço de vontade interior, profundamente arraigado, que é a verdadeira marca do Ego evoluído.

Além disso, os Iniciados e os aspirantes comprometidos podem até chegar a duvidar de si mesmos e assim perder a fé, especialmente durante a escuridão de certas fases de desenvolvimento e progresso. Ainda que de forma humilde e decididamente realista, não devemos cair nesta cilada de duvidar de nós mesmos. Se tivermos êxito em evitar isto, será outra prova nossa de termos alcançado a estabilidade oculta e psicológica. Estas coisas e não tanto os *siddhis* – valiosos e desejados como são no serviço da humanidade – são os verdadeiros testes de um ser humano evoluído. Ele é fiel até a morte, não por nenhum esforço de vontade, mas espontânea e naturalmente de acordo com as fibras de seu ser e caráter. Estes são os fatores e as atitudes com que a Fraternidade se preocupa na vida de seus membros Iniciados.

Corpos físicos e aparência objetiva não têm existência nestes níveis elevados de consciência. Eles se parecem com os filetes e as gotículas que surgem dos muitos tubos e embocaduras de uma fonte, não tendo permanência enquanto o Iniciado está imerso no reservatório ou origem da fonte de toda Vida em seu nível elevado de emanação. O maior de todos os *siddhis* é conhecer a Mônada, seja como poder aumentado de realização e vontade para superar, ou como uma consciência de luz espiritual experimentada subjetivamente e mesmo objetivamente. Uma expansão de consciência física, um aumento das faculdades e qualidades mais elevadas de caráter também pode ocorrer.

Imperfeições humanas

Todas imperfeições são devidas a combinações dos seguintes fatores:

1. A condição evolutiva da Mônada-Ego. Quando "jovem" sua luz tríplice não brilha igualmente, produzindo combinações imperfeitas, coloridos desequilibrados e acentuações deficientes ou excessivas que, quando expressas mental, astral e fisicamente, tornam-se hediondas.

2. A evolução da matéria. Os átomos também estão evoluindo. Neste Esquema, Cadeia, Ronda, Globo e Raça, a matéria física está tão pouco desenvolvida que os atributos superiores do Ego, mesmo de pessoas bem desenvolvidas, só com grande dificuldade podem governar a vida e a aparência da personalidade no corpo físico. A ioga atua sobre estes átomos, com o Adepto literalmente forçando que eles expressem a Mônada-Ego. O homem pré-ióguico é temporariamente desamparado nas garras ou nas "amarras" da matéria de seus veículos, especialmente o físico. A Natureza deve concertar esta situação com o tempo.

3. Ao homem, como Ego e personalidade, é concedido o livre-arbítrio na expressão dos poderes em desenvolvimento. Enquanto o Ego geralmente não erra – ele pode fazê-lo em raras circunstâncias de orgulho excessivo, por exemplo – no entanto, a personalidade física pode cair em inúmeras formas de expressão das forças e faculdades internas e as experiências em consciência resultantes. Algumas dessas são desejáveis do ponto de vista evolutivo. Porém o homem é livre, ou melhor a luz-Ego não velada na pessoa física é livre: daí o casamento do único desígnio, afastamentos do padrão da Montanha e afastamentos temporários do Arquétipo Egóico, re-

sultando em muitos tipos de dissabores, porém todos temporários. A pura beleza Egóica permanece sempre imaculada e por fim dita as regras.

4. A operação do carma produz harmonia, beleza e saúde, quando a expressão Egóica é equilibrada e sensível, e especialmente não causa danos aos seus próprios veículos e aos dos outros. Esta inofensividade é a grande chave para a beleza e felicidade, assim como causar danos é a grande fonte de seus opostos. Outra vez, a aparência e as condições indesejáveis disciplinam a natureza pessoal, ensinam a mente, tornando humilde a natureza mortal, até que por fim o livre-arbítrio é usado em harmonia equilibrada para a expressão perfeita do Ego por meio de seus veículos.

As condições de discórdia e sofrimento experimentadas pelo homem nesta atual concentração dos quatro conjuntos do quarto ciclo são, portanto, simplesmente manifestações de uma fase de crescimento evolutivo, do grau particular do desenvolvimento alcançado. Estamos todos sob tais limitações, que se aplicam em todos os níveis. O Adepto não pode escapar inteiramente da operação de qualquer uma delas, especialmente daquelas do grau de evolução, das condições dos átomos de matéria do mundo em que Seus corpos devem ser construídos, e da operação da lei cármica.

Até mesmo o mais alto Iniciado é circunscrito e amarrado ao menos por estas limitações. Seu Adeptado não é o resultado da criação de algo de novo. Acontece que, ajudado em alguns casos pelo fato de ter começado antes e assim já ter passado pelo quarto ciclo pessoal, e pela força da ioga em todas suas implicações mais elevadas – especialmente a *Kundalini* desperta e a transcendência da ilusão do eu – Ele alcançou a realização da unidade referida anteriormente. Ao fazer isto, Ele literalmente forçou os átomos de Seus corpos a se tornarem suficientemente evoluídos para expressar mais perfeitamente os atributos da Mônada-Ego.

Assim sendo, em todas as Escolas ocultistas, a autopurificação, a transcendência da ilusão da auto-separatividade, com sua virtude central de dever para com todos, e a prática regular da ioga são inculcadas. Então, quando o discípulo é levado à presença física de um Guru, a *Kundalini* é despertada por ele sob a direção do Guru. Assim a explicação oculta dos problemas humanos atuais é a fase da evolução pela qual a Raça humana está passando.

A verdade gloriosa é que o indivíduo, ainda que não a humanidade, pode forçar o ritmo, superar gradualmente as limitações da fase atual, entrar numa fase mais elevada, viver de forma inteligente e bela, e assim encontrar a paz. É isto justamente que os iogues, ermitãos, *sadhus* e outros estão fazendo, e ajudando seus discípulos a fazer.

Complexos de culpa de qualquer espécie são impeditivos. Todos os discípulos deveriam arrepender-se profundamente de seus erros, tentar compreendê-los filosoficamente e esquecê-los na medida do possível, assim como o Adepto não se preocupa mais com todas as transgressões – muitas das quais dolorosas – de Sua existência humana anterior, sabendo que elas eram esperadas. Siga adiante não procurando nem desejando nada para si, mas tudo para a humanidade e a Hierarquia Oculta – o ideal duplo diante de todos nós. Não se preocupe a respeito do futuro. Ele está totalmente sob nosso controle, no sentido de que, ao vivermos agora da forma mais elevada e nobre, nos preparamos e nos equipamos para realizações maiores.

Dificuldades da Ioga

Três forças que militam contra a iluminação são:

1. **Inércia** – fadiga mental e física.

2. **Humor** – instabilidade mental e emocional.

3. **Ação satânica da mente** – quando a mente nos diz que todos os nossos esforços são inúteis e que nunca conseguiremos fazer progresso ou ter êxito na ioga; que o melhor mesmo é desistirmos nesta vida, gozarmos a vida e recomeçarmos outra vez numa data futura.

Assim jogamos fora nossas brilhantes linhas de comunicação com os estados de alegria e paz permanentes e usamos outra vez as amarras do pensamento objetivo, justamente a felicidade momentânea da vida pessoal no universo material.

Os Mestres nos asseguraram, dizendo: "Cada um de Nós teve que lutar contra a completa inércia da matéria física. Alguns homens morreram e outros ficaram loucos nesta tentativa." Podemos confiar piamente nos Mestres, pois Eles guiam os aspirantes fiéis ao longo de todos os perigos até que alcancem a segurança. Lembrem-se de que os Mestres têm registros e memórias de muitos milhares de casos de insanidade em vários graus que afetaram aqueles que procuraram forçar seu caminho aos mundos Causal e mais elevados em plena consciência de vigília. Na verdade, é provável que alguns dos Mestres passaram por esta experiência em vidas anteriores.

Sucesso e fracasso no ocultismo

Todos os fracassos vêm do interior assim como todos os êxitos. Nenhum poder externo deve ser tido como o causador de um ou outro resultado. Ambas as sementes estão presentes no aspirante desde o princípio. Aquela que consegue germinar e crescer mais forte depende do indivíduo, especialmente do seu modo de pensamento e de vida.

O ocultismo infalivelmente mostra a pessoa como ela é. Tudo o que existe de bom ou de mal nela aflora. Nisto se encontra o mérito para o forte, o perigo para o fraco. O ocultismo é a força que pode incinerar a impureza e revelar o ouro puro ou acender a paixão, inflamar o desejo, acentuar o orgulho. O mesmo agente é capaz de ambos os efeitos.

Todos os que se aproximam desta chama devoradora deveriam se precaver; pois ela tanto exalta como consome. O puro de coração não tem nada para temer. Os orgulhosos e inflamados pela paixão estão em perigo desde o primeiro passo.

"Estejam alertas" aparece como um adorno sobre o portal que leva ao Pátio Externo. "Observem cuidadosamente" está escrito nas paredes internas. "Conheça-te a ti mesmo" aparece sobre a porta que leva ao Santuário.

Não são os Hierofantes que são responsáveis pelos perigos, os testes e as quedas. É a própria natureza – especialmente a natureza manifesta no homem. Os Hierofantes não têm o direito nem o poder de negar a qualquer indivíduo entrada a qualquer porta que ele possa encontrar aberta e passar por ela. Eles podem alertar, orientar, inspirar, mas Eles não podem usar de força. A alma ardente que segue adiante toma a sua própria vida em suas mãos.

Os Hierofantes somente observam, sabendo que a vitória e a iluminação, a derrota e o fracasso ocorrem. Eles também sabem que estas são experimentadas dentro do Envoltório Áurico do candidato ao Adeptado.

O maltrato dos aspirantes

Um dos piores erros em que o ocultista pode incorrer é frustar o cumprimento da aspiração de alguém recentemente desperto para a vida espiritual.

Um exemplo extremo seria zombar de suas tentativas de vivenciar a mais alta moralidade, ridicularizar seus ideais e a ele por segui-los, distrair deliberadamente a sua atenção e seduzi-lo propositadamente para afastá-lo de sua meta, e de qualquer maneira impedir ou dificultar o seu engajamento na vida oculta. Isto não só é extremamente danoso para a vítima, mas é a causa do carma mais adverso para a pessoa que comete este erro.

Uma das fases mais críticas e maravilhosas da vida da Mônada é o período prolongado durante o qual a personalidade gradativamente se volta para a vida espiritual. Este é um período em que a influência da Mônada através do Ego pode direcionar sucessivas personalidades para a Senda, ou ser impedida de fazê-lo por pessoas ignorantes, invejosas ou voltadas somente para a materialidade.

Alguns que já fizeram um certo grau de progresso, consciente ou inconscientemente, temem com inveja que os neófitos possam ultrapassá-los, e assim colocam obstáculos em seu caminho. O ocultista sábio faz exatamente o oposto. Ele percebe a grande importância para a Mônada-Ego e para a humanidade de cada novo aspirante desperto. Assim sendo, ele ajuda de todas as maneiras ao seu alcance, orientando, alertando, mostrando amizade e protegendo, especialmente durante as dificuldades iniciais quando a mudança está sendo efetuada. Na verdade, esta é uma parte muito importante da vida do ocultista, ajudar os outros a encontrar e a trilhar a Senda. Ainda que não tenham esta motivação, estes ajudantes geram um carma muito auspicioso durante sua própria ascensão na suprema realização espiritual através da ioga.

Os traidores e obstrutores, por outro lado, geram grandes adversidades para si mesmos que podem assumir duas formas particulares, entre outras. Uma é de atrair a atenção e tornarem-se instrumentos dos poderes das trevas, que procuram esmagar toda centelha de espiritualidade em cada ser humano. A outra adversidade consiste em obstruções em sua própria busca da verdade, da luz e do Instrutor. Em vez de ser claro, seu caminho é escuro e difícil. Isto pode ter sido causado não só pela ação direta de um caráter adverso, mas pela negligência, pela indiferença a um aspirante, por ter falhado em levar em consideração seriamente suas questões, seu apelo por ajuda e, em geral, deixar de ver a importância das mudanças interiores que estão ocorrendo no buscador. Este "pecado de omissão" também gera adversidades, tais como o malogro em encontrar um auxiliar imediato e amigos mais avançados, e obstáculos domésticos, entre outros.

Os ocultistas deveriam, com sabedoria e tato, estar à procura e ajudar toda a pessoa que encontram que está buscando a luz, mesmo que pareça que ela tenha começado mal. **Pois é o fato de estar procurando que é de suprema importância.**

Apesar deste conselho aplicar-se à vida oculta em particular, ele consiste na verdade no simples ato de ser amável em todas as ocasiões, mesmo quando a amabilidade tiver que ser firme. No entanto, estes fatos bastante simples e óbvios são muito negligenciados, e seria bom chamar a atenção dos teosofistas, especialmente dos principiantes, para eles. A verdade, infelizmente, é que muitas pessoas são afastadas da Senda, talvez por toda uma encarnação, pela intromissão de parte daqueles que deveriam saber como se portar corretamente.

A senda oculta

Para que o aspirante se torne um ocultista praticante, a instrução deve ser prática, e para isto é necessário encontrar um Mestre. Os centros interiores e os *nadis* só podem ser abertos até um certo ponto pela ioga e pelos Iniciados nos Mistérios Menores. A abertura completa que confere plenos poderes só pode ser feita com segurança por um Sênior no ocultismo ou um Adepto, e é por isto que H.P. Blavatsky e outros foram ao Tibete. No entanto, o neófito pode tornar a tarefa mais fácil para si e para o Hierofante adiantando o processo de desabrochar ao máximo antecipadamente, e por si mesmo.

O aspirante deve trabalhar constantemente na ioga e no caráter, pois estes são os dois meios pelos quais a Grande Porta irá abrir-se, o Véu do Templo (da Natureza) será rasgado, e o Santo dos Santos será alcançado. Devemos seguir adiante cada vez mais apesar do cansaço, da dor e da preocupação. Devemos limpar a trilha atrás da gente, pagarmos nossos débitos cem vezes, e então podemos nos regozijar e ficar contentes quando o grande "dia de estar conosco" amanhecer. Sabemos que muitos aspirantes cuja ioga foi completada tiveram ainda que atrasar e voltar para o mundo externo por causa de tarefas não terminadas e de débitos que não tinham sido pagos.

Quando o aspirante finalmente aparece diante do Mestre, ele deve estar livre, e será livre, pois ele terá passado por infernos cármicos naquela encarnação. Tudo é conhecido pelo Mestre, tudo está registrado, e nem mesmo uma só aflição terá passado sem ser notada e anotada, nem um mínimo ato altruísta.

Chega um momento na vida do aspirante-iogue à Verdade, quando a pesagem do coração na Sala do Duplo Maat[85] está quase completa. Era então, o *Atma*-no-Ego que estava orientando e observando o aspirante; Ísis,[86] o

---

[85] Deuses do Egito: Veja *Illuminations of the Mystery Tradition,* compilado dos escritos de Geoffrey Hodson por Sandra Hodson.
[86] Idem, nota 85.

Manas Superior iluminado por *Buddhi*, que o conduziu corretamente; e Thoth,[87] o *Atma-Buddhi* do aspirante, que informou o veredicto da Balança. Osíris,[88] o Iniciador Único, terá ouvido e em breve Horus,[89] o Mestre do neófito, vai apresentá-lo mais uma vez diante de Osíris. Desta forma, o aspirante ao Caminho da Iniciação, que aspirar ardentemente, servir amorosamente e executar as *tapas* diárias ou ritos da ioga, pode ficar em paz, pois tudo irá bem.

O neófito-Apis ou o neófito-Ganesha deve se estabelecer em sua maneira de vida *Buddhi-Fohática*, trazendo fogo e sabedoria à humanidade. Apis não é um touro físico e Ganesha não é um elefante físico. Eles são simbolicamente o poderoso fogo criativo e o poder de Deus e a irresistível sabedoria de longo alcance (a tromba esticada que trabalha e eleva) de Deus, estes dois constituindo-se numa força imensa. A Fraternidade procura enviar esta força em ação para o bem da humanidade.

Por muito tempo, a dor pode ser a sina do aspirante porque ele tem que trabalhar o seu carma e se libertar para a ascensão deliberada de consciência, mas o carma da dor torna-se mais leve à medida que o ciclo chega ao seu fim. A felicidade começa a preponderar e isto torna-se mais óbvio com o passar dos anos. Então, na verdade, um triunfo aguarda o discípulo, ainda que só possa ser testemunhado pela Fraternidade e não pelo mundo exterior; pois aqueles que renunciam à alegria humana da união amorosa, ganham com isto a alegria divina da unidade no serviço do Rei.

Carma

Com exceção do progresso evolutivo, é Saturno que prepara o candidato para cada Iniciação até a última, quando suas amarras ou cadeias são quebradas, e o Eu Interior do Adepto fica livre. As qualidades que comprimem, cegam e tolhem colocam o candidato à exaltação em auto-servidão, e simbolizam, em seu significado oculto, a influência aprisionadora de Saturno. Ele não só focaliza a mente, ele focaliza numa vida o carma de muitas, por assim dizer, cega e tolhe o candidato com cordas cármicas. Assim como Sansão estava amarrado com várias cordas e rompeu todas elas,[90] o Iniciado

---

[87] Idem, nota 85.
[88] Idem, nota 85.
[89] Idem, nota 85.
[90] Jud. 13-16.

também está amarrado por seu próprio carma deliberadamente torcido como cordas na vida em que ele alcança a iluminação.

O Iniciado deve quebrar as cordas Saturninas exatamente como Sansão quebrou as suas, tornando-se, em virtude disto, um ser humano mais triste mas infinitamente mais sábio. Para todos os Iniciados abaixo do nível de *Asekha* ocorre um momento crítico em que a autoconfiança é realmente perdida. A este segue-se uma outra fase de confiança na Mônada-Ego e na Fraternidade, incluindo especialmente o Mestre, ainda que Ele não seja visto.

O Iniciado que está passando por esta fase crítica deve lembrar-se de que assim como no passado os Hierofantes observavam com os olhos da experiência e compreensão as provações simbólicas do candidato cerimonial, assim também os Adeptos da Grande Fraternidade Branca – e em menor escala seus *Arhats* – observam atentamente as provações de cada candidato ao Adeptado. Apesar de se sentir sozinho fisicamente, em grande parte para desenvolver total autoconfiança, ele nunca está só por um momento. Os olhos dos Membros da Hierarquia Oculta estão sobre ele o tempo todo, observando com empatia cada provação, regozijando-se com cada êxito, simpatizando e nunca condenando cada fracasso, e cuidando para que toda a ajuda permitida chegue a ele. Num sentido sutil, a autoconfiança é perdida cada vez mais. É o poder da Fraternidade e de *Atma*, e de *Paramatma* com que ele está unido que age e alcança o sucesso por meio do Iniciado.

A habilidade na ação é necessária e deve ser desenvolvida ao mais alto grau; mas a habilidade é somente o mecanismo, por assim dizer, e não trará o sucesso no trabalho oculto. A verdadeira sabedoria, e o poder fluindo da Fraternidade cujos Membros aceitam a oferenda dedicada, e especialmente a influência do Mestre, são os verdadeiros meios do sucesso, e eles não são nossos. Em todo o trabalho oculto, portanto, preparem-se e atuem com habilidade sempre crescente, mas sem confiar exclusivamente na habilidade pessoal. Esta só produz uma forma meio cheia ou vazia. O reconhecimento de nossa própria habilidade limitada, dedicação ao trabalho teosófico e o oferecimento de toda a nossa natureza como um instrumento – estas, e não a habilidade, são as fontes do verdadeiro sucesso. Lembrem-se sempre, também, de que quando a pessoa faz o melhor possível nas circunstâncias, ela sempre será bem-sucedida, seja qual for o efeito externo.

Os iniciados são avisados que inevitavelmente seu trabalho será mal interpretado, malcompreendido, criticado adversamente e condenado pelos não Iniciados que são incapazes de discernir a influência da Fraternidade. Nenhum Iniciado que está consciente de ter feito o melhor possível jamais seria excessivamente perturbado pela crítica e hostilidade dos não-Iniciados. Os dois graus vivem em mundos diferentes, têm critérios diferentes e, num certo sentido, nunca podem se encontrar. Nunca houve, nem é provável que haja nesta Raça, um Iniciado que não foi seriamente limitado pelo carma (aflições Saturninas) e criticado e condenado pelos não-Iniciados aos milhares. Este martírio é inevitável e deve ser aceito alegremente como parte do preço. Todos os Mestres passaram por isto. Os nomes de muitos Deles são Aqueles de homens condenados pelo mundo como Bacon[91] foi condenado. Isto é típico e inevitável.

Vontade e equilíbrio

O problema enfrentado por todo ocultista que não pode viver plenamente a vida de um iogue, mentalmente desapegado do mundo e não mais comungando com ele, é a falta de controle completo do quaternário inferior pela vontade. O Adepto é aquele que alcançou perfeitamente este controle. Esta é a Sua chave para alcançar o equilíbrio em todas as circunstâncias, incluindo cataclismos planetários. Nada fora ou dentro Dele pode jamais perturbar a Sua paz e equilíbrio seguro e externo. Ele está no centro da Vida, e não pode mais ser perturbado. O Adepto tornou-se governado por *Atma*, e como a meta humana é alcançar o Adeptado o mais rápido possível, a humanidade deve procurar tornar-se governada também por *Atma* e desta forma estabelecer-se firmemente, num autocontrole imperturbável, em equilíbrio entre os pares de opostos com a Mônada-*Atma* em comando. Este é exatamente o âmago e o objetivo da ioga. A esta realização tudo o mais deve ser subordinado. Toda a meditação é realizada com este objetivo.

O Iniciado é alguém que, ainda que ajudado enormemente pela incorporação consciente de seu Ego dentro da Fraternidade, no entanto, é também colocado sob uma certa impotência que ele deve superar. Esta impotência é que, apesar de capacitado pela Vontade da Fraternidade em tudo relacionado com seu trabalho, ele é, em certo sentido, enfraquecido, a princípio, pela fusão de sua natureza interna dentro do Eu mais amplo da Fraternidade, tornando-se assim parte da Vida Una, nos níveis Causal e mental inferior. Isto significa que sua Egoidade, seu *ahamkara*, seu sentido de ser um Eu individual que o havia sustentado até então, não está mais disponível no nível Causal. Na verdade, ele foi instruído para se livrar dele em todos os

---

[91] Francis Bacon (1561-1626); reconhecido no século 18 como o Conde de St. Germain e príncipe Francis Rakoczy.

níveis, apesar de ser uma parte inerente de sua personalidade. Especialmente na vida em que alcança o grau de Iniciado, ele é incapacitado desta forma.

Ele é como um pintainho quando recém-emerge da casca protetora, como um bebê recém-nascido. Enquanto o homem externo não for excessivamente prejudicado e machucado pelas circunstâncias, enquanto houver paz e felicidade após a Iniciação, o equilíbrio pode ser mantido. Porém se as condições não se combinarem para sustentá-lo durante esta crise inevitável, ele perece. A Natureza ajuda o pintainho recém-nascido e mãos humanas ajudam o bebê recém-nascido. No entanto, ninguém pode prover o recém-nascido Filho do Homem – o Iniciado – com o mesmo cuidado protetor que a Natureza e o pássaro-mãe dão ao passarinho e a humanidade dá ao bebê. Regras imemoriais, livros de conselhos e outros ajutórios estão disponíveis, mas são todos externos e com freqüência não ajudam o recém-nascido espiritualmente.

Para os Iniciados vivendo no mundo exterior, um dos resultados é que, faltando a casca e o sentido *ahamkárico*, quebrada e perdida pelo Ego em virtude da Iniciação, o *Atma* se confronta sem um escudo e veículo mental através do qual pode penetrar à vontade no quaternário inferior. Apesar do Iniciado reter conscientemente sua Egoidade, mesmo com este conhecimento, ele nem sempre pode trazer o suficiente de *Atma* para o cérebro para assegurar a estabilidade. Muitas dificuldades o afligem, como humilhações, especialmente em face ao que parece no momento ser responsabilidade por erros e danos ao trabalho. Estas dificuldades ocorrerão mais e mais até que ele consiga trazer o *Atma* interior em seu auxílio e assim alcançar o equilíbrio imperturbável.

Além da ioga, uma afirmação diária pode ser acrescentada com proveito, por exemplo: "Minha vontade governa minha mente, minhas emoções e meu corpo físico." Em momentos de descanso e sempre que possível, repita esta afirmação até que ela se torne verdadeiramente parte de si mesmo, que seja gravada nos átomos permanentes e na matéria dos corpos, e assim torne-se uma característica distinta, não só da personalidade atual, mas daquelas que iremos usar em vidas futuras e, finalmente, quando a Quinta Iniciação for recebida.

A pressão defronta cada Iniciado, mas é como a tensão a que o atleta submete seus músculos com o duplo propósito de fortalecê-los e de adquirir o conhecimento de sua capacidade e seu desenvolvimento – assim também é a tensão de viver a vida de Iniciado no mundo. Isto é penoso de uma forma que somente os Iniciados podem saber, ainda que benéfico para estes dois propósitos.

A luz interna

O aspirante ao conhecimento e poder oculto e espiritual está firmemente decidido a continuar e lutar até a realização final, apesar de todos os obstáculos internos e externos. Esta decisão, mantida de forma corajosa e incessante, é o resultado do estado iluminado do cérebro. Quando o Mestre observa um aspirante, recebe e examina um neófito, Ele sempre olha estes dois fatores ao considerar a quantidade e o tipo de ajuda a ser dada: ou seja, o grau em que o Ego está no estado iluminado e que está influenciando a personalidade de um lado, e o carma, especialmente com relação à saúde e aos relacionamentos pessoais, de outro. O primeiro é um teste importante. Se o Ego não estiver suficientemente iluminado, então o Mestre e o neófito devem aguardar até que isto seja alcançado. Ainda que a personalidade possa professar o idealismo, o estado iluminado não pode ser fingido diante do escrutínio do Mestre.

A influência disto sobre a vida puramente física do ocultista é que a vontade de vencer é da máxima importância. Sua aplicação à vida vem em segundo lugar, especialmente em motivos e numa pureza razoável – como na dieta, e na total abstenção de crueldade e participação em crueldades. O serviço ativo em alguns campos incluindo as grandes causas e a ajuda amorosa aos necessitados, advinda do crescente amor pela humanidade, também assume uma importância considerável. As práticas ocultas vêm depois destes dois na escala de importância na vida do neófito. Quando o carma permite e oferece tanto o instrutor como as oportunidades, as práticas ocultas tais como *pranayama* e a ioga em geral são realmente muito importantes, como uma verdadeira forma de vida.

O carma pode limitar enormemente o aspirante nos dois últimos aspectos e geralmente o faz para todos até após a Quarta Iniciação, quando os últimos débitos são pagos, e, como o Cristo, o *Arhat* caminha levemente sobre as águas da vida. Ninguém deveria ser excessivamente afetado por esta resistência cármica.

No entanto, nada nos céus ou na terra pode diminuir a luz ou extinguir o fogo da vontade quando o estado de iluminação tiver sido alcançado. É por isto que ele é sumamente importante, e o Mestre o procura em primeiro lugar, estudando cuidadosamente o Ego no corpo Causal, estimando e avaliando o grau ao qual a vontade interna irresistível da Mônada-*Atma* está manifesta no Eu imortal. Ele então olha na personalidade, estudando de forma similar e procurando saber se o grau de iluminação, determinação e amor pela humanidade que representam a Mônada-Ego, são suficientemente fortes para influenciar o motivo pessoal e, portanto, a conduta.

Caso esta vontade interior seja mantida firmemente como um fogo que se auto-renova, então todas as resistências são superadas, todos os obstáculos desaparecerão finalmente, e períodos de harmonia, liberdade e oportunidade são adentrados. Conhecendo estes fatos e lembrando de sua importância relativa, nunca deveríamos ficar excessivamente deprimidos diante da escuridão inevitável do caminho ascendente. O Mestre observa atentamente o neófito na adversidade, cuidando para que nada venha a se tornar um obstáculo demasiado difícil no caminho. Ele é como um verdadeiro anjo da guarda, um Salvador protetor e até mesmo curador, permanecendo todo o tempo com a espada desembainhada sobre aqueles que Ele escolheu e que se entregaram a Ele.

Estes são alguns dos princípios fundamentais na vida oculta. Ele, o Mestre, é também como um pastor que conhece o nome (o Nome Egóico) de cada membro de Seu rebanho e pode chamá-lo, e o faz, pronunciando o som do nome. Ninguém jamais escapa de sob Seus olhos ou é excluído de sua atenção cuidadosa, pois o nome de cada um está, por assim dizer, gravado dentro de Seu coração de amor, que é um poder além de todo conhecimento e experiência humanos do significado e do poder do amor. O que é essencial é: "Prossiga a despeito de tudo, mas com sabedoria."

As grandes iniciações
(O desenvolvimento paralelo da vida e da consciência)

A evolução humana na Senda e as Grandes Iniciações envolvem os planos *rupa* e *arupa*, pois até a matéria dos corpos superiores deve evoluir em paralelo com o desenvolvimento da consciência. A principal mudança que ocorre entre a Segunda e a Terceira Iniciações referem-se ao relacionamento com o Logos Solar. Na Primeira e na Segunda Iniciações o Senhor do Mundo é o Ser mais elevado que é contatado, indiretamente na Primeira e diretamente na Segunda Iniciação. A partir daí, o Logos Solar, como Ele é chamado na Teosofia, o grande *Dhyani* do Sistema Solar e Senhor do Sol, começa gradativamente a ser contatado pelo Ego, e a ajudar e se preocupar com o Ego por meio da Mônada.

As garantias do Senhor *Vishnu* no *Bhagavad Gita*, que o verdadeiro devoto Lhe é querido, refere-se àqueles que alcançaram e estão passando por estas fases. Portanto, é extremamente valioso para o Iniciado meditar sobre a Deidade Solar e se colocar aberto a Ela tanto na contemplação como na vida normal como se Ela fosse um tipo de Guru celestial, que de fato Ela se torna. Certos membros da Fraternidade, *Maha-Chohans* e Budas, também estão envolvidos nesta ligação; pois sem Eles inicialmente esta ligação não poderia ocorrer.

A segunda iniciação
(Desenvolvimento e expansão dos poderes)

A razão pela qual os aspirantes são informados sobre os passos na Senda e sobre outras experiências interiores é que eles podem ser ajudados por este conhecimento em suas vidas diárias e, assim, deliberadamente moldar seu pensamento, fala e conduta de acordo com os novos poderes conseguidos e a nova posição que foi alcançada.

A Segunda Iniciação continua o desenvolvimento em profundidade, especialmente da mente. Isto quer dizer que todos os pensamentos têm uma certa qualidade de profundidade e sua expressão deveria, portanto, incluir os resultados da penetração nos aspectos mais profundos das doutrinas e nas questões mais profundas da vida humana e dos relacionamentos humanos. Ocorre também uma expansão da mente, uma capacidade mental maior, em parte porque o *Atma* interno é trazido ao corpo mental que é acelerado e expandido em conseqüência. Isto deve produzir uma personalidade mais profundamente cuidadosa, uma pessoa mais quieta e até mesmo falando mais devagar, como que se estivesse ciente das profundidades bem como das alturas da própria vida e dos problemas da vida humana.

O controle e a perfeição da fala e uma expressão mais deliberada do pensamento deveriam tornar-se um hábito diário, cuidando, naturalmente, para que as mudanças sejam naturais e não forçadas, especialmente aos olhos dos outros.

O severo treinamento que as adversidades da vida oferecem aos aspirantes da Senda irá tornar-se cada vez mais frutífero e útil. Estas adversidades irão nos capacitar, por exemplo, a evitar o principal perigo que aflige o Iniciado do Segundo Grau, que é o orgulho intelectual e uma superioridade quase desdenhosa para com as pessoas com menos poderes. As humilhações da vida vão apresentar agora seus frutos maravilhosos, especialmente na preservação de uma amizade bondosa e não excessivamente crítica para com os outros.

O vislumbre penetrante dos motivos e a rápida percepção dos pensamentos e das ações errôneas dos outros e da falta de sinceridade – um dos pecados que mais aflige os homens – não devem ter permissão para despertar o desdém, pois isto é separatividade.

A acentuação de *Manas* inferior pode produzir um excessivo sentido de separatividade e contra isto as provações, tribulações e humilhações de nossas vidas anteriores tornar-se-ão uma grande proteção.

Perigos encontrados entre a segunda e a terceira iniciações

Chega um momento na vida de todos Iniciados em que o impulso espiritual desaparece. É o período do "deserto" representado nos Evangelhos e que geralmente ocorre depois do Segundo Grau – a Segunda Iniciação nos Mistérios Maiores. Ele deve-se ao fato de que a ajuda e o estímulo de fora e do alto são retirados, para que a seguir a Mônada-Ego possa dar e vencer cada passo sem ajuda e sozinha.

Até aquela ocasião um constante estímulo é aplicado pelo Mestre do Iniciado, por vários Adeptos e *devas* amigos, e pela admissão à Fraternidade dos Adeptos, que traz um compartilhamento na vida da Irmandade como um todo. Estas influências e o efeito da Cerimônia da Iniciação, quando forças cósmicas e solares são levadas a atuar no Ego, ajudam o candidato a superar a resistência que de outra forma seria quase que intransponível da matéria de seus corpos e de seus hábitos passados e mentais.

Para seguir adiante até o Terceiro Grau, ele deve ascender por seu próprio poder o "Monte" simbólico sobre o qual a Cerimônia ocorre, que é, na realidade, o terceiro subplano do plano *Búdico* a partir de baixo. É por isto que este período entre o Segundo e o Terceiro Grau é tão terrivelmente perigoso. A passagem por ele torna-se mais difícil por causa do Segundo Grau, quando a mente – superior e inferior – é tremendamente estimulada. Isto exalta o homem, dando a ele um sentido de poder quase divino e de auto-suficiência. Isto é simbolizado nas Escrituras pela história de Satã que aparece no deserto para testar o Cristo. Mesmo Ísis deve reter sua ajuda neste momento difícil, porque, se transposto artificialmente, poderia persistir o perigo que alturas ainda maiores seriam ascendidas ou provadas sem o poder individual interior necessário para isso. Muitos fracassam depois do Segundo Grau.

O ensinamento de Lao-Tzu,[92] o *Gita*,[93] e o Sermão da Montanha,[94] apesar de valiosos como conselhos para todos, são dirigidos especialmente para aqueles que estão passando do Segundo para o Terceiro Grau. Meditação regular, uma acentuação da humildade e de todas as virtudes de altruís-

---

[92] *Tao Te Ching, The Way of Life,* de Lao Tzu.
[93] *O Bhagavad Gita.*
[94] Mat. 5-7.

mo, desapego e impessoalidade, além do constante trabalho árduo por uma causa à qual o eu se entrega inteiramente – estas são as garantias durante este período perigoso.

O Iniciado do Segundo Grau tem que queimar todas as sementes do egoísmo, todos os desejos pelos aplausos do mundo, todo sentido de superioridade e de separatividade. Pois mesmo que não estejamos conscientes de sua presença agora, sob o estímulo que será gerado pelas Iniciações e a aceitação pelos Seniores, quaisquer tendências para se sentir inflado, para a satisfação e o orgulho, serão consideravelmente aumentadas. É aconselhável desenvolver o hábito agora de remover de forma regular e constante todas estas coisas, e de determinar-se a seguir o caminho do *Tao,* do *Gita,* e do Sermão da Montanha.

O período do deserto pode chegar quando a pessoa está no ápice do sucesso e do favorecimento. Ele é um período excessivamente perigoso, cegando a intuição, entorpecendo o intelecto e estimulando o *ahamkara* ou sentido do eu.

Preparação para o grau de *Arhat*

O desenvolvimento Egóico do candidato ao *Arhatado* – o Grau da Crucificação que se passa nos Mistérios Maiores – inclui o desnudamento forçado do passado e todo autocentrismo que ainda possam ter permanecido. Indubitavelmente, isto ocorre de acordo com a atuação complexa do Quarto Estágio dos Mistérios Maiores. Durante o período de preparação o candidato é levado a enfrentar, brevemente, incidentes adversos desta vida e a intensa humilhação e dor resultantes. Parece um processo de ser "esfolado vivo", já que o sentido de culpa pessoal pelos erros passados e as "quedas" do Ego espiritualmente desperto é, naturalmente, muito forte. Este processo é invocado pelo próprio candidato e, conseqüentemente, ele deve estar preparado para o penoso desnudamento de seu passado com seus resultados, em particular os psicológicos, e para se defrontar com seu "guardião do umbral."

O Hierofante e Seus assistentes Adeptos são verdadeiros cirurgiões nos sentidos ocultos e psicológicos. Aparentemente, alguns candidatos têm que passar por uma "cirurgia" que força em sua consciência de vigília o conhecimento fatual ou intuitivo de muitas adversidades sérias sofridas no passado, bem como "quedas", com toda a dor, humilhação e vergonha resultantes. A personalidade desperta pela manhã de sua experiência noturna profundamente afetada pela tristeza e pelos sentimentos de vergonha e dor que ela normalmente não pode explicar.

Todo ser humano que se aproxima deste Quarto Portal tem que passar por esta "paixão". O Mestre, bem sabemos, gostaria de poupar Seu discípulo se Ele pudesse, mas evidentemente isto não pode ser feito. Os próprios Adeptos nos dizem que Eles, também, passaram por esta experiência e sabem como ela é dolorosa. Podemos estar certos que o Grande Senhor, o *Maha-Chohan* não permite que esta experiência ocorra a menos que Ele esteja certo de que o candidato pode agüentá-la, assim como o cirurgião testa o coração e outros órgãos e funções antes de operar.

Talvez possamos imaginar esta experiência devastadora como uma "operação" oculta, uma extirpação e um poderoso exorcismo, sem nenhum sentimento de ter fracassado por causa de nossa humanidade com suas seqüelas. Ela é, na verdade, uma experiência inseparável do Rito, a Crucificação, e a paixão do *Arhatado* e a preparação do coração e da mente humana para a grande iluminação que deve seguir-se. Todas as feridas levam tempo para cicatrizar.

Teosofia, os mestres e a iluminação da humanidade

Uma das vantagens da Teosofia é que ela pode informar as pessoas sobre o seu verdadeiro caminho na vida. O valor disso não pode nem sequer ser avaliado, pois é a maior dádiva encontrarmos nosso verdadeiro caminho – aquele que nascemos para fazer e ser – nosso *dharma*, na verdade. Feliz é o homem que encontrou seu verdadeiro trabalho.

As pessoas se perdem devido à falta deste conhecimento, bem como pelas adversidades, fraquezas e pelos erros a que nos levam. O verdadeiro curador, instrutor e servidor da humanidade é aquele que, conhecendo e seguindo seu próprio caminho, mostra a direção para os outros, indicando o caminho de vida de cada pessoa – interno ou subjetivo bem como externo e ativo.

Os Mestres, ao que parece, trabalham quase que inteiramente no interior das pessoas, fazendo com que Sua ajuda e orientação apareçam como se do interior da mente da pessoa que a recebe. Assim sendo, na orientação de outra pessoa, é importante levá-la àquele ponto em que tanto a causa como a cura tornam-se aparentes interiormente a ela. Ela então vê a situação por si mesma, o que é muito importante. Este é o segredo do sucesso na ajuda, pois se a pessoa pensa que uma nova idéia é sua ela consente e age de acordo mais prontamente. Um verdadeiro pastor de almas não só guarda e pastoreia o rebanho (no caso a humanidade), mas também procura iluminar a mente humana. Na prática, o Mestre como guia, filósofo e amigo, coloca os pés das pessoas no caminho certo, e quando ele se extravia, coloca-o novamente na direção correta.

Diz-se que os Mestres precisam de todos os tipos de homens e mulheres altruístas e dedicados como colaboradores – nenhum sendo recusado. Toda capacidade humana dedicada à causa Deles – a iluminação da mente humana – é de grande valor. Eles precisam de pessoas que amam profundamente o seu próximo, sentem-se unidas a todos os seres, conhecem e compartilham de tudo com eles e especialmente dentro deles.

É sugerido que isto, do ponto de vista do valor para a humanidade, é o maior de todos os *siddhis*, aquele que deve ser mais procurado, avaliado e usado sabiamente. Ainda que todas as ajudas e caridades sejam valiosas, o melhor é colocar as pessoas no caminho certo em todos os níveis em que elas são capazes de viver – espiritual, intelectual, psicológica e fisicamente.

Como este poder pode ser desenvolvido? Pela meditação, pois a meta da ioga é **deixar que Buddhi entre no cérebro,** que normalmente não responde a ele no homem da Quinta sub-Raça. A consciência de *Buddhi* proporciona cada vez mais o poder da percepção intuitiva e da compreensão, e a capacidade para se identificar com nossos princípios mais elevados.

Para atingir este poder, os *chakras* abertos devem ser combinados com o coração aberto, cheio de amor por tudo o que vive. A ioga não significa só união, mas também identificação com Deus, com Sua vida no universo e com tudo o que existe, especialmente os animais e homens que podem sofrer e se alegrar.

Ahamkara causa autocentrismo e frieza. *Buddhi* traz altruísmo e calor. O esquecimento de si mesmo é o segredo do progresso na vida esotérica e na felicidade em nossos relacionamentos externos. A experiência de identidade é possível em sua plenitude somente no nível de *Atma*.

O Adepto atingiu este nível de consciência, vivendo perpetuamente ali, de onde age diretamente. As palavras "diluir-se", "dissolver-se" e "identificar-se" são as melhores expressões em nossa língua, enquanto a palavra sânscrita "*Atma*" compreende e transmite a realização de "Eu Sou a Totalidade".

❑ ❑ ❑

Os Mestres dão respaldo à Sociedade Teosófica, que é uma de Suas atividades de treinamento e recrutamento em favor do serviço em prol da humanidade. Este conhecimento deveria fortalecer nossa fé caso ela precise disto, ao reconhecermos o fato óbvio de que os Adeptos não são menos fiéis do que os homens. Conseqüentemente, sempre que seres humanos preservam sua fé, com muito mais razão o fazem os Adeptos. Eles cumprem Suas promessas, disto podemos estar seguros, sempre que nós, Seus colegas fiéis, continuemos a cumprir com nossas promessas. Os Mestres não são indecisos, que iniciam um movimento planetário e então o abandonam quando ele cresce em atividade. Sejamos portanto firmes em nossa fé e tenhamos total confiança nos Mestres, em nosso movimento, e em nossos colegas.

Nenhuma civilização jamais se ergue de entre as Raças e sub-Raças físicas, que não tenha sido inspirada e guiada em seu desenvolvimento material exterior, especialmente no seu crescimento, sem a ajuda oculta Deles. Os ocultistas, sejam Adeptos, Iniciados ou discípulos, encarnam-se em períodos favoráveis no ciclo de avanço e declínio, em particular no primeiro. Mesmo no último caso, nenhum agrupamento humano jamais é deixado sem a assistência de um Adepto, quer esta ajuda seja aceita e aplicada ou não.

Os Adeptos estão em contato mais próximo com os homens do que os homens estão entre si, porque estão conscientemente unidos com a Essência Espiritual de todos os seres humanos e estão ajudando-os sempre que possível. Este ministério vem continuando sem parar desde o alvorecer da vida humana na Terra, tanto na forma física quanto na oculta, desde o tempo em que corpos físicos sólidos começaram a ser usados pelas Almas espirituais em desenvolvimento.

Os Adeptos estão em toda parte, **todo** o tempo, aumentando as tendências favoráveis e procurando diminuir as desfavoráveis, trabalhando sempre com a visão de longo prazo em Suas mentes. A Tradição Oculta ainda é seguida e continuará a ser seguida até o fim da atual ocupação deste mundo pelo homem.

❏ ❏ ❏

A vida oculta estabelecida por H.P. Blavatsky e seus quatro sucessores ocultos conscientes é, para muitos, uma realidade e continua sendo assim. A Sociedade Teosófica foi, sem dúvida, uma grande experiência da Fraternidade, trazida à tona muito antes de seu tempo, o que explica uma boa parte de sua história turbulenta. Os Mestres sabem disso, tinham naturalmente previsto isto e, no entanto, ainda acharam que a experiência valia a pena para o bem da humanidade.

A Sociedade Teosófica era considerada desejável então e não é menos importante hoje. Como o trabalho da Fraternidade está voltado para o futuro distante tanto como para o presente, o sucesso de Suas atividades não pode ser inteiramente percebido pelos olhos mortais. O trabalho dos Adeptos está relacionado com o homem em sua plena capacidade evolutiva e portanto lida com situações que vão aparecer no futuro distante bem como durante os períodos intervenientes.

A Sociedade Teosófica e o elo do aspirante com os mestres

Existe um certo número de fatos que é importante conhecer e lembrar sempre que nossa posição em relação aos Mestres é levada em consideração, para que este relacionamento seja compreendido.

1. O primeiro é familiar aos teosofistas, que aprendem a clara distinção entre o Eu interior e o homem externo. O Eu interior é um ser brilhante, lindo e divino que não morre como o corpo. Ele evolui ao longo das eras, nasce e vive em diferentes civilizações e países, e estabelece relacionamentos de diferentes graus de intimidade e discordância com outras pessoas encarnadas. O corpo é produzido pela Natureza e condicionado pelo carma do Ego que vai usá-lo. É importante ter em mente, com relação a nós mesmos e nossos amigos, esta distinção clara entre a individualidade real e a pessoa corpórea; pois elas **não** são a mesma.

O Ego, por exemplo, não pode ter restrições corporais nem defeitos de caráter. O corpo tem ambos, durante o caminho que leva ao Adeptado. Quando este é atingido, o corpo representa o Ego da forma mais perfeita possível e não tem nem defeitos nem deficiências. Até então, todas as pessoas têm ambos, mas em grau decrescente à medida que transcorre a evolução.

2. Todo o membro da Sociedade Teosófica que leva sua associação com seriedade e é leal aos Objetivos, especialmente ao primeiro, entra em relacionamento com os Mestres, que então conhecem tanto o Ego como a personalidade e ajudam e usam ambos.

3. Quando uma pessoa ingressa na Sociedade Teosófica com um propósito sincero, com inteligência e um impulso interior ou intuição, então ela é atraída para mais perto dos Mestres. O elo cresce mais forte e o contato mais íntimo em ambos os casos com o passar dos anos da associação fiel e útil. Pois, quando o membro além de tudo dá sua vida em serviço e livremente gasta de seus recursos em prol de um líder ou representante dos Mestres, servindo fielmente dia a dia sem nenhum pensamento em seu próprio benefício, então o Mestre aproxima-se ainda mais desta pessoa.

Ainda que em consciência e circunstâncias normais a pessoa tenha que aceitar tudo isto, e mais ainda, na base da fé, podendo não ter esta experiência com freqüência, tudo isto prova-se de certa forma pelas decisões efetuadas; pois estas são o resultado dos impulsos do Eu Interior, e a partir de então o carma assume um papel decisivo nos resultados.

Recrutando discípulos

Ao longo das eras os Adeptos procuraram recrutas assim como Eles os estão procurando atualmente. Esta busca, e o alistamento daqueles que estão dispostos e estão preparados, continua para aumentar o número dos que já estão nas fileiras. Um segundo motivo é para acelerar a evolução daqueles que são escolhidos, e desta forma acelerar a evolução da humanidade como um todo. Isto é urgente por causa da natureza crítica dos nossos tempos.

Enquanto algumas pessoas estão caminhando adiante da Raça humana, o progresso da massa da humanidade é demasiadamente indulgente. Nem mesmo a situação de tensão daqueles que vivem sob a ameaça da guerra tem sido suficiente para despertar o desejo de realização espiritual na população como um todo, que não sabe nada de progresso Egóico e espiritual ou que ele pode ser acelerado.

A civilização moderna embala as pessoas em seu adormecimento cultural, intelectual e espiritual; e a humanidade tornou-se demasiadamente indulgente. Além disso, as invenções trouxeram distrações e facilidades para o entretenimento. Observar em vez de fazer tornou-se a regra, exceto para uns poucos.

Apesar de nem todos poderem engajar-se em grandes e importantes atividades, todos podem praticar ioga de uma ou outra modalidade. Portanto, a importância da ioga também precisa ser enfatizada. Isto significa ensinar as pessoas a controlar os três corpos inferiores e suas atividades; a procurar o Eu que vive dentro delas e alcançar identificação com o Eu Interior. A técnica deveria ser a mais simples possível inicialmente. O fato de iniciar é importante, não só por causa dos efeitos imediatos, mas também porque abre a personalidade ao Ego, às Hostes Angélicas e aos Adeptos.

Na prática da ioga, existe mais de uma razão para o relaxamento preliminar do corpo. A tensão em qualquer parte resulta em concentração e no uso da energia eletromagnética e do *prana* do corpo. Isso diminui a quantidade disponível para o cérebro, que precisa ser supercarregado com ambas. A tensão também impede ou dificulta a separação da consciência pessoal do corpo. Existe sempre uma pressão psíquica associada com a tensão física, e os corpos etérico e astral são mantidos rígidos numa área maior do que a parte do corpo físico afetada. Isto também dificulta a liberdade de obter a consciência Egóica. A tensão cria uma estrada pedregosa para a mente pessoal. O relaxamento torna-a suave.

As pessoas que começam a ioga precisam ser alertadas contra a expectativa de resultados e experiências notáveis e fenomenais, para que não sejam desencorajadas pela ausência destes. Eles deveriam ser ensinados também que o poder, a luz e a paz interior que eles estão procurando como seus verdadeiros e únicos objetivos em consciência, estão **dentro** deles, e não acima nos céus ou no *ashram* de um Mestre.

A meditação é um processo de mergulhar dentro de nós mesmos onde se encontra a totalidade da existência.

A partir destes passos preliminares descritos, os métodos podem ser seguidos. O importante para todos é começar; pois absolutamente nada pode acontecer até que se comece. Como diz o provérbio chinês: "Uma jornada de mil milhas começa com o primeiro passo."

De homem a super-homem

Esvazie a mente de todos os preconceitos e deixe a luz brilhar dentro.

Esvazie a alma de toda ambição pessoal e deixe o fogo da aspiração exaltar-se.

Esvazie todo o seu ser do eu e do egoísmo, para que o altruísmo possa tornar-se sua qualidade mais íntima. Então a iluminação pode ocorrer, então o progresso pode ser feito, então o domínio do inferior pelo superior pode ser atingido. O neófito deve estar prevenido, sem cessar, contra a intrusão de pensamentos e sentimentos egoístas e cheios de desejos.

A oportunidade é a indicação da Natureza de que a alma se aproxima de sua fase de florescimento. A oportunidade bate à porta da casa em que o homem externo está habitando para trazer a ele a mensagem que o Eu interior está a ponto de florescer.

A oportunidade assume muitas formas, porém em todas encontra-se um mensageiro do mundo exterior para o homem interior. A oportunidade é um sinal seguro de que a pessoa está pronta para a grande Busca.

Até que por si só as portas se abram inteiramente, a Busca será em vão. Aquele que bate em portas fechadas, ensaia prematuramente o portentoso empreendimento. Portas fechadas são um sinal de que o trabalho interior ainda não foi feito, que débitos ainda não foram pagos, que a força ainda não foi desenvolvida, que a sabedoria é insuficiente para as necessidades do peregrino.

Assim sendo, que aqueles que procuram os pés do Mestre, e no entanto encontram a entrada fechada, examinem cuidadosamente cada aspecto do caráter. Mantendo o ideal do Mestre claramente diante de si, que eles se dediquem à meditação e ao serviço altruísta.

Glossário[95]

Absoluto – O princípio impessoal, supremo e incognoscível do universo. Veja *Parabrahman*.

Aceitação – Um dos estágios de relacionamento com um Mestre de Sabedoria. Veja "A Senda".

Adepto – *Adeptus* (latim) – "Aquele que obteve". Um iniciado do quinto grau nos mistérios maiores, Mestre na ciência da filosofia esotérica, um homem perfeito, um ser elevado que alcançou o domínio completo sobre sua natureza puramente humana e possui conhecimento e poder proporcionais à sua elevada estatura. Um iniciado que zela e guarda o progresso da humanidade.

Adi (Sânsc.) – "O Primeiro, o Primevo". O Plano de Fundação, o primeiro corpo de manifestação, a fundação do universo, o seu suporte e a fonte de sua vida. Para uma exposição dos sete planos da Natureza, veja *Through the Gateway of Death*, Geoffrey Hodson.

Adi-Buddhi – (Sânsc.) O primeiro e supremo Buda. O primeiro Iluminado ou Sábio – Sabedoria primeva. O princípio abstrato de todos os Budas.

Ahamkara (Sânsc.) – A primeira tendência para a limitação, considerada como a origem de toda manifestação. No homem, o conceito de "eu", autoconsciência ou auto-identidade, a ilusão do eu como uma existência separada, em contraste com a realidade do Ser Uno Universal. A ilusão da separatividade, a "Grande Heresia", é considerada como a origem de toda dor e sofrimento. A emancipação do Eu desta ilusão é o caminho correto para a paz e a felicidade.

Ain (Hebraico) O existente em estado negativo; deidade em repouso e absolutamente passiva.

---

[95] O Glossário originou-se de: *A Dictionary of Some Theosophical Terms*, compilado por P. Hoult; Glossário Teosófico, de Helena P. Blavatsky, Ed. Ground, SP; Glossário de *The Hidden Wisdom in the Holy Bible,* vols. II, III, de G. Hodson, e *Glossário of Theosophical Terms*, Annie Besant e H. Burrows.

Ain Soph Aur (Hebraico) – A Luz iluminada que se concentra na primeira e mais elevada *Sephira* ou *Ketter*, a Coroa.

Ajna Chakra – Veja *Chakra*.

Akasha (Sânsc.) – A sutil, supersensível essência espiritual, que preenche e penetra todo o espaço. Veja *Kundalini-Shakti* e *Tattva*.

Anel "não passa" – A margem mais externa ou limite marcado pelo Logos dentro do qual o seu Sistema deve se manifestar. Em termos macrocósmicos, o limite presumido dentro do qual está contida a consciência de todos os seres que estão evoluindo dentro do corpo circunscrito ou área do espaço. Em termos microcósmicos, o Envoltório Áurico aplicado somente a estados de consciência significa os círculos ou fronteiras, grandes ou pequenas, ao qual a compreensão e conscientização são limitadas. No curso da evolução cada entidade alcança sucessivos estágios de desenvolvimento, dos quais sua consciência não pode passar para as condições alcançadas nas fases finais ou mais elevadas do desenvolvimento. Isso se aplica a seres de todos os níveis de crescimento, do animal à Deidade Solar, cada qual tendo um limite para seu alcance de consciência, sendo apropriado para sua estatura evolucionária. Para animais, o Anel "não-passa" é a autoconsciência que lhes falta. Para o homem, refere-se à plena autoconsciência espiritual e habilidade de compreender dimensões do espaço além das três normais. Estas limitações podem também ser consideradas como portais ou "pontos de transmissão" que levam de um plano a outro da existência.

Antahkarana (Sânsc.) – O caminho ou ponte entre o *Manas* superior e o *Manas* inferior, o Ego divino e a Alma pessoal do homem. Serve como um mediador na comunicação entre os dois, e transmite do ego inferior para o superior todas as impressões e os pensamentos dos homens que podem, por sua natureza, ser assimilados e retidos pela entidade imperecível *[A Mônada-Ego]*.

Anu (Sânsc.) – Um "átomo", um dos títulos de *Brahma*, que é dito ser um átomo assim como o universo infinito.

Anupadaka (Sânsc.) – "Sem pais", "que existe por si mesmo", nascido sem pais ou progenitores. Um termo aplicado a certos deuses autocriados e aos *Dhyani-Buddas*. É também a essência mais profunda do indivíduo assim como do universo. O segundo plano da matéria.

Apis (Egípcio) "O morto-vivo" ou Osíris encarnado no Touro Branco Sagrado. Apis era o deus-touro, que foi morto cerimonialmente ao atingir a idade de 28 anos, idade em que Osíris foi morto por Typhon. Não se adorava o Touro, mas o símbolo de Osíris, do mesmo modo que cristãos ajoelham-se diante do Cordeiro, símbolo de Jesus Cristo, nas igrejas.

Archetype (Grego) – "Primeiro molde" ou matriz. A "idéia" ideal, abstrata ou essencial. O divino concebendo, a partir do qual nasce a "idéia" divina ou todo universo no tempo e no espaço, o poder governante na criação.

Arhat (Sânsc.) – "O Notável". Exotericamente, "aquele que merece honras divinas". Esotericamente, um iniciado do quarto grau que entrou no caminho mais alto e foi, portanto, emancipado da auto-separação e do renascimento compulsório.

Arjuna (Hindu) – Literalmente o "branco". O terceiro dos cinco irmãos *Pandu* ou os reputados filhos de *Indra* (esotericamente o mesmo que Orfeu). Arjuna é um discípulo de Krishna, e durante a guerra fratricida entre *Kauravas* e *Pandavas,* Krishna o instruiu na mais elevada filosofia espiritual.

Arupa (Sânsc.) – "Sem corpo", sem forma, em contraposição à *rupa,* corpo ou forma. Este termo é mais freqüentemente usado como uma qualificação do plano *Manásico*, cujas três condições superiores, ou mais internas, são descritas sob a denominação de "planos *arupa"*.

Árvore *Sephirothal* – A Árvore Cabalista da vida é composta de dez Ordens de Seres manifestados associados com dez *Sephiras*. Elas são consideradas emanações da Divindade, cada *Sephira* representando um número, um grupo de idéias, títulos e atributos sublimes e uma hierarquia de Seres espirituais que não pertencem à humanidade. Veja *The Hidden Wisdom in the Holy Bible,* Apêndice, Vol. II e III, e *O Reino dos Deuses,* Parte III, Cap. IV, de G. Hodson, Ed. Pensamento-SP.

Asana (Sânsc.) – O terceiro estágio de *Raja-Ioga* ; uma das posturas prescritas para meditação.

Asekha (Sânsc.) – No Budismo, Aquele que não tem mais nada a aprender; um nível da hierarquia acima à de *Arhat;* um iniciado do Quinto Grau, um Adepto.

Ashram (Sânsc.) – Um local sagrado, um monastério ou ermida para fins ascéticos.

Astral – A região da expressão de todos os sentimentos e desejos da alma humana. Veja também *Kama*.

Atma (Sânsc.) – O Espírito Universal. O sétimo princípio na constituição setenária do homem, a Alma Suprema. A faculdade que se manifesta como vontade espiritual.

Atômico – Na Ciência Oculta esta palavra é usada para as fundações do universo e no sentido estritamente etimológico, significando que "não pode ser cortado ou dividido" (Gr.). Um dos fundamentos do ocultismo é que os elementos da Natureza são átomos no lado material, e Mônadas no lado da energia, ambos indivisíveis. Os filósofos gregos Demócrito, Leucippo, Epicuro, Ennio e Lucrécio apresentaram o ponto de vista de que a matéria era composta de átomos. Estes eruditos ficaram conhecidos como "atomistas", por conseqüência. Veja *First Principles of Theosophy*, cap. X, C. Jinarajadasa.

Aum (Sânsc.) – O nome da Deidade tríplice. Uma sílaba sagrada, de invocação e de graça divina.

Aura (Gr. e Lat.) – Uma essência ou fluido sutil e invisível que emana dos corpos humanos, animais e mesmo dos inanimados. Um eflúvio psíquico, superfísico e físico, incluindo as emanações eletro-vitais do corpo físico no caso do homem. Tem em geral a forma de um ovo, e é a sede das energias Monádica, espiritual, intelectual, mental, pessoal e vital, e também das faculdades e potencialidades do homem setenário.

Avatara (Sânsc.) – "Descida". A encarnação de uma Deidade, especialmente de *Vishnu*, o Segundo Aspecto da Trindade hinduísta.

Avidya (Sânsc.) – O oposto de *Vidya* (conhecimento). Ignorância originada e produzida pela ilusão dos sentidos.

Bhagavad Gita – (Sânsc.) Literalmente, "A Canção do Senhor". Uma parte do *Mahabharata,* o nobre poema épico da Índia. Contém um diálogo entre Krishna – o "Cocheiro" – e Arjuna, seu *chela*, em que eles têm uma discussão da mais elevada filosofia espiritual. O trabalho é preeminentemente oculto ou esotérico.

Bhakti (Sânsc.) – Devoção; fé; amor. *Bhakti* é a devoção que se entrega totalmente e sem reservas a Deus e ao Homem Divino através do qual

Deus manifesta-se na matéria". (Annie Besant) *Bhakti-Ioga* é a ioga da devoção e da fé – a realização do Eu através da devoção; *Bakta*: um devoto.

Brahma Vidya (Sânsc.) – "A sabedoria de *Brahma*". A Deidade Suprema.

Brahman(n) (Sânsc.) – O Princípio impessoal, supremo e incognoscível do universo, de cuja essência tudo emana e para o qual tudo retorna. A primeira pessoa da *Trimurti* (Trindade) hinduísta, composta de *Brahma, Vishnu* e *Shiva*.

Brahmarandra Chakra – Veja *Chakra*.

Brahmin (Brahman) (Hindu) – A casta sacerdotal dos hindus, ou alguém que pertença a esta casta.

Buddhi (Sânsc.) – Alma universal. O sexto princípio na constituição setenária do homem, aquele da sabedoria intuitiva, veículo do sétimo *Atma*. A faculdade que se manifesta como intuição espiritual.

Cabala (Hebraico) – De QBLH, "uma tradição oral ou não-escrita". A sabedoria oculta dos Rabis hebreus, derivou-se da doutrina secreta dos primeiros povos hebraicos. Veja *O Reino dos Deuses,* Parte III, capítulo IV, de Geoffrey Hodson.

Cadeia – Veja Esquema Planetário.

Carma – "Ação", significando tanto a Lei de ação quanto de reação, causa e efeito, e o resultado de sua operação sobre nações e indivíduos. Esta Lei universal de causa e efeito guia sem errar todas as outras leis que produzem certos efeitos que por sua vez refletem suas respectivas causas. Ela opera não somente durante uma única vida, mas através de sucessivas vidas. As condições e oportunidades de cada qual são os efeitos exatos de causas geradas em encarnações precedentes. Esta lei assegura absoluta justiça para cada ser humano: "aquilo que o homem plantar, ele colherá". (Gal. 6:7). Veja *Reincarnation, Fact or Fallacy?*, de G. Hondson; e *Karma*, de A. Besant.

Cascões – Um nome cabalístico para os fantasmas dos mortos, os "espíritos" dos espíritas, aparecendo nos fenômenos físicos, assim denominados por serem simplesmente formas ilusórias, sem os seus princípios superiores. Sob certas condições, estes "cascões" são suscetíveis à animação temporária por parte de médiuns espíritas, espíritos da Natureza, outras pessoas falecidas, ou por magos brancos ou negros. Para uma explicação adicional deste fenômeno, veja *Basic Theosophy, The Living Wisdom,* p. 148, G. Hodson.

Chakra (Sânsc.) – Uma "roda" ou disco. Um centro de força giratório como um vórtice em forma de túnel, com abertura na superfície dos corpos etéricos e sutis do homem, e seu tronco levando às contrapartes superfísicas da coluna cervical e dos centros nervosos das glândulas. Os *Chakras* são ao mesmo tempo órgãos de consciência superfísica e transmissores da força da vida entre os corpos físico e superfísicos. Há sete *Chakras* principais associados com glândulas e órgãos específicos do corpo. Eles são:

1. *Muladhara* (sacro)

2. *Svadhisthana* (baço)

3. *Manipura* (plexo solar)

4. *Anahata* (coração)

5. *Vishudda* (garganta)

6. *Ajna* (frontal, na testa – corpo pituitário e glândula pineal)

7. *Brahmarandra, Sahasrara* (topo da cabeça – fontanela anterior) O *Sahasrara* é o sétimo e o mais elevado centro ou "lótus" localizado dentro do cérebro humano. O *Brahmarandra* é um *Chakra* extrafísico localizado no topo da cabeça, normalmente o caminho utilizado pelo Ego para sair do corpo. Veja *The Serpent Power,* pp. 428-9, de A. Avalon; e *Os Chakras,* de C.W. Leadbeater, Ed. Pensamento, SP.

Chela (Sânsc.) Um discípulo ou pupilo.

Chohan (Tib.) "Senhor" ou "Mestre", um chefe, assim o *Dhyan Chohan* responderia ao "Chefe dos *Dhyanis*". Um Adepto superior ou Iniciado do Sexto Grau. Veja *Dhyani.*

Ciência Oculta – A ciência dos segredos da Natureza – físico e psíquico, mental e espiritual; chamadas Ciências Herméticas ou Esotéricas.

Constituição do homem – O homem é aquele ser em quem o mais elevado espírito (Mônada) e a matéria mais inferior (corpo) estão unidos pelo intelecto. O homem é um microcosmo, uma reprodução em miniatura do Macrocosmo, sendo feito à imagem do Criador.

Diagrama Representativo da Constituição do Homem

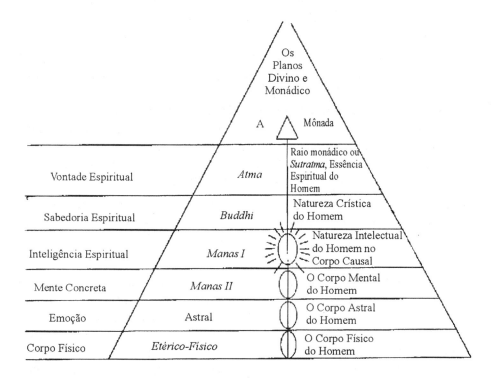

Corpo Causal – O corpo imortal do Ego reencarnante do homem, construído de matéria dos níveis superiores do mundo mental. É chamado Causal porque acumula dentro de si os resultados de todas as experiências, e estas agem como causas, moldando as vidas futuras e influenciando a conduta futura.

Correspondências – Veja lei de correspondências.

Criação – O surgimento e desenvolvimento subseqüente de um universo e o seu conteúdo é considerado na filosofia oculta como sendo menos o resultado de um ato de criação, seguido pela evolução natural, do que um processo de emanação guiado por forças inteligentes sob uma Lei imutável. O conceito tradicional de criação ou surgimento do universo a partir do nada, não é um conceito aceitável. Para o ocultista, o Cosmo é considerado como emanando de uma fonte sem fonte que tudo contém, o Absoluto.

Davaki (Sânsc.) – A mãe de Krishna. Ela foi encerrada num calabouço por seu irmão, rei Kansa, o qual temia que se cumprisse uma profecia segundo a qual um filho de sua irmã iria destroná-lo, tirando-lhe a vida. Apesar da estreita vigilância, *Vishnu,* o Espírito Santo, desceu sobre ela, e assim Devaki concebeu e deu à luz Krishna.

Deus – Na filosofia oculta o termo "Deus" em seu significado mais elevado refere-se a uma realidade suprema, eterna e indivisível. Este absoluto é inconcebível, inefável e desconhecido. A sua existência revelada está postulada em três termos: uma existência absoluta, uma consciência absoluta e uma bem-aventurança absoluta. A consciência infinita é considerada inerente ao Supremo Ser como uma força dinâmica que manifesta as potencialidades mantidas em sua própria infinitude, trazendo à existência formas de suas próprias profundezas sem forma.

Devachan (Sânsc.) – "A "Morada dos Deuses". Um estado intermediário entre duas vidas terrestres, no qual o Ego entra depois de sua separação de *Kama Rupa* e da desintegração dos princípios inferiores depois da morte do corpo na terra.

Devas (Sânsc.) – "Os Seres Brilhantes", seres espirituais, *Logoi* planetários, e as hierarquias de arcanjos e anjos. Os principais estágios do desenvolvimento *dévico* têm cada qual o seu próprio nome. Espíritos da Natureza, como os animais e os pássaros pertencem a uma "consciência grupo" dividida com outros do mesmo gênero. Deuses, *Sephiras, devas* e anjos desenvolveram-se a partir de uma "consciência grupo", em indivíduos separados, como os homens. Arcanjos, especialmente, transcenderam as limitações da individualidade e entraram na consciência universal ou cósmica, como o super-homem ou Adepto.

Dharma (Sânsc.) – É aquilo que deve ser mantido. É a obrigação moral e religiosa; justiça, ação correta e ordenada; virtude. *"Dharma* é uma palavra de amplo sentido, cujo significado primário é a natureza essencial de uma coisa – aquela que modela a vida exterior; conseqüentemente, a lei da vida é sua obrigação. O *Dharma* também inclui rituais religiosos apropriados àquelas leis e costumes – também justiça-eqüidade) (Annie Besant).

Dhyan-Chohans, "Senhores de Contemplação", são membros da hoste de Seres Espirituais que vivem nesse estado exaltado e supervisionam a evolução cíclica da vida e da forma no Sistema Solar. Relativamente à Mônada, o homem é um embrião Dhyan-Chohan, e no fechamento da Idade Planetária terá ele próprio se tornado um "Ser de Luz" totalmente desenvolvido.

Dhyani (Sânsc.) – "Especialista em Ioga". Também um nome genérico para seres espirituais, *Logoi* Planetário, e hierarquia de arcanjos e anjos. O termo *Dhyana* significa um estado de profunda contemplação durante o qual o *Dhyani* une-se com as partes mais elevadas de sua própria constituição e com elas comunga.

Discipulado – Veja A Senda do Discipulado.

Diva-Raja (Sânsc.) – Um Arcanjo – Rei Deva.

Durga (Sânsc.) – Literalmente, "Inacessível". A potência feminina de um deus; o nome de *Kali*, a esposa de *Shiva*, o *Mahasvara* ou "o grande deus".

Ego – O ser espiritual tríplice, imortal em desenvolvimento no homem em sua veste de luz, o "Manto de Glória dos gnósticos e o *Karana Sharira* ou Corpo Causal da filosofia hinduísta. Esta Tríade mais elevada evolui até o Adepto por meio de vidas sucessivas na Terra, todas unidas porque são reencarnações do mesmo Eu espiritual. Assim o Ego é uma manifestação individual da Mônada, que é o Eu eterno do homem, o habitante do Recôndito, uma unidade da Essência-Espírito do universo. O termo é usado para designar o desabrochar do Eu espiritual do homem no qual o atributo da individualidade é inerente. O adjetivo "Egóico" refere-se ao Ego nesse sentido.

Envoltório Áurico – A aura total, referindo-se tanto à margem ou extrema extensão das radiações áuricas (envoltório) como à presença de poderes germinais, especialmente aqueles retidos na veste imortal do Eu tríplice conhecido como corpo causal. Este veículo é mais especialmente simbolizado pelas arcas das lendas do Dilúvio das escrituras antigas, e por barcos introduzidos em outras narrativas alegóricas tais como as dos navios construídos por Argus e Deucalion (Mitologia Grega), aquele construído por *Vaivasvata (Mahabharata,* os *Puranas* e os *Bhahmanas).* E também no qual o Cristo realizou o milagre de acalmar a tempestade (Mat. 8:23-26). O limite e a totalidade da substância dos sete corpos, físicos e superfísicos, e suas radiações sutis.

Esquema Planetário – Na filosofia oculta diz-se que um Sistema Solar é constituído de dez Esquemas Planetários. Cada esquema, geralmente denominado de acordo com a sua representação fisicamente visível, é composto de sete Cadeias de Globos. Em termos de tempo, uma Cadeia consiste da passagem da onda de vida sete vezes ao redor de seus Sete Globos. Cada uma destas passagens é chamada de Ronda, a conclusão da sétima finalizando a vida da Cadeia.

Os Globos de uma Ronda são tanto superfísicos quanto físicos, e estão organizados num modelo cíclico, três em um arco descendente, três em um arco ascendente, e o do meio, o Quarto Globo, sendo o mais denso de todos e o ponto de inflexão. O período ativo destas unidades, do Sistema Solar e do Globo, chamado *Manvantara*, é sucedido por um período passivo de igual duração, chamado *Pralaya*. A conclusão da atividade do Sétimo Globo da Sétima Ronda da Sétima Cadeia finaliza a atividade de um Sistema Planetário.

Nosso Sistema Terrestre está atualmente na Quarta Ronda da Quarta Cadeia, e a onda de vida está a meio caminho através deste período de atividade no Quarto Globo, a Terra física. Assim, a condição mais densa possível de substância está agora sendo ocupada pelo espírito e desta forma pelas Mônadas ou Espíritos dos homens. A resistência da matéria está no seu máximo nesta época, e isso explica as dificuldades da vida humana neste período.

A ocupação de um planeta físico pelo homem consiste de sete épocas raciais e fases do desenvolvimento evolucionário. Ao longo deste trabalho estas são chamadas de Raças-Raízes. De acordo com esta parte da filosofia oculta referente à evolução da Alma Imortal e da personalidade mortal do homem, revela-se uma progressão ordenada. A regra básica é que a vida interior consciente nos reinos mineral, vegetal, animal e humano da Natureza progride ao reino acima, durante um período de uma Cadeia. Uma vez que cada Cadeia é composta de Sete Cadeia, espera-se que cada Ronda seja caracterizada pelo progresso através de estágios subsidiários da consecução final para a Cadeia como um todo.

Aplicado ao homem, a Mônada evoluiu Cadeia por Cadeia através do mineral (primeira Cadeia), da planta (segunda Cadeia) e do animal (terceira Cadeia) para o estado individualizado, autoconsciente, característico do ser humano da Quarta Cadeia. Esta é a atual posição do homem, e no fim de cada uma das Rondas remanescentes dessa Quarta Cadeia, será alcançado um certo grau de desenvolvimento. Esses estágios referem-se principalmente ao desenvolvimento da capacidade de consciência e ação efetiva – espiritual, intelectual, cultural e física. Assim, a antropologia oculta apresenta um esquema ordenado e sistemático de desenvolvimento para a vida de todos os reinos da Natureza.

No fim da Sétima Raça desta Quarta Ronda na Terra, a massa da humanidade terá alcançado o nível agora conhecido como Iniciação ou regeneração espiritual, caracterizado pela consciência de Cristo, que inclui tanto a compreensão da unidade da vida quanto a compaixão por todos os seres vivos. No final da Sétima Raça, espera-se que a raça humana agora evoluindo na Terra alcance a estatura de Adepto ou homem perfeito, "a medida da estatura da plenitude de Cristo" (Eph. 4:13). Veja *The Solar System*, de A.E. Powell; *Lecture Notes, The School of the Wisdom*, Vol. I, de G. Hondson, e *The Earth and Its Cydes*, pp. 37-8, de C.W. Preston.

Fogo Serpentino – Veja *Kundalini* e *Kundalini-Shakti*.

Fohat (Tibetano) – "Energia Divina". A força construtiva da eletricidade cósmica, polarizada nas correntes positivas e negativas da eletricidade terrestre; a sempre presente energia elétrica, a força vital, universal e propulsora.

Fraternidade – Veja Grande Fraternidade Branca.

Ganesha (Sânsc.) – O deus de cabeça de elefante, Deus da Sabedoria, o filho de *Shiva*. É equivalente ao egípcio Thoth-Hermes e Anúbis ou Hermanúbis. Segundo diz a lenda, ao perder sua cabeça humana, recebeu uma de elefante.

Globo – Veja Esquema Planetário.

Jnana (Sânsc.) – 1. Percepção espiritual; a visão mais profunda e divina, sabedoria, gnose. 2. O Segundo Aspecto da Trindade.

Gnose – Literalmente, "conhecimento". O termo técnico utilizado pelas escolas de filosofia religiosa, antes e durante os primeiros séculos do assim chamado Cristianismo, para designar o objeto de suas indagações. Este conhecimento espiritual e sagrado, *Gupta Vidya* dos hindus, somente poderia ser obtido através da Iniciação nos Mistérios Espirituais, do qual os "Mistérios" eram um tipo de cerimonial.

Gnósticos (Grego) – Os filósofos que formularam e ensinaram a gnose ou conhecimento. Eles floresceram nos três primeiros séculos da Era Cristã. Eram filósofos eminentes na época: Valentino, Basílides, Marcion e Simão o Mago.

Grande Fraternidade Branca – A Grande Fraternidade Branca e a Hierarquia oculta mais poderosa que guia a evolução, administra as leis da Natureza e dirige as questões da Natureza. Os membros da Fraternidade ou do Governo Espiritual Interno são os Guardiões de nossa humanidade e os verdadeiros Instrutores e Mestres do homem. Eles estão classificados em ordem, cada qual tendo suas múltiplas obrigações e as cumprindo em perfeita harmonia. Veja *Os Mestres e a Senda*, de C.W. Leadbeater, Ed. Pensamento-SP; *Our Elder Brethren*, de Annie Besant; *Light on Sanctuary The Occult Diary of Geoffrey Hodson* e

Illumination of the Mystery Tradition, compilado dos escritos de Geoffrey Hondson e Sandra Hodson.

Guna (Sânsc.) – "Um fio ou corda". As três qualidades ou atributos inerentes à matéria: *Rajas*: atividade, desejo; *Sattva:* harmonia, ritmo; *Tamas*; inércia, estagnação. Estes correspondem aos três Aspectos da Trindade: Pai, Filho e Espírito Santo, ou *Brahma Vishnu* e *Shiva*, respectivamente.

Gupta Vidya (Sânsc.) – Ciência Esotérica ou Secreta, conhecimento.

Guru (Sânsc.) – Um Instrutor Adepto.

Hierarquia Oculta – Veja Grande Fraternidade Branca.

Hierofante (Grego) – "Aquele que explica as coisas sagradas". O revelador de ensinamentos sagrados e o Chefe dos Iniciados. Um título dado aos Adeptos mais elevados, nos templos da antiguidade, que eram os instrutores e expositores dos Mistérios e os Iniciadores nos mais elevados Mistérios Maiores. Veja *Eleusis and the Eleusiniam. Mysteries,* G.E. Mylonas; *The Eleusiniam Mysteries and Rites,* D. Wright, e *The Mysteries of Eleusis*, de G. Méautis.

Ichchha-Shakti (Sânsc.) – Força de vontade, força do desejo; uma das forças ocultas da Natureza. Aquele poder de vontade o qual, executado em práticas ocultas, gera as correntes nervosas necessárias para colocar certos músculos em movimento ou paralisar outros.

Ida: Veja *Kundalini-Shakti.*

Individualização – De acordo com a filosofia oculta, os animais têm almas que são animadas por uma consciência-grupo, um instinto de grupo que surge da alma grupo, e não de uma única alma espiritual como ocorre na humanidade. No curso da evolução, um número de almas autoconscientes diferenciarem-se desta alma-grupo. Deste modo a vida interior na Natureza evoluiu durante vastas idades através dos reinos mineral, vegetal e animal até alcançar o estado humano – assim entrando no reino humano. Este procedimento natural é denominado "individualização".

Iniciação – Uma profunda regeneração espiritual e psicológica, como resultado disso ocorre um novo nascimento, um novo começo, e uma nova vida. A palavra originada do latim *Initia,* também se refere aos primeiros ou básicos princípios de cada ciência, sugerindo que os Iniciados estão conscientemente unidos com o seu Primeiro Princípio, a

Mônada de onde eles emergiram. Tanto os Mistérios menores como os maiores, antigos e modernos conferem Iniciações de vários graus a candidatos bem-sucedidos.

Iniciado – Do latim *Initiatus*. Designação dada àqueles que receberam a Iniciação.

Ioga – A prática da meditação como um meio que leva à libertação espiritual. Os sete tipos de ioga são:

1 *Hatha-Ioga* – Objetiva realizar a união com Deus por meio do controle do corpo, da respiração e da vitalidade.

2 *Carma-Ioga* – Objetiva a habilidade na ação e a perfeição no serviço, especialmente no nível físico.

3 *Laya-Ioga* – Busca o controle da vontade e expansão da mente; inclui o despertar da *Kundalini*.

4 *Jnana-Ioga* – Busca a união consciente com o Supremo através do conhecimento e domínio do intelecto. Esta faculdade de percepção profunda não tem quase nada a ver com o que é popularmente mencionado como cultura livresca.

5 *Bakti-Ioga*: Busca expressar e desenvolver a devoção e o amor como *"asas"* através das quais se chega ao Supremo, à comunhão e à união.

6 *Mantra-Ioga* – utiliza-se de sons e palavras sagradas como instrumentos de poder do pensamento e como auxílios para a autocompreensão.

7 *Raja-Ioga* – Posibilita o domínio sobre todos os métodos de ioga e também desenvolve poderes especiais de discernimento e dissociação das restrições da natureza pessoal, para dar o conhecimento direto e a contínua experiência de que o espírito do homem e o espírito de Deus são um só espírito.

Jiva: Vida, como o Absoluto: também a Mônada ou *Atma-Buddhi*.

Jivanmukta (Sânsc.) – Um Adepto ou Iogue que alcançou o último estado de santidade e separou-se da matéria, um *Mahatma* ou *Nirvanee*, "Aquele vive em Bem-Aventurança".

Kali (Sânsc.) – A "Negra", agora o nome de *Parvati*, a esposa de *Shiva*; porém originalmente era o nome de uma das sete línguas de *Agni*, o deus do fogo – "a língua ígnea e negra". O mal e a iniqüidade.

Kama (Sânsc.) – Desejo mau, luxúria, força do desejo e o anseio pela existência. *Kama* é geralmente identificado como *Mara*, o tentador.

Kumaras (Sânsc.) – "Seres que mantém a pureza espiritual original". Os quatro grandes Seres na Hierarquia Oculta dos Adeptos que ajudam na evolução da humanidade; também aplicado ao Eterno Jovem Virgem e seus discípulos, que são mencionados na filosofia oculta como aqueles que fundaram a Hierarquia dos Adeptos neste planeta. *Sanat Kumara* é o nome dado a este profundamente reverenciado chefe dos Adeptos na Terra; Ele é também conhecido como o Rei do Mundo. Veja *Lecture* Notes, *The School of the Wisdom*, Vol. I (Edição revisada), Cap. XVI, Seção 4, de G. Hondson.

Kundalini (Sânsc.) – O princípio serpentino da vida universal. Um poder oculto setenário, superfísico no universo e no homem, funcionando neste último por meio de uma ação em espiral ou serpentina, especialmente na coluna vertebral, mas também através do sistema nervoso. É representada na simbologia grega pelo caduceu. Quando despertada de maneira supranormal, esta força ígnea sobe até o cérebro por um caminho serpentino, por isso o seu outro nome "A Serpente de Fogo". Veja *the Hidden Wisdom in the Holy* Bible; Vol. I, Parte III, Capítulo I, com o nome de "Serpentes"; *Lecture Notes, the School of the Wisdom*, Vol. II, Cap. I, Sec. III, de G. Hondson, *Os Chakras*, de Leadbeater, Ed. Pensamento-SP e *The Serpent Power*, de A. Avalon (John Woodroffe).

Kundalini-Shakti (Sânsc.) – O poder de vida; uma das forças da Natureza. A eletricidade oculta intimamente associada com o Azoto dos alquimistas, o princípio criativo na Natureza, e *Akasha*, a sutil, supersensível, essência espiritual que abarca todo o espaço. O poder em sete camadas na base da coluna vertebral do homem, composto de três correntes que fluem por três canais na coluna vertebral, denominados *Ida* (negativo), *Pingala* (positivo) e *Sushumna* (neutro). Estes nomes são também aplicados (erroneamente) às correntes de força que fluem nestes canais. Veja *O Reino dos Deuses*, G. Hondson.

Lei de Correspondências – A coordenação harmoniosa de ressonância mútua entre as muitas partes aparentemente separadas do universo e as partes correspondentes da constituição do homem. Na filosofia oculta, todos os componentes do macrocosmo e do microcosmo são interligados e interagem de acordo com um sistema universal de troca vibratória. Na sua constituição intelectual, psíquica e física, o homem é considerado como uma réplica em miniatura ou epítome de toda a Ordem de Seres e coisas criadas, um modelo da totalidade da Natureza. É dito que ele contém dentro de si mesmo o agregado coletivo de tudo que sempre existiu através das eternidades. O filósofo chinês Lao Tzu expressou isto nestas palavras: "O universo é um homem em uma larga escala". Eliphas Levi cita da Cabala: "O mistério do homem terreno e mortal segue o mistério do homem celestial e imortal.

Lipikas (Sânsc.) – Os Registradores Celestes, os Agentes do Carma. Exotericamente quatro, e esotericamente, sete grandes "Escribas". Os Senhores do Carma que, com relação ao homem, procedem os ajustes entre os benefícios e as adversidades resultantes de ações anteriores.

Logos (Grego) – "O Verbo". "Uma Entidade divina, espiritual". A Deidade manifestada, a expressão externa ou efeito da sempre oculta Causa. Assim a palavra é o Logos do pensamento, e o Logos é corretamente traduzido para o latim como *Verbum* e para o inglês como *Word* no sentido metafísico.

Luz – Deve ser considerada como a Inteligência divina, a primeira Emanação do Supremo, a luz que de acordo com o Evangelho de São João é a vida do homem. Não deve ser confundida com a luz do Sol, que é um foco ou lente pela qual os raios da Luz primordial tornaram-se materializados e concentrados sobre o nosso Sistema Solar e produziram todas as correlações de forças.

Maçonaria Mista Internacional: A ordem da Maçonaria Mista Internacional, *"Le Droit Humain"* (Direito Humano), afirma a igualdade essencial do homem e da mulher e seu lema é *Ordo ab Chaos* (Ordem fora do caos). Uma vida de atribulações e caos é transformada gradualmente em uma vida de ordem, propósito e beleza.

É da mesma linha da maçonaria tradicional, executa os mesmos rituais e é inspirada pelos mesmos ideais como os das Grandes Lojas e o Supremo Conselho de todas as ordens maçônicas regulares. Composta como é por maçons de ambos os sexos, fraternalmente unida sem distinção de raça, religião ou filosofia, para realizar o seu objetivo a Ordem prescreve um método cerimonial e simbólico, através do qual os seus membros elevam o seu templo à perfeição e à glória da humanidade.

A origem da tradição maçônica pode ser encontrada desde os Antigos Mistérios das antigas civilizações, incluindo as do Egito e da Grécia, e pode ser reconhecida como a origem dos ensinamentos religiosos, filosóficos e éticos.

A Maçonaria Mista Internacional, livre como é de influências externas, concernentes à política, ao comércio e outros assuntos que dividem as opiniões, e tendo um objetivo profundamente espiritual, prova ser um dos mais importantes instrumentos para o estabelecimento e a manutenção da paz.

Macrocosmo – Literalmente, "Grande universo" ou Cosmo.

Maha (Sânsc.) – Um prefixo e uma qualificação de outras palavras sânscritas como as seguintes.

Maha-Chohan (Sânsc.) – "Grande Rei", também descrito como um Grau do Adepto da Sétima Iniciação. Veja *Lecture Notes, the School of the Wisdom,* Vol. I (Edição Revisada). Cap. XVI, Sec. 3 e 5, de G. Hodson.

Maha-Manvantara (Sânsc.) – O grande intervalo de tempo entre dois *Manus* ou *Logoi* Criativo. O principal período de atividade universal, o qual inclui inumeráveis ciclos internos, finitos e condicionados, ou períodos menores chamados *Manvantaras*.

Mahat (Sânsc.) – Literalmente, "O Grande". O primeiro princípio de Inteligência Universal e Consciência. Na filosofia purânica, o primeiro produto da natureza raiz ou *Mulaprakriti;* o produtor de *Manas* (princípio pensante) e de *Ahankara* (egoísmo ou sentimento de "eu sou eu").

Maha-Tattva (Sânsc.) – Veja *Tattva*.

Mahatma (Sânsc.) – Literalmente, "Grande Alma". Um Adepto do mais alto grau.

Manas (Sânsc.) – Mente

1. O mundo da mente ou das formas mentais; o campo de consciência que está entre os planos búdico e astral.

2. A mente do homem. *Manas* é conhecida pelos teosofistas sob dois aspectos: a mente superior (I) sendo parte da individualidade, e a mente inferior (II) parte da personalidade. A mente superior junto com *Atma* e *Buddhi* formam a trindade microcósmica ou o Eu espiritual tríplice – o Ego do homem.

Mantras – Versos dos *Vedas* ordenados ritmicamente de forma que, quando entoados, certas vibrações são geradas, produzindo os efeitos desejados sobre os corpos físico e superfísico dos mantra-iogues e a atmosfera que os circunda.

Manu (Sânsc.) – O grande legislador hindu. Este termo deriva da raiz sânscrita *man,* "pensar", humanidade. Um termo genérico aplicado aos Criadores, Preservadores e Progenitores – *Manvantara* significa, literalmente, o período presidido por um *Manu.* De acordo com suas funções e posições, Eles são chamados *Manus* da Raça, das Rondas, das Cadeias e assim por diante até o próprio Logos Solar.

Manvantara (Sânsc.) – "Período entre *Manus".* Época de atividade criativa. Um período de manifestação, oposto ao *Pralaya* (repouso ou dissolução). Veja *Manu* e Esquema Planetário.

Mara (Sânsc.) – O Deus da Tentação. O Sedutor que tentou tirar o Buda de seu Caminho. Ele é chamado o "Destruidor" e a "Morte" (da Alma). Um dos nomes de *Kama,* Deus do Amor.

Maya (Sânsc.) – Ilusão, o poder cósmico que torna possíveis a existência fenomenal e as percepções da mesma. Na filosofia hindu, apenas aquilo que é imutável e eterno é chamado "realidade"; tudo aquilo que é mutável, que está sujeito a transformações por decaimento e diferenciação e que, portanto, tem princípio e fim, é considerado como *maya* – ilusão.

Médium – Aquele que atua como um canal de transmissão. Uma pessoa cujo duplo etérico não está tão intimamente ligado ao corpo físico como no caso dos não-médiuns. Tal condição torna o médio suscetível à retirada da substância do Duplo Etérico, e ao seu uso na produção de fenômenos físicos. O procedimento é auxiliado pela submissão e vontade voluntária da mente do médium a tais entidades invisíveis de forma a produzir as ocorrências. Esta extrema passividade também tende a levar a vários graus de inconsciência no médium, oscilando entre o transe parcial e o completo. Nestas condições o médium perde todo o controle tanto da mente quanto do corpo e é, geralmente, mas nem sempre, dependendo do grau de transe, inconsciente do que está ocorrendo. Como um método de auto-espiritualização, para alcançar o próprio domínio e a descoberta da verdade, a entrega de si mesmo a uma entidade não é recomendada pelos ocultistas. Algumas desvantagens são: a fraqueza profunda, quase que a completa perda do controle da personalidade pelo Eu Imortal; a probabilidade de auto-ilusão e do perigo de ser obsediado e mesmo chegar à insanidade como resultado da invasão psíquica por entidades indesejáveis do astral inferior.

Microcosmo – "Pequeno universo". O reflexo em miniatura do macrocosmo. Assim o átomo pode ser chamado como o "microcosmo" do

Sistema Solar, seus elétrons movendo-se sob as mesmas leis; e o homem pode ser chamado o "microcosmo" do universo, já que ele possui dentro de si mesmo todos os elementos do universo.

Mistérios – Do grego *Muo*: "para fechar a boca", *Teletai* (grego), "Celebração de Iniciação". Os Mistérios sagrados eram representados nos templos antigos pelos Hierofantes Iniciados para o benefício e a instrução dos candidatos. Uma série de performances dramáticas secretas, na qual os mistérios da cosmogonia e da Natureza eram personificados pelos sacerdotes e neófitos. Estes eram explicados em seu significado oculto aos candidatos à Iniciação. Veja *Eleusis and the Eleusiniam Mysteries*, de G. e Mylonas; *A Dissertation on the Eleusiniam and Bacchic Mysteries*, de T.A Taylor; *The Mysteries of Eleusis*, de G. Méautis, e *Illuminations of the Mystery Tradition*, compilado dos escritos de Geoffrey Hodson por Sandra Hodson.

Moksha (Sânsc.) – Liberação, Nirvana, um estado de descanso e bem-aventurança. Libertação dos vínculos da carne e da matéria ou da vida nesta Terra.

Mônada (Grego) – "A Unidade". O Espírito divino no homem, O Habitante do Recôndito, o qual é dito evoluir através dos reinos subumanos da Natureza ao humano, e dali até a estatura de Adepto, além da qual se estendem estados evolutivos cada vez mais elevados, sem limite.

Muladhara Chakra – Veja *Chakra*.

Mulaprakriti (Sânsc.) – A raiz *Parabrahmica* da Natureza, o abstrato deífico. Princípio feminino – substância indiferenciada, chamada em outras escolas de *Akasha* e *Pradhana*.

Nadi (Sânsc.) – Órgão tubular etero-físico ou canal para o fluxo de uma corrente de vida e energia, por exemplo, a *Kundalini*.

Nazarista – Aquele "mantido separado; "uma classe monástica temporária de celibatário mencionada no Velho Testamento. O nazarista não se casava nem usava vinho durante o tempo de seu voto, e usava cabelo longo, cortando-o somente na sua Iniciação.

Neófito – Um noviço; um postulante ou candidato aos Mistérios.

Nirvana – "Tendo a vida extinguida". Absorção consciente na Vida Una do Cosmo ou absoluta consciência. (Budismo)

Nirvani – (Sânsc.) Aquele que alcançou o Nirvana – uma alma emancipada.

Nada – Do ponto de vista da inteligência finita, o *Ain Soph* cabalista, o Absoluto.

Ocultista – Um estudante dos poderes ocultos, das forças e inteligências na Natureza. Enquanto a necromancia pode – ainda que muito indesejável – ser utilizada por tal estudante, a prática é considerada indevida por todos os mestres do ocultismo branco e sagrado. Isto mostra que a descoberta da verdade demanda um crescente autocontrole, e que abdicar da vontade e ser conduzido pelos outros leva à auto-ilusão e à inverdade.

Todas as pesquisas motivadas pelos ideais de alcançar o conhecimento e assim tornar-se mais útil à humanidade são, por conseqüência, levadas a cabo quando sob o comando da mente e da vontade. O poder para produzir fenômenos ocultos é desenvolvido através do autotreinamento, mas estes são sempre o resultado da vontade e do pensamento do operador empregado enquanto em plena consciência e no completo autocomando, sendo estes essenciais para o sucesso.

Om – Palavra Sagrada – Veja *Aum.*

Parabrahman(n) (Sânsc.) – "Além de *Brahma"*. O Supremo, Infinito *Brahma,* o "Absoluto", a realidade sem atributos e sem segundo. O princípio impessoal, inominado, universal e eterno.

Paramatma (Sânsc.) – *"O Eu Supremo",* que é um com o Espírito Universal, Deus.

Parvati (Sânsc.) – A *Shakti* de *Shiva.*

Passos – Passos no Caminho ou Senda de Desenvolvimento acelerado ou Discipulado. Eles incluem provação, aceitação, filiação (de um Mestre de Sabedoria) e as Grandes Iniciações que levam ao Adeptado. Veja, A Senda.

Pingala (Sânsc.) – Veja *Kundalini-Shakti.*

Pitris (Sânsc.) – Os antecessores ou progenitores da humanidade altamente evoluídos, são seres espirituais, incorpóreos, produto de épocas evolucionárias precedentes. Os que constroem para a Mônada os veículos mental, emocional, etérico e físico, pelos quais são trazidos em contato com mundos exteriores nestes níveis, sendo capazes de agir e evoluir neles. Três das dez classes mais importantes de *Pitris* referidas na filosofia hinduísta *(Vishnu Purana)* são *Asuras* – que constroem os corpos mentais; *Agnishvattas* – que constroem os corpos emocionais; e *Barhishads* – que constroem os corpos físico e etérico. Outras classes são chamadas *Kumaras* e *Manasaputras*. Os *Pitris* são também referidos como os Pais que estabelecem os tipos para a humanidade no começo de vários grandes períodos de evolução planetária e solar.

Pralaya (Sânsc.) – Uma época de tranqüilidade. Um período de obscuridade e repouso, tanto planetário quanto universal. Veja Esquema Planetário.

Pranava (Sânsc.) – Uma palavra sagrada, equivalente ao *Aum*.

Pranayama (Sânsc.) – A supressão e regulação da respiração na prática da ioga.

Prithvi Tattva (Sânsc.) – Veja *Tattva*.

Quaternário Inferior – Os quatro veículos mais densos do homem: mental inferior, astral, etérico e físico, estes incluindo a personalidade mortal. Veja: A Constituição do Homem.

Raça – Veja Esquema Planetário.

Raça-Raiz – Veja Esquema Planetário.

Raios – Veja Sete Raios.

Rei do Mundo – Veja *Kumaras*.

Reinos Elementais – Os três reinos pré-minerais passam através do arco evolutivo ou descendente, que é seguido pelo fulgurante Raio Monádico. A chegada no reino mineral marca o estágio da mais profunda descida na matéria. Depois o arco ascendente ou evolucionário é adentrado, o reino vegetal sendo a próxima corporificação da vida Monádica ascendente. Esta fase no devido tempo é seguida pela entrada e passagem através dos reinos animal, humano e super-humano. Veja *O Homem: Donde e Como Veio e Para Onde Vai?*, de Annie Besant e C.W. Leadbeater, Ed. Pensamento, SP.

Rishis (Sânsc.) – Adeptos; os Inspirados.

Ronda – Veja Esquema Planetário.

Rupa: (Sânsc.) – Corpo; qualquer forma, aplicada mesmo às formas dos deuses, que são subjetivas para nós, conforme *arupa*, sem forma.

Sahasrara Chakra (Sânsc.) – Veja *Chakra*.

Samadhi (Sânsc.) – Um estágio de completo e extático transe. O termo origina-se das palavras *Sam-adha*, "autopossessão". Aquele que possui este poder é capaz de exercitar um controle absoluto sobre todas as suas faculdades física ou mental. É o mais elevado estágio da ioga.

Sanat Kumara (Sânsc.) – O Rei do Mundo. Veja *Kumaras*.

Sannyasi – Um asceta hindu que alcançou o conhecimento místico mais elevado, aquele cuja mente está fixada somente na verdade suprema, e que renunciou completamente tudo que é terrestre e do mundo.

Sânscrito – A língua clássica dos *Brahmins*.

Sat (Sânsc.) – A única Realidade sempre presente no mundo infinito; a essência divina que é, porém da qual não se pode dizer que *existe*, uma vez que é o Absoluto, a própria *Seidade*.

Senda – Na representação do crescimento da alma, o progresso na "Senda ou caminho" é um dos mais antigos e a mais comum das metáforas, ocorrendo em quase todos os trabalhos místicos. Na Bíblia, por exemplo, há a referência ao "Caminho da Santidade". (Isa 35:8). No contexto teosófico, o Caminho do Discipulado é marcado por uma série de passos: Provação, Aceitação, Filiação e as Grandes Iniciações. O discipulado é a relação do mais alto privilégio espiritual e oculto de um candidato com um Mestre de Sabedoria, através do qual o Mestre auxilia e guia, dentro das limitações do carma, o desabrochar da Deidade Suprema dentro do candidato. A Quinta Grande Iniciação, o Grau de Adeptado, é a culminação para o espírito humano deste desenvolvimento evolucionário em direção à perfeição. Veja *A Senda para Perfeição*, G. Hodson, Ed. Teosófica-Brasília. *The Path to the Masters of the Wisdom*, de G. Hodson; e *Os Mestres e a Senda*, de C.W. Leadbeater, Ed. Pensamento, SP.

Sephira (Hebraico) – Uma emanação da Divindade, a geradora e a síntese dos dez *Sephiroth*, quando se encontra na cabeça da Árvore *Sephirothal;* na Cabala, *Sephira*, ou a "Sagrada Anciã", é a Inteligência Divina (o mesmo que *Sophia* ou *Metis*), a primeira emanação do "Infinito" ou *Ain-Soph*.

Sete Raios – Um termo utilizado na filosofia oculta pelas sete classes mais importantes de Mônadas e os poderes, as qualidades e as fraquezas pelas quais eles são representados nos sete tipos diferentes de seres humanos. Veja *Os Sete Temperamentos Humanos*, e *Os Sete Raios*, de G. Hodson, Ed. Pensamento-SP.

Shakti (Sânsc.) – "Habilidade", "poder", capacidade, faculdade e força. A energia feminina ativa dos deuses; no hinduísmo popular as *Shaktis* são suas esposas ou deusas. Assim, ainda que a Deidade ou um personagem central e sua esposa sejam apresentados como duas pessoas separadas, a última (esposa) efetivamente personifica atributos ou poderes do anterior (esposo). Conseqüentemente, o suposto casal na realidade representa um único ser.

Shiva (Hindu) – A terceira pessoa da *Trimurti* hindu (Trindade), composta por *Brahma, Vishnu* e *Shiva.* Ele é um Deus da primeira ordem, e é em seu personagem de Destruidor mais elevado que *Vishnu,* o Preservador, já que ele destrói somente para a regeneração em um plano mais elevado.

Siddhis (Sânsc.) – Poderes ocultos desenvolvidos pela ioga.

Sol – Na filosofia oculta o Sol físico é considerado como o mais denso dos sete veículos do Logos Solar, o poderoso ser em quem e através do qual o Sistema Solar existe. Diz-se que os seis outros veículos são construídos de matéria superfísica de graus decrescentes de densidade, e são centros de radiação de poder, vida e consciência do Logos Solar.

Sushumna (Sânsc.) – Veja *Kundalini-Shakti.*

Sutratma (Sânsc.) – Literalmente, "Fio do Espírito"; o Ego imortal, a Individualidade que reencarna no homem, vida após vida, suas enumeráveis personalidades enfileiradas como contas de um rosário num cordão. Uma corrente de força de vida espiritual, um fio de ouro de vida contínua pelo qual os átomos-sementes ou núcleos dos sete corpos do homem estão "conectados". Veja *A Study in Consciousness,* de Annie Besant.

Tamas Guna (Sânsc.) – Veja *Guna.*

Tapas (Sânsc.) – "Abstração", "Meditação". Realizar *tapas* é sentar-se para contemplação.

Tarô – Um conjunto de setenta e duas cartas que permaneceu por um longo tempo sob o poder dos ciganos. Foram muito alteradas nas versões modernas. Veio ao conhecimento do público, do ponto de vista esotérico, mais recentemente, e sua origem é desconhecida. Uma visão esotérica do Tarô é que ele é uma representação pictórica e simbólica extremamente antiga dos mais profundos mistérios ocultos e espirituais relativos a Deus, ao homem, ao universo, e o relacionamento entre eles. De acordo com essa visão, ele é um texto simbólico e pictórico da Sabedoria Eterna – uma genuína Bíblia. A sua origem remonta ao

Egito, à Índia, ao Tibete e à China. A arte religiosa dos povos antigos destes países apresenta exemplos diferentes de cartas.

O significado da palavra Tarô não é totalmente conhecido, tendo sido associado com a Deidade egípcia chamada *Ptah* e com a palavra *Ta* (Caminho), *Ro* (Real), significando o caminho real da vida. A antiga palavra hieroglífica *Tara* é também considerada como uma possível origem da palavra tarô. Sob um outro ponto de vista, a palavra Tarô é associada com a divindade *Ashtaroth*, por sua vez supostamente derivada do *Indo-Tartar, tan-tara*, o Tarô, o Zodíaco. Veja *The Tarot,* de P.F. Case.

Tattva (Sânsc.) – "O princípio abstrato da substância" física e superfísica. Os elementos sutis. Seidade ou natureza essencial de todas as coisas. *Maha-Tattva,* a primeira diferenciação, o espaço pré-cósmico. *Fohat,* o Grande Alento, agindo sobre *Mulaprakriti* diferencia-o em cinco (sete) estados, tendo movimentos vibratórios distintos e realizando diferentes funções. Estas cinco modificações são chamadas *Tattvas*. Do ponto de vista físico, *Tattvas* pode ser chamado éter, pois quatro deles têm, neste período, manifestações etéricas e percepções no homem, enquanto que o quinto, o éter propriamente dito, como expressão física de *Akasha,* está se tornando perceptivo para o homem na Quinta Raça-Raiz.

O desenvolvimento (projeção física) de *Tattvas* e da consciência humana ocorrem paralelamente e, de algum modo, eles dependem um do outro. Assim os éteres *táttvicos* são chamados pela sua relação aos cinco sentidos e são animados na matéria de um dos planos da Natureza, como segue:

Elemento	*Tattva*	Éter	Sentido	Plano
Éter Físico	*Akasha*	éter sonífero	essencial à audição	*Manas*
Ar	*Vayu*	éter tangível	essencial ao toque	Éter
Fogo	*Tejas*	éter luminoso	essencial à visão	*Manas* II
Água	*Apas*	éter gustativo	essencial ao paladar	Astral
Terra	*Prithvi*	éter odorífico	essencial ao cheiro	Físico

Assim os *Tattavas* são identificados com os elementos ou cinco princípios básicos no sentido Aristotélico no qual o universo está construído.

Teosofia – Palavra de origem grega. Sabedoria divina. O substrato e a base de todas as religiões e filosofias do mundo.

Trimurti (Sânsc.) – Literalmente, "três faces" ou "forma tripla" – A Trindade. No Panteon moderno, estas três pessoas são *Brahma* – o Criador, *Vishnu* – o Preservador, e *Shiva* – o Destruidor. As três "pessoas" da *Trimurti* são simplesmente as três *gunas* qualificativas ou atributos do universo de Espírito-Matéria diferenciados, autoformados, autopreservados e autodestruídos, por motivos de regeneração e perfeição.

Vedas (Sânsc.) – A "Revelação", a escritura dos hindus, da raiz *vid,* que significa "saber", ou conhecimento divino. Os *Vedas* são os mais antigos dos escritos sânscritos. Eles incluem *The Rig Veda, Yajur Veda* e *Sama Veda* (os três mais antigos), e o *Atharva Veda* (comparativamente moderno). Eles consistem de mantras agrupados com o título de *Sanhita* e os *Brahmanas.*

Vishnu (Sânsc.) – A segunda pessoa da *Trimurti* hindu (Trindade), composta de *Brahma, Vishnu* e *Shiva.*

Viveka (Sânsc.) – A diferença entre o real e o irreal, entre verdade e mentira, entre espírito e matéria, entre eterno e transitório; o processo da mente que diferencia as experiências da personalidade e as acumula como sabedoria.

Bibliografia

Arnold, Sir Edwin, *The Light of Asia,* Kegan Paul, Trench, Trübner & Co. Ltd, Londres, 1930.

___*The Song Celestial,* Routledge & Kegan Paul Ltd, Londres, 1955.

Avalon, A., *The Serpent Power,* 6ª Edição, Ganesh and Co. Private Ltd, Madras, 1958.

Barker, A.T. (compilador), *The Mahatma Letters to A.P. Sinnett,* Fisher Unwin Ltd, 1923.

Beck, L.A., *The Life of the Buddha,* Collins, Londres e Glasgow, c. 1920.

Besant, A. (tradutora), *The Bhagavad Gita,* 5ª Ed. Revisada, T.P.H., Adyar, 1939.

___*Kama,* T.P.H., Londres, c. 1920.

___(editor), *Our Elder Brethren: The Great Ones in the World's Service,* T.P.H., Adyar, 1934.

___ *A Study in Consciousness,* 2ª Edição, Theosophical Publishing Society, Londres e Benares, 1912.

Besant, A. e Burrows, H., *Glossary of Theosophical Terms,* Publishing Society, Londres e Benares, c. 1900.

Besant. A. e Leadbeater, C.W., *O Homem: Donde e Como Veio e Para Onde Vai?,* Ed. Pensamento-SP.

Blavatsky, H.P., *Ocultismo Prático,* Ed. Teosófica, Brasília, 2001.

___*The Theosophical Glossary,* Theosophy Company (Mysore) Ltd, Bangalore, 1978.

___*A Voz do Silêncio,* Ed. Pensamento-SP.

Byles, M.B., *Footprints of Gautama the Buddha,* T.P.H., Wheaton, 1967.

Case, P.F., *The Tarot,* Macoy, New York, 1947.

Chatterji, M.M. (tradutor), *Viveka Chudamani,* Ed. Teosófica, Brasília, 1992.

Hamilton, E., *Mythology,* Mentor Books, Nova Iorque, 1940.

Hodson, G., *At the Sign of the Square and the Compasses,* Maçonaria Mista Internacional, Adyar, 1976.

___*Basic Theosophy,* The Living Wisdom, T.P.H., Adyar, 1981.

___*A Vida de Cristo do Nascimento à Ascensão,* Ed. Teosófica, Brasília, 1999.

___*The Concealed Wisdom in World Mythology,* T.P.H., Adyar, 1983.

___*The Hidden Wisdom in the Holy Bible* (Vols. I-IV), T.P.H., Adyar, 1963.

___*Illuminations of the Mystery Tradition,* compilado a partir dos escritos de Geoffrey Hodson por Sandra Hodson, Theosophical Publishers Inc., Manila, 1990.

___*O Reino dos Deuses,* Ed. Pensamento, SP.

___*Lecture Notes, The School of the Wisdom,* 2ª Ed., Vols. I & II, T.P.H., Adyar, 1962.

___*Light of the Sanctuary, The Occult Diary of Geoffrey Hodson,* compilado por Sandra Hodson, Theosophical Publishers Inc., Manila, 1988.

___*The Path to the Masters of the Wisdom,* Seção da Nova Zelândia da Sociedade Teosófica, Auckland, 1980.

___*A Senda para a Perfeição,* Ed. Teosófica, Brasília, 1994.

___*Reincarnation, Fact or Fallacy?,* T.P.H., Adyar, 1973.

___*O Homem e os Seus Sete Temperamentos,* Ed. Pensamento-SP.

___*The Science of Seership,* Rider & Co., Londres, c. 1931.

___*Through the Gateway of Death,* T.P.H., Adyar, 1976.

___*A Yoga of Light,* Edição Revisada, T.P.H., Adyar, 1975.

Hoult, P., *A Dictionary of Some Theosophical Terms,* Theosophical Publishing Society, Londres, 1910.

Jinarajadasa, C., *First Principles of Theosophy,* 20ª Edição, T.P.H., Adyar, 1963.

Johnson, T.H. (editor), *The Complete Poems of Emily Dickinson,* Little Brown & Co., Boston, 1960.

Lao Tzu, *The Way of Life,* traduzido por R.B. Blakney, Mentor Books, Nova Iorque, 1955.

Leadbeater, C.W., *Os Chakras,* Ed. Pensamento-SP.

___*Os Mestres e a Senda,* Ed. Pensamento-SP.

Mead, G.R.S., *The Hymn of the Robe of Glory,* Theosophical Publishing Society, Londres e Benares, 1908.

Méautis, G., *The Mysteries of Eleusis,* T.P.H., Adyar, 1932.

Mylonas, G.E., *Eleusis and the Eleusinian Mysteries,* Routledge e Kegan Paul, Londres, 1961

Plotinus, *Enneads,* (várias traduções)

Powell, A.E., *O Corpo Astral,* Ed. Pensamento-SP.

___*O Corpo Causal,* Ed. Pensamento-SP.

___*O Duplo Etérico,* Ed. Pensamento-SP.

___ *O Corpo Mental,* Ed. Pensamento-SP.

___*O Sistema Solar,* Ed. Pensamento-SP.

Preston, E.W., *The Earth and its Cycles,* 2ª Edição, T.P.H., Adyar, 1954.

Taylor, T.A., *A Dissertation on the Elusinian and Bacchic Mysteries,* J. Weitstein, Amsterdam, 1791.

Thomas, P., *Epics, Myths and Legends of India,* D.B. Taraporevala Sons & Co. Ltd, Bombay, *c.* 1920.

Whittier, J.G., *Worship,* incluído em *The New Oxford Book of Christian Verse,* editado por D. Davies, Oxford University Press, Oxford, 1981.

Wood, E., *Os Sete Raios,* Ed. Pensamento-SP.

Wright, D., *The Eleusinian Mysteries and Rites,* T.P.H., Londres, *c.* 1900.

Saúde e Espiritualidade
Uma Visão Oculta da Saúde e da Doença

Geoffrey Hodson

A vida flui através de nós, buscando manter-nos perfeitamente saudáveis e em unidade com os outros seres.

A dor, quando ocorre, é nossa amiga e instrutora, porque sempre aponta com segurança para uma falta de harmonia que causa resistência à vida. A verdadeira cura não afasta apenas os sintomas externos, mas elimina as causas interiores da dor e da doença.

Estas são algumas das idéias básicas deste livro, que reúne dois trabalhos fundamentais de Geoffrey Hodson sobre a saúde humana como fluxo de energias físicas e espirituais.

As teorias apresentadas neste livro foram elaboradas através do estudo clarividente de um amplo número de casos que estiveram sob os cuidados do autor ao longo de vários anos. Geoffrey Hodson contribuiu decisivamente para a cura de milhares de pessoas, durante a maior parte dos seus 96 anos de vida.

É possível seguir o caminho espiritual da comunhão crescente com as forças divinas que governam o universo. Tal é o tema eminentemente prático desta obra.

A Senda Para a Perfeição

Geoffrey Hodson

Este é um livro escrito por alguém que realmente demonstra conhecer a Senda espiritual que conduz ao estado de Perfeição além do humano, de total domínio sobre si mesmo e de amplo conhecimento das leis e dos poderes que sustentam todos os seres neste mundo, tornando o ser humano um verdadeiro Servidor, um Iniciado nos Mistérios Divinos.

Aqui estão dispostas, de forma muito didática e coerente, descrições dos diversos modos de percorrer tal Senda, a partir das respectivas diferenças nos temperamentos dos aspirantes. Hodson orienta o peregrino sobre os vários estágios que deve ultrapassar no caminho que o conduz à plena consciência, ao estado de Perfeição, desde os primeiros passos de seu despertar, passando pelas instruções e contatos intermediários, até o encontro com o seu Mestre espiritual.

A VIDA DE CRISTO
Do Nascimento à Ascensão

Geoffrey Hodson

O grande mérito do livro *A Vida de Cristo* é que nele o autor revela em detalhes as chaves que usava para a interpretação sistemática do relato bíblico. Assim, o leitor poderá acompanhar, passo a passo, a lógica do trabalho à medida que os principais versículos dos quatro evangelistas vão sendo examinados. Uma vez retirado o véu da simbologia e da alegoria encontramos uma mensagem reveladora com profundos ensinamentos para todos aqueles que anseiam pela porta estreita e trilhar o caminho estreito que leva ao Reino dos Céus.

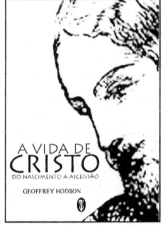

Para muitos as interpretações sugeridas por Geoffrey Hodson representarão uma brisa renovadora revigorando o ar estagnado da leitura literal da bíblia tradicionalmente oferecida pelo clero. Quantos católicos sinceros não desistiram de ler e tentar entender a Bíblia em virtude das inúmeras passagens que, se tomadas ao pé da letra, configuram-se como improváveis e até mesmo contrárias à razão? Essa dificuldade advém do fato de a Bíblia ter sido escrita numa linguagem simbólica, seguindo uma tradição milenar de velar verdades de profunda relevância espiritual em meio a relatos prosaicos e aparentemente históricos.

Mais informações sobre Teosofia e o Caminho Espiritual podem ser obtidas escrevendo para a Sociedade Teosófica no Brasil *no seguinte endereço: SGAS – Quadra 603, Conj. E, s/nº, CEP 70.200-630. Brasília, DF; telefonando para (0xx61) 226-0662 ou visitando o site: http://www.stb.org.br/st.html. Também podem ser feitos contatos pelo telefax (0xx61) 226-3703 ou e-mail: st@sn.org.br.*

✂ ---
RECORTE AQUI

> PRT-085/99
>
> UP – CT GEOPE
>
> DR/BSB

CARTA-RESPOSTA
NÃO É NESCESSÁRIO SELAR

O SELO SERÁ PAGO PELA

EDITORA TEOSÓFICA

70324-999 – BRASÍLIA-DF

✂ ---
RECORTE AQUI

EDITORA TEOSÓFICA
Livros Para Viver Melhor

5 MANEIRAS FÁCEIS PARA ADQUIRIR NOSSOS LIVROS

1 – TELEFONE
Ligue grátis 0800 610020
Exclusivamente para pedidos de livros.

2 – FAX
(0xx61) 226-3703

3 – REEMBOLSO POSTAL

4 – CARTÃO DE CRÉDITO VISA

5 – INTERNET E-MAIL
st@stb.org.br
Home page: http://www.stb.org.br/livrar.html

*FAÇA SEU CADASTRO CONOSCO
E RECEBA O NOSSO CATÁLOGO
EM SUA CASA SEM NENHUM CUSTO*

Nome:_____

End.:_____

Bairro:_____

CEP:_____Cidade:_____Est.:_____

Tel. Res._____Tel. Com. _____Sexo: ☐ M ☐ F

Data de Nascimento: _____CPF:_____